Privater Vollzug des Unionsrechts

AF828366

Europäische Hochschulschriften

European University Studies

Publications Universitaires Européennes

Reihe II **Rechtswissenschaft**

Series II Law

Série II Droit

Band/Volume **5735**

Rose Freiin von Richthofen

Privater Vollzug des Unionsrechts

Eine Untersuchung am Beispiel der Zertifizierungen durch akkreditierte Benannte Stellen im europäischen Produktzulassungsrecht

PL ACADEMIC RESEARCH

Bibliografische Information der Deutschen Nationalbibliothek
Die Deutsche Nationalbibliothek verzeichnet diese Publikation in der Deutschen Nationalbibliografie; detaillierte bibliografische Daten sind im Internet über http://dnb.d-nb.de abrufbar.

Zugl.: Münster (Westfalen), Univ., Diss., 2014

D 6
ISSN 0531-7312
ISBN 978-3-631-65607-5 (Print)
E-ISBN 978-3-653-04832-2 (E-Book)
DOI 10.3726/978-3-653-04832-2

© Peter Lang GmbH
Internationaler Verlag der Wissenschaften
Frankfurt am Main 2015
Alle Rechte vorbehalten.
PL Academic Research ist ein Imprint der Peter Lang GmbH.
Peter Lang – Frankfurt am Main · Bern · Bruxelles · New York · Oxford · Warszawa · Wien

Das Werk einschließlich aller seiner Teile ist urheberrechtlich geschützt.
Jede Verwertung außerhalb der engen Grenzen des Urheberrechtsgesetzes ist ohne Zustimmung des Verlages unzulässig und strafbar.
Das gilt insbesondere für Vervielfältigungen, Übersetzungen, Mikroverfilmungen und die Einspeicherung und Verarbeitung in elektronischen Systemen.

Diese Publikation wurde begutachtet.

www.peterlang.com

Vorwort

Die vorliegende Arbeit wurde im Jahr 2013 abgeschlossen und von der Rechtswissenschaftlichen Fakultät der Westfälischen Wilhelms-Universität Münster im Wintersemester 2013/2014 als Dissertation angenommen.

Mein herzlicher Dank gilt meinem Doktorvater Herrn Prof. Dr. Dirk Ehlers für die lehrreiche und schöne Zeit als wissenschaftliche Mitarbeiterin am Institut für öffentliches Wirtschaftsrecht und für die Betreuung dieser Arbeit. Frau Prof. Dr. Sabine Schlacke danke ich für die Erstellung des Zweitgutachtens. Meinen Kollegen am Institut, insbesondere Herrn Dr. Daniel Scholz, bin ich für das Interesse an der Diskussion und den gegenseitigen Beistand verbunden. Herrn Julian Hinz danke ich für die Geduld in der Promotionszeit und die vielen wichtigen Gespräche.

Besonders danke ich meinen Eltern Herrn Prof. Dr. Alexander von Richthofen und Frau Prof. Dr. Anja von Richthofen für ihre fortwährende Unterstützung. Sie sind meine größten Fans und Kritiker. Ihnen ist diese Arbeit gewidmet.

Berlin, im März 2015 — Rose v. Richthofen

Inhaltsverzeichnis

Alle benutzten Abkürzungen sind in *Kirchner, Hildebert/Pannier, Dietrich*, Abkürzungsverzeichnis der Rechtssprache, 6. Aufl., Berlin 2008, oder im *Duden*, Die deutsche Rechtschreibung, 25. Aufl., Mannheim 2009, aufgeführt.

Einführung

Die Dogmatik zum Vollzug des Unionsrechts ist im Fluss. Nachdem lange Zeit strikt zwischen dem Vollzug durch europäische und durch mitgliedstaatliche Stellen getrennt wurde, konzentrierte sich die wissenschaftliche Forschung in jüngerer Zeit vor allem darauf, vertikale und horizontale Verflechtungen zwischen den Vollzugsebenen und -einheiten unter dem Begriff des europäischen Verwaltungsverbunds zusammenzufassen. Nach wie vor fehlt eine Aufarbeitung des privaten Unionsrechtsvollzugs. Dies erstaunt, da vielfach nicht nur unionsrechtliche oder mitgliedstaatliche Stellen, sondern auch Private beim Vollzug eingebunden werden.

In der vorliegenden Arbeit wird der private Vollzug von Unionsrecht am Beispiel der Zertifizierungen durch akkreditierte Benannte Stellen im europäischen Produktzulassungsrecht untersucht. Durch mitgliedstaatlichen Hoheitsakt werden private Sachverständige (sog. Benannte Stellen) in den Vollzug von Unionsrecht eingebunden. Der Akt (sog. Akkreditierung) bestätigt die fachliche Kompetenz des Privaten, die Konformität von Produkten zu bewerten, also sachverständig zu prüfen, ob ein Produkt mit den einschlägigen europäischen Produktanforderungen übereinstimmt. Die Konformitätsbewertung wird dann im Rahmen eines privatrechtlichen Vertragsverhältnisses mit dem jeweiligen Hersteller durchgeführt. Das positive Prüfergebnis bescheinigt die Normkonformität des Produkts (sog. Zertifizierung) und wird nach außen durch ein CE-Zeichen verdeutlicht, welches auf dem Produkt angebracht wird. Schreibt eine Rechtsvorschrift die CE-Kennzeichnung eines Produkts als Marktzugangsvoraussetzung vor, liegt darin zugleich das Verbot, besagtes Produkt ohne CE-Zeichen auf dem Markt bereitzustellen.[1] Die vorliegende Arbeit untersucht den Fall, dass Benannte Stellen verpflichtend einzuschalten sind. Eine Herstellererklärung, wie sie teilweise für die Anbringung eines CE-Zeichens genügt, reicht dann nicht aus.[2] Ohne Vertrag mit einer Benannten Stelle und ohne positives Bewertungsergebnis in Form der Zertifizierung

---

1 Vgl. § 7 II Nr. 2 ProdSG. Rechtsvorschriften können unter anderem produktsicherheitsrechtliche Rechtsverordnungen im Sinne des § 8 I ProdSG sein.

2 Es geht also um Zertifizierungen im Rahmen von Modul B (Anhang II zu Beschluss (EG) Nr. 768/2008), wenn die Benannte Stelle eine Baumusterprüfung bzw. eine Prüfung der Produkte selbst (stichprobenartig oder Einzelstücke) vornimmt. Ausführlicher zu den unterschiedlichen Modulen *Jörissen*, Produktbezogener Umweltschutz, 23 ff; *Di Fabio*, Produktharmonisierung, 27.

erhält das Produkt somit keinen Marktzugang. Erst nach erfolgreicher Zertifizierung (und der darauf folgenden Anbringung des CE-Zeichens) kann eine Ware europaweit zirkulieren. Die Zertifizierung löst die gesetzliche Vermutung dafür aus, dass das betreffende Produkt normkonform hergestellt wurde. Die Privaten sind damit die alleinigen Kontrollstellen für den Marktzugang der von der jeweiligen europäischen Richtlinie erfassten Produkte.

Dieser private Vollzug wurde mit dem sog. Neuen Konzept eingeführt.[3] Das Neue Konzept regelt einen Markt, der einem Handelsvolumen von mehr als 1,5 Billionen Euro entspricht.[4] Seine Grundlage hat es in dem Prinzip der gegenseitigen Anerkennung, welches im nicht-harmonisierten Bereich entwickelt wurde[5] und sich heute unmittelbar Art. 34 AEUV entnehmen lässt. Bei der gegenseitigen Anerkennung sind ausländische Normen und Verwaltungsstrukturen als gleichwertig mit den inländischen Normen und Strukturen anzusehen. Somit darf, schon nach dem Prinzip der gegenseitigen Anerkennung, ein in einem anderen Mitgliedstaat zugelassenes Produkt innerhalb der Europäischen Union (EU) grundsätzlich keiner weiteren Zulassungskontrolle unterzogen werden.[6] Das Prinzip der gegenseitigen Anerkennung wird jedoch ausgehebelt, sobald ein

---

3 Entschließung des Rates vom 7.5.1985 über eine neue Konzeption auf dem Gebiet der technischen Harmonisierung und der Normung, ABl. EG 1985 Nr. C 136, S. 1. Dieses wurde ergänzt durch das Globale Konzept von 1989: Entschließung des Rates zu einem Gesamtkonzept für die Konformitätsbewertung vom 21.12.1989, ABl. EG 1990 Nr. C 10, S. 1; vgl. außerdem den Modulbeschluss, durch den die verschiedenen Konformitätsbewertungsverfahren im Sinne eines Baukastensystems aufeinander abgestimmt werden sollten: ABl. EG 1990 Nr. L 380, S. 13; dazu allgemein *Kapoor/ Klindt*, EuZW 2009, 134 ff.

4 Europäische Kommission, Memo v. 15.6.2010, MEMO/10/257: "It is estimated that the trade in products covered by the major New Approach sectors is in excess of €1500 billion per year." Jüngst sprach die Europäische Kommission sogar von einem Volumen von 2,1 Billionen Euro im harmonisierten Sektor, vgl. Europäische Kommission, Arbeitspapier zum Verordnungsvorschlag v. 13.2.2013, SWD(2013) 34 final, Punkt 1.2.

5 EuGH v. 20.2.1979, Rs. 120/78 Rn 14 – Cassis de Dijon; *v. Danwitz* in: Dauses, Hdb. EU-Wirtschaftsrecht, B II Rn 80.

6 Dies setzt voraus, dass die technischen Regeln auch tatsächlich gleichwertig sind, vgl. *Röhl* in: Schmidt-Aßmann/Schöndorf-Haubold (Hrsg), Der Europäische Verwaltungsverbund, 153, 155; dazu EuGH v. 17.12.1980, Rs. 272/80, Slg. 1980, 3277 Rn 14 – Biologische Producten; EuGH v. 28.1.1986, Rs. 188/84, Slg. 1986, 419, Rn 15-17 – Holzbearbeitungsmaschinen. Zu Gleichwertigkeitsklauseln *v. Borries/ Petschke*, DVBl. 1996, 1343 ff.

Rechtfertigungsgrund für eine Beschränkung vorliegt.[7] Werden demgegenüber auf europäischer Ebene detaillierte, zwingende Produktanforderungen festgelegt, stellen sich diese Fragen der Anerkennung nicht, da in allen Mitgliedstaaten europäisch vereinheitlichte Anforderungen gelten. Eine solche sog. Vollharmonisierung erwies sich jedoch als nicht praktikabel,[8] da sehr viele und ständig neue Normen erlassen werden mussten. Mit dem Neuen Konzept wurde der Mittelweg gewählt und ein Nebeneinander von Anerkennung und Rechtsangleichung eingeführt.[9] Inhaltliche Anforderungen an die Produkte werden nur noch als Zielvorgabe in Richtlinienform erlassen, die Mitgliedstaaten erkennen ihre Zertifizierungen untereinander an und verzichten wechselseitig auf die Ausübung ihrer Staatsaufsicht.

Im Jahre 2008 wurde das Konzept mit dem sog. New Legislative Framework weiter verfestigt und institutionalisiert. Der New Legislative Framework umfasst drei Rechtsakte: die VO (EG) Nr. 765/2008[10] kodifiziert einheitliche Anforderungen an Organisation und Durchführung der Akkreditierung.[11] Die Vereinheitlichung der Marktzugangskontrolle hatte nicht verhindern können, dass die voneinander abweichenden Akkreditierungssysteme der einzelnen Mitgliedstaaten zu einer unterschiedlich strengen Handhabung der Akkreditierungsanforderungen geführt hat.[12] Die Verordnung regelt das System der Akkreditierung nun

7 *Joerges/Falke* in: Müller-Graf (Hrsg), Technische Regeln im Binnenmarkt, 159, 161; *Dauses/Brigola* in: Dauses, Hdb. EU-Wirtschaftsrecht, C I Rn 187.

8 *Micklitz* in: Reich/Micklitz, Europäisches Verbraucherrecht, 849, 854 f. Das System der Vollharmonisierung wurde daher durch das Neue Konzept ersetzt.

9 *Schweitzer/Hummer/Obwexer*, Europarecht, Rn 1867: Das Neue Konzept arbeitet weniger mit verbindlicher Angleichung, als vielmehr mit dem Prinzip gegenseitiger Anerkennung. *Chalmers/Davies/Mondi*, EU law, 700: "It is perhaps an irony that minimising the harmonisation of products is only possible by increasing the harmonisation of procedure."

10 VO (EG) Nr. 765/2008 vom 9.7.2008, ABl. EU v. 13.8.2008, Nr. L 218, S. 30, voller Titel: VO (EG) Nr. 765/2008 des Europäischen Parlaments und des Rates über die Vorschriften für die Akkreditierung und Marktüberwachung im Zusammenhang mit der Vermarktung von Produkten und zur Aufhebung der VO 339/93/EWG.

11 *Dimitropoulos*, Zertifizierung und Akkreditierung, 59: Akkreditierungen basieren auf der Normreihe EN ISO 17000 ff. Diese ersetzt EN 45000 ff.

12 Erwägungsgrund 10 zur VO (EG) Nr. 765/2008: Daher sei es notwendig, einen umfassenden Rahmen für die Akkreditierung zu entwickeln und auf Unionsebene die Grundsätze für ihre Arbeit und Organisation festzulegen.

umfassend und nicht nur beschränkt auf das Ziel der Produktsicherheit.[13] Daneben wurden Vorgaben zur parallelen behördlichen Marktüberwachung sowie zur Aufsicht erlassen. Diese entsprechen aber in großen Teilen dem auch schon zuvor praktizierten Vorgehen.[14] In der VO (EG) Nr. 764/2008[15] wird das Verfahren geregelt, wie die mitgliedstaatlichen Behörden im nicht-harmonisierten Bereich gegen Produkte vorgehen können. Der Beschluss (EG) Nr. 768/2008[16] ermöglicht, dass künftige Rechtsetzungsverfahren einheitlich gestaltet werden. Er soll als eine Art „Musterrichtlinie" fungieren und enthält erstmalig Begriffsbestimmungen, die bei allen zukünftig zu erlassenden Rechtsvorschriften zu beachten sein werden, Musterbestimmungen für die Notifizierung von Konformitätsbewertungsstellen, Vorschriften für die CE-Kennzeichnung und für die Geltendmachung eines formellen Einwandes gegen harmonisierte Normen, sowie Vorgaben für das Schutzklauselverfahren.

Das System von Akkreditierung und Zertifizierung ist ein Beispiel für eine sich entwickelnde, unionsweite Vollzugsstruktur, die nur noch teilweise auf die mitgliedstaatlichen Verwaltungen gegründet ist.[17] Der Europäische Rat betrachtet das System als Erfolg und will es auf weitere Bereiche ausweiten.[18] Die

---

13 Ihr Anwendungsbereich geht damit weiter als das zuvor harmonisierte Binnenmarktrecht, *Dimitropoulos*, Zertifizierung und Akkreditierung, 59.

14 Dazu mehr bei *Langner/Klindt*, in: Dauses, Hdb. EU-Wirtschaftsrecht, Bd. 1, C VI Rn 17.

15 VO (EG) Nr. 764/2008 vom 9.7.2008, ABl. EU v. 13.8.2008, Nr. L 218, S. 21, voller Titel: VO (EG) Nr. 764/2008 des Europäischen Parlaments und des Rates zur Festlegung von Verfahren im Zusammenhang mit der Anwendung bestimmter nationaler technischer Vorschriften für Produkte, die in einem anderen Mitgliedstaat rechtmäßig in den Verkehr gebracht worden sind, und zur Aufhebung der Entscheidung Nr. 3052/95/EG.

16 Beschluss (EG) Nr. 768/2008 des Europäischen Parlaments und des Rates vom 9.7.2008 über einen gemeinsamen Rechtsrahmen für die Vermarktung von Produkten und zur Aufhebung des Beschlusses 93/465/EWG des Rates, ABl. EU v. 13.8.2008, Nr. L 218, S. 82.

17 *Schmidt-Aßmann*, Ordnungsidee, Kap 3 Rn 55. *Craig/De Búrca*, EU law, 159 ff: Durch diese "new forms of governance" in der EU kommt es zu einem "shift away from hierarchical governance".

18 Entschließung des Rates, ABl. EU v. 10.11.2003, Nr. C 282, S. 3: „In Anerkennung der Bedeutung des neuen Konzepts und des Gesamtkonzepts als geeignetes und wirksames Regulierungsmodell […]." „In Bestätigung der Tatsache, dass die EU-Kommission und die Mitgliedstaaten alle erforderlichen Maßnahmen treffen müssen, damit die Umsetzung der Richtlinien auf der Grundlage der Prinzipien des neuen Konzepts und des Gesamtkonzepts in allen Mitgliedstaaten weiter verstärkt

Vorschriften zu Produktregulierung und Konformitätsbewertung seien originelle und innovative Lösungen, um den Warenverkehr zu erleichtern.[19] Auch die Europäische Kommission spricht davon, dass das Einschreiten des Staates in diesem Rahmen auf ein Minimum beschränkt werden sollte.[20] Das Unionsrecht richtet sich damit immer mehr auf einen privaten Vollzug des Normprogramms aus.[21]

Die Privaten werden in der Regel im indirekten Vollzug eingebunden. Wegen seiner Verbindung von Handlungsweisen, Verfahren und Organisationsvorkehrungen wird das Recht der Akkreditierung und Zertifizierung auch im deutschen öffentlichen Wirtschaftsrecht als neues Regelungsmuster wahrgenommen.[22] Das System der Akkreditierung ist im deutschen Recht zwar nicht unbekannt.[23] Schon jetzt sind private Prüfstellen in zahlreichen Rechtsgebieten zu finden.[24] Neu ist hingegen, dass das Ergebnis der sachverständigen Begutachtung durch gesetzliche Anordnung mit Rechtswirkungen ausgestattet wird – und diese sowohl national als auch transnational Wirkung entfalten. Auf nationaler

---

und gefördert wird *und damit die Anwendung dieser Prinzipien auf neue Bereiche ausgedehnt wird* [...]." (Hervorhebung durch Verf.). Außerdem jüngst: Allgemeine Leitlinien für die Zusammenarbeit zwischen der Europäischen Kooperation für Akkreditierung und der Europäischen Kommission, der Europäischen Freihandelsassoziation und den zuständigen nationalen Behörden, ABl. EU v. 21.5.2009, Nr. C 116, S. 4, 6: Die VO (EG) Nr. 765/2008 wird „zur Entwicklung eines umfassenden Rahmens für die Akkreditierung führen". Die Akkreditierung werde daher „in einer Reihe von Bereichen allgemeinen Interesses eine Rolle" spielen. Sie ist als „verbindliche Kontrollebene" zu verstehen.

Voraussichtlich zum Jahre 2015 soll das Marktüberwachungsrecht ein weiteres Mal überarbeitet werden. Die Rolle der Zertifizierungsstellen steht dabei jedoch nicht in Diskussion, *Europäische Kommission*, Communication, Product Safety and Market Surveillance Package v. 13.2.2013, COM(2013) 74 final.

19 Entschließung des Rates, ABl. EU v. 10.11.2003, Nr. C 282, S. 3.

20 EU-Kommission, Leitfaden für die Umsetzung der nach dem Neuen Konzept und dem Gesamtkonzept verfassten Richtlinien (sog. Blue Guide), 2000, Vorwort, S. 3.

21 *Scholl*, Private Sachverständige, 279.

22 *Schmidt-Aßmann*, Ordnungsidee, Kap 3 Rn 48, 55 ff.

23 Schon seit dem 19. Jhd. existieren in Deutschland Akkreditierungs- und Zertifizierungsstellen. Die privaten Prüfstellen sind auch damals schon einer staatlichen Kontrolle unterzogen worden, *Tiede/Ryczweski/Yang*, NVwZ 2012, 1212, 1213 mwN.

24 Ähnlich wie die hier untersuchte Struktur ist die Struktur beim zugelassenen Wirtschaftsbeteiligten, beim EMAS II-Umweltgutachter, beim Wirtschaftsprüfer gem. § 316 ff HGB (dazu *Pünder*, ZHR 170 (2006), 567, 581 Fn 70; *Seidel*, Privater Sachverstand, 268 ff), §§ 43 ff WPO und beim Bausachverständigen beispielsweise gem. §§ 67, 68, 72 BauO NW.

Ebene wird insofern auch diskutiert, ob Genehmigungsverfahren zukünftig als Zertifizierungsverfahren ausgestaltet werden sollten.[25] Ihnen kommt „Ausbreitungspotential" zu.[26] So entsteht mit der Zeit eine private Vollzugsstruktur, die dem behördlichen Vollzug in Struktur und Bindungen gleicht.

A. Problemstellung

Der private Vollzug stellt eine neue Vollzugsstruktur dar.[27] Nach wie vor fehlt es aber an einer umfassenden Einordnung des privaten Vollzugs in die verwaltungs- und europarechtliche Dogmatik. So ist die Akkreditierung als Erscheinungsform von der allgemeinen Privatisierungsdogmatik bislang kaum wahrgenommen worden.[28] Auch das Thema des EU-Zugriffs auf die exekutive Organisationsstruktur der Mitgliedstaaten wird „in der deutschen Literatur

---

25 *Häfner*, Verantwortungsteilung, 109 mwN.

26 *Scholl*, Private Sachverständige, 287; *Di Fabio*, Produktharmonisierung, 7: Nach der Abkehr von der Vollharmonisierung soll das Neue Konzept in „jedem nur möglichen Bereich" eingeführt werden (siehe dazu Anhang II zur Entschließung des Rates vom 7.5.1985, Nr. C 136, S. 1, 3; ähnlich: Entschließung des Rates, ABl. EU v. 10.11.2003, Nr. C 282, S. 3).

27 Angedeutet beispielsweise bei *Winter*, EuR 2005, 255, 256 f, der zwischen vier Formen des Vollzugs unterscheidet: dem indirekten Vollzug pro statu und pro communitate, dem direkten Vollzug und dem sog. „selbstorganisierten Vollzug". Zu diesem zählt er neben der technischen Normung die Konformitätsprüfung durch anerkannte Sachverständige. Hinsichtlich der Selbstorganisation *ebenda*, 259: „Sie strebt eine Rückverlagerung von staatlichen Funktionen in die Gesellschaft an und nutzt das Selbstorganisationspotential der Gesellschaft aus. Dabei werden selbstorganisierte Verwaltungsleistungen nicht nur im nationalen Raum, sondern auch grenzüberschreitend erbracht."

Das im Produktzulassungsrecht etablierte System wird als Referenzgebiet dafür angeführt, wie Private in die Erfüllung öffentlicher Aufgaben einbezogen werden. Der Terminus wurde im Rahmen der Neuen Verwaltungsrechtswissenschaft eingeführt. Bei der Arbeit mit Referenzgebieten sollen Bereiche des Besonderen Verwaltungsrechts (die Referenzgebiete) auf ihre Verallgemeinerungsfähigkeit hin untersucht werden. Erklärtes Ziel soll dabei sein, neue Verfahrenstypen zu entwickeln. Die Neue Verwaltungsrechtswissenschaft wird seit Ende der 1990er Jahre insbesondere von *Schmidt-Aßmann* propagiert, s. beispielsweise *Schmidt-Aßmann* in: Hoffmann-Riem/Schmidt-Aßmann/Voßkuhle (Hrsg), GVwR I, § 1; *Voßkuhle* in: Burgi/Schönenbroicher (Hrsg), Die Zukunft des Verwaltungsverfahrensrechts, 13, 21 ff, insbesondere 24 ff.

28 *Burgi*, Gutachten D zum 67. DJT, 26; *Scholl*, Private Sachverständige, 279.

allmählich aufgegriffen, aber nicht zeitgerecht und hinreichend erörtert."[29] Dabei besteht gerade an der Schnittstelle von Europäisierung und Privatisierung das Bedürfnis, das Verwaltungsorganisationsrecht um neue Formen zu ergänzen.[30] Dies liegt unter anderem daran, dass bisherige Arbeiten im Produktzertifizierungsrecht oftmals nur die europäische oder nur die deutsche Rechtsordnung untersuchten. Es ist Aufgabe der Verwaltungsrechtsdogmatik, das Gewährleistungsverwaltungsrecht näher zu strukturieren und fortzuentwickeln.[31]

Ebenso wenig sind die Zertifizierungen als Rechtsakte umfassend untersucht worden. Sie werden von privatrechtlich handelnden Stellen erlassen; zugleich werden an sie gesetzlich verschiedene Rechtswirkungen geknüpft. Ein einheitliches Recht der Zertifizierungsrechtsfolgen hat sich noch nicht herausgebildet.[32] Die Mitgliedstaaten sowie die EU müssen der ihnen jeweils obliegenden verfassungsrechtlichen Verantwortung nachkommen, indem sie einen ordnungsgemäßen privaten Vollzug gewährleisten. Dem können sie insbesondere durch Schaffung eines Zertifizierungssonderrechts und einer Zertifizierungsaufsicht nachkommen. Das private Handeln richtet sich so nach dem Gemeinwohl aus. Diese Strukturen sind eingehend zu analysieren.

Das Verwaltungsrecht hat sich schließlich mit Blick auf die fortschreitende „Entterritorialisierung" neuen Aufgaben zu stellen.[33] Es sind transnationale Vorgänge in ihrem materiellen Entscheidungsgehalt zu erfassen und in die Legitimationsstrukturen und Schutzaufträge des mitgliedstaatlichen Rechts einzuordnen, sowie eine besondere Bestandskraftslehre zu entwickeln.[34] Grenzüberschreitende Verwaltungsvorgänge stehen zwar zunehmend im Fokus der wissenschaftlichen Diskussion.[35] Untersuchungen zu den Handlungsformen im indirekten Vollzug beschränken sich jedoch in aller Regel auf Verwaltungsakte mit rein innerstaat-

---

29 *Kirchhof* in: Maunz/Dürig (Begr), GG, Art. 83 Rn 80.

30 So auch *Schmidt-Aßmann*, Ordnungsidee, Kap 3 Rn 57: die Kontrollverhältnisse seien „rechtlich nicht einfach einzustufen".

31 *Ehlers* in: Erichsen/Ehlers (Hrsg), Allgemeines Verwaltungsrecht, § 1 Rn 86; *Pünder*, ZHR 170 (2006), 567, 597; ausführlich *Voßkuhle*, VVDStRL 62 (2003), 266, 307 ff.

32 *Pünder*, ZHR 170 (2006), 567, 591.

33 *Schmidt-Aßmann*, DVBl. 1993, 924, 936.

34 *Schmidt-Aßmann*, DVBl. 1993, 924, 936.

35 *Ruffert*, DV 34 (2001), 453 mwN. *Ruffert*, DV 34 (2001), 453, 454 bezeichnete den Forschungsstand insbesondere mit Blick auf die Integration grenzüberschreitender Handlungsformen der Verwaltung in das deutsche Verwaltungsrecht im Jahre 2001 als „defizitär". Auch war die Diskussion um die administrative Föderalisierung der Europäischen Union lange Zeit auf die Analyse der Einwirkung des europäischen auf das nationale Recht fokussiert, erst später wurde formuliert, dass ein Einfluss auch

licher Wirkung, staatengerichtete Entscheidungen der EU-Kommission sowie transnationale Verwaltungsakte.[36] Die Diskussion im indirekten Vollzug ist um eine Handlungsform zu ergänzen: um private transnationale Vollzugsakte.

B. Zielsetzung

Ziel der vorliegenden Arbeit ist es zu zeigen, dass der private Vollzug von Unionsrecht eine eigenständige Variante des indirekten Vollzugs ist. Die Untersuchung ist bewusst breit aufgestellt, um die Besonderheiten des privaten Vollzugs umfassend zu analysieren. Völker- und europarechtliche Überlegungen werden ebenso herangezogen wie solche aus dem nationalen Wirtschaftsverwaltungsrecht und dem Privatrecht. Die Ausführungen sollen dabei auf den Bereich harmonisierter Normen beschränkt bleiben.[37]

Ein erstes Ziel ist es zu klären, wie sich die Akkreditierung in die deutsche Verwaltungsrechtsdogmatik zur Einbindung Privater einfügt. Die Ausführungen behandeln Fragen aus dem Verwaltungsverfahrensrecht, größtenteils ausgeklammert bleiben Fragen der verfassungsrechtlichen Zulässigkeit, da auf andere Untersuchungen verwiesen werden kann, die überzeugend zu dem Ergebnis der verfassungsrechtlichen Zulässigkeit kommen.[38] Die Ausführungen konzentrieren sich dabei auf den privaten Vollzug durch Akkreditierung und Zertifizierung. Fragen der technischen Normung, die neben der Konformitätsbewertung die zweite Säule des Neuen Konzepts darstellt, werden nicht behandelt.[39] In den Richtlinien selbst werden keine detaillierten Anforderungen an die Produkte,

---

in die andere Richtung Teil der Europäisierung ist, *Schmidt-Aßmann*, Ordnungsidee, Kap 1 Rn 66; *Groß*, DÖV 2004, 20, 25 mwN.

36 *Sydow*, JuS 2005, 202, 208.

37 Daher ist beispielsweise die VO (EG) Nr. 765/2008 Teil der Ausarbeitungen, denn deren Artt. 16-26 gelten nur für Produkte, die unter Harmonisierungsrechtsvorschriften fallen, Art. 15 I. Die VO (EG) Nr. 764/2008 ist demgegenüber für die Verfahren im nicht-harmonisierten Bereich geschaffen. Diese soll hier nicht behandelt werden. Dazu unter anderem *Schorkopf*, EuR 2009, 645 ff.

38 Ausführlich und mwN *Bieback*, Zertifizierung und Akkreditierung, passim.

39 *Jörissen*, Produktbezogener Umweltschutz, 27 ff. Krit zum Normungsverfahren *Breulmann*, Normung und Rechtsangleichung, passim. Bei den harmonisierten Normen handelt es sich um freiwillige technische Normen. *Holoubek* in: Holoubek (Hrsg), Anerkennungs-/ Herkunftslandprinzip in Europa, 28 f: Der Hersteller hat die Wahl, ob er diesen Normen entsprechend produzieren will – oder einen anderweitigen Nachweis über die Richtlinienkonformität beibringt. Ebenso *Jörissen*, Produktbezogener Umweltschutz, 25.

sondern nur im Groben Vorgaben für die freie Warenzirkulation formuliert. Diese Richtlinienvorgaben werden durch private europäische Normungsorganisationen näher konkretisiert und mittels eines Verweises in die jeweilige Rechtsnorm eingebunden. Erst durch den gesetzlichen Verweis erhalten die privaten Normen allgemein Verbindlichkeit. Ist dies geschehen, darf ein Mitgliedstaat an ein Produkt nur noch in Ausnahmefällen höhere Anforderungen stellen, beispielsweise wenn er die Fehlerhaftigkeit der europäischen Harmonisierungsnormen nachweist. Weiterhin soll die Zertifizierung als Privatrechtsakt näher erörtert werden. Zu analysieren sind die vertraglichen Beziehungen zwischen den Beteiligten sowie die Rechtsfolgen des Zertifizierungsaktes. Fragen zu Haftung und Rechtsschutz können hier nur eingeschränkt behandelt werden.[40] Die Untersuchung bezieht sich dabei auf solche Zertifizierungen, die unter obligatorischer Einschaltung einer Benannten Stelle erfolgen müssen.[41]

Ziel ist es schließlich, den privaten Vollzug als Vollzugsart in der europäischen Rechtsordnung zu ergründen.[42] Unterschiede und Gemeinsamkeiten zwischen dem behördlichen und dem privaten indirekten Vollzug sollen herausgearbeitet und der Begriff dessen, was unter europäischer Verwaltung zu verstehen ist, aus funktionaler Sicht definiert werden. Zuletzt sind rechtsstaatliche und demokratische Anforderungen zu untersuchen. Nicht eingegangen werden soll demgegenüber auf die Konformitätsbewertung im Verhältnis zu Drittländern,

---

40 Allgemein dazu *Hofmann*, Rechtsschutz und Haftung im Europäischen Verwaltungsverbund, passim.

41 Dies ist der Fall im Rahmen von Modul B (Anhang II zu Beschluss (EG) Nr. 768/2008). Verfahren der freiwilligen Zertifizierung oder solche, die andere Prüfverfahren nutzen, sind ausdrücklich nicht Gegenstand der vorliegenden Arbeit. Insofern führt Anhang II zu Beschluss (EG) Nr. 768/2008 die unterschiedlichen „Module" auf, nach denen Zertifizierungen vorgenommen werden können.

42 Auch diesbezüglich sei auf andere Ausführungen verwiesen: *Dimitropoulos*, Zertifizierung und Akkreditierung, 38 ff, 65 ff, 78 ff, 130 ff und 220 ff; s. aus der neueren Literatur zur Produktsicherheit bei importierten Produkten *Wiebauer*, EuZW 2012, 14 ff; zur Produktzertifizierung im US-Markt und im Vergleich zum EU-Recht *Barron*, 11 Intellectual Property L. Rev. 413 (2007). Die Konformitätsbewertung ist europäisch und international ähnlich ausgestaltet, *Dimitropoulos*, Zertifizierung und Akkreditierung, 54. Die europäische Ausgestaltung kann als eine regionale Konkretisierung des internationalen Systems im Sinne des Art. 9 TBT-Übereinkommens verstanden werden, *ebenda*, 121. Es bestehen zugleich eine Reihe von Besonderheiten in der EU. So sei das europäische Modell, insbesondere das System der Akkreditierung, stärker verfestigt, *ebenda*, 65.

also solchen außerhalb der EU. Ebenso wenig behandelt wird die internationale Konformitätsbewertung.

C. Gang der Untersuchung

In einem ersten Kapitel zum Unionsrechtsvollzug sind die Rahmenbedingungen des privaten Vollzugs im Produktzulassungsrecht zu erörtern: Kompetenzen, Vollzugsarten sowie mögliche Varianten der Einbindung Privater.

Im zweiten Kapitel soll auf die organisationsrechtliche Stellung der Privaten eingegangen werden. Der private Vollzug wird zunächst aus Sicht der mitgliedstaatlichen Rechtsordnung untersucht, da im indirekten Vollzug die organisationsrechtliche Stellung der Vollzugsbeteiligten maßgeblich durch das nationale Recht geprägt wird. Eingangs soll die Pflicht des Staates zur Gewährleistung der Produktsicherheit geklärt werden, da sich aus dem Verfassungsrecht Anforderungen an jeden privaten Vollzug ergeben.[43] Anforderungen können sich außerdem aus dem Unionsrecht ergeben, wenn dieses vorrangige organisationsrechtliche Regelungen enthält. Es gilt, das anwendbare Organisationsrecht zu bestimmen. Sodann wird gezeigt, dass die Akkreditierung als Sonderfall der Privatisierung zu verstehen ist; es werden ihre grundlegenden Eigenschaften anhand der gesetzlichen Vorgaben, sowie anhand ihrer Einbettung in übergeordnete Strukturen dargestellt.[44] Die Rechtsfigur des sog. Verifikateurs, eines administrativ eingebundenen privaten Sachverständigen, an dessen Prüfungsergebnis gesetzlich bestimmte Rechtsfolgen knüpfen, lässt sich zur Beschreibung der Benannten Stellen nutzen, muss aber europäisch weitergedacht werden. Schließlich wird die Akkreditierung aus legitimationsrechtlicher Sicht beschrieben.

Im Schrifttum ist die Zertifizierung wahrgenommen, wenn auch als Rechtsfigur nicht näher analysiert worden. Dies soll im zweiten Kapitel dieser Arbeit geschehen.[45] Die Zertifizierung ist die Bestätigung, dass das untersuchte Produkt normkonform hergestellt wurde. Sie ist die „Handlungsform" der Benannten Stelle. Zertifizierungen sind als Rechtsakt eine Herausforderung für das deutsche Recht: Sie ergehen im Rahmen eines Vertrags zwischen Privaten, entfalten grenzüberschreitende Wirkung, binden in einem gewissen Rahmen die behördliche Marktüberwachung, und können der Grund dafür sein, dass ein europäisches Verwaltungsverfahren anzustrengen ist. Die Konformitätsbewertung

---

43 Kap. 2, A.
44 Kap. 2, B.
45 Kap. 2, C.

erfolgt im Rahmen des Zertifizierungssonderrechts, das sowohl auf private als auch an öffentliche Vollzugseinheiten anwendbar ist.

Im dritten Kapitel wird eine europarechtliche Perspektive eingenommen. Auch hier werden mit der europäischen Gewährleistungsverantwortung zunächst die verfassungsrechtlichen Grundlagen beschrieben.[46] Kernthese ist, dass die Privaten als Vollzugseinheiten Teil der funktionalen europäischen Verwaltungsstruktur sind.[47] Es wird vermutet, dass die Zertifizierung ähnlichen Strukturen wie der transnationale Verwaltungsakt folgt. Geltung und Wirkung der Zertifizierung sind zu analysieren. Schließlich ist die Tätigkeit der Benannten Stellen in das europäische Verwaltungsrecht einzuordnen. Ausgangspunkt dafür ist der funktionale Charakter des Unionsrechts und seiner Durchführung.[48] Daher ist der Begriff dessen, was unter europäischer Verwaltung verstanden wird, funktional zu definieren. Zum Abschluss ist auf die Bindungen im privaten Vollzug einzugehen.[49]

Im vierten und letzten Kapitel werden die Ergebnisse zusammengefasst und abschließend bewertet.

46 Kap. 3, A.
47 Kap. 3, B.
48 *Kugelmann*, VerwArch 2007, 78, 80.
49 Kap. 3, C.

Kapitel 1: Vollzug des Unionsrechts

Unionsrecht kann durch die Europäische Union bzw. durch verselbstständigte Verwaltungsstellen im direkten Vollzug oder durch die Mitgliedstaaten im indirekten Vollzug vollzogen werden.[50] Dargestellt werden zunächst die Grundlagen des europäischen Verwaltungsvollzugs aus kompetenzrechtlicher Sicht (A), ehe Charakteristika des direkten (B) und indirekten (C) Vollzugs erörtert werden. Im Anschluss daran werden verschiedene Varianten dargestellt, in denen Private beim Vollzug des Unionsrechts eingeschaltet werden können (D).

A. Unionsrechtliche Kompetenz zur Regelung des Produktzulassungsrechts

Als supranationaler Organisation kommen der EU keine originären, sondern nur solche Kompetenzen zu, die ihr durch ihre Mitglieder übertragen wurden (sog. Prinzip der begrenzten Einzelermächtigung im Sinne des Art. 5 I, II EUV).[51] Die Übertragung von Zuständigkeiten auf die EU ergibt sich explizit oder nach Auslegung[52] aus dem europäischen Primärrecht. Da die EU auf Integration angelegt ist, sind die Kompetenzen regelmäßig final zugeschnitten.[53]

Der EUV unterscheidet zwischen geteilten und ausschließlichen Kompetenzen. Bei der ausschließlichen Kompetenz liegt die Rechtsetzungszuständigkeit endgültig und vollständig bei der EU. Sie liegt zumeist in Regelungsmaterien vor, in denen die Mitgliedstaaten aufgrund ihrer territorialen Begrenzung ohnehin keine Regelungen treffen könnten.[54] Von der ausschließlichen Kompetenz im Sinne der Art. 2 I, 3 AEUV unterscheidet sich die geteilte Kompetenz.[55] Bei der geteilten Kompetenz steht der EU ebenfalls eine umfassende Kompetenz zu; solange sie keine erschöpfende Regelung erlassen hat, sind aber die Mitgliedstaaten

---

50 Allgemein dazu *Streinz*, Europarecht, Rn 571 ff; *Haratsch/Koenig/Pechstein*, Europarecht, 192 ff. Einzugehen ist hier nur auf den *außengerichteten* indirekten Vollzug.

51 *Ehlers* in: Erichsen/Ehlers (Hrsg), Allgemeines Verwaltungsrecht, § 5 Rn 2 mwN.

52 *Ehlers* in: Erichsen/Ehlers (Hrsg), Allgemeines Verwaltungsrecht, § 5 Rn 2: Darunter ist auch die sog. "implied power" zu fassen, eine stillschweigend mitgeschriebene Zuständigkeit.

53 Sog. Finalität der Gemeinschaften. Dazu *Rengeling*, VVDStRL 53 (1994), 202, 222 f.

54 Dazu zu zählen ist der gemeinsame Zolltarif gem. Art. 31 AEUV oder die gemeinsame Handelspolitik gem. Art. 207 AEUV.

55 Dazu *Jörissen*, Produktbezogener Umweltschutz, 54.

gem. Art. 2 II, 4 AEUV handlungsbefugt.[56] Die Kompetenzverteilung richtet sich in dieser Variante danach, ob die EU durch das Setzen von unmittelbar geltendem Recht von ihrer Kompetenz abschließend Gebrauch gemacht hat.[57] Mit dem Erlass europäischer Regelungen tritt eine Kompetenzsperre ein; abweichende mitgliedstaatliche Regelungen sind kompetenzwidrig.[58] Bestehende nationale Vorschriften treten aufgrund des europarechtlichen Anwendungsvorrangs zurück.

Im hier untersuchten Produktzulassungsrecht hat die EU gem. Art. 114 AEUV die Kompetenz Regelungen für den indirekten Vollzug zu erlassen (I). Diese können dabei sowohl materiell-rechtliche Vorgaben, als auch Verwaltungs- und Verwaltungsorganisationsvorgaben umfassen. In jedem Fall sind die Schranken des Subsidiaritäts- und Verhältnismäßigkeitsprinzips zu wahren (II).

I. Binnenmarktkompetenz

1. Erlass von materiell-rechtlichen Vorgaben

Legislative Zuständigkeiten für das Produktzulassungsrecht sind der EU durch Übertragung der Kompetenz zur Herstellung des Binnenmarktes (Art. 114 AEUV) zugesprochen worden. Dabei handelt es sich um eine geteilte Kompetenz im Sinne der Art. 2 II, 4 AEUV.[59] Um den Binnenmarkt zu verwirklichen und dessen Funktionieren zu gewährleisten, erlässt die EU Maßnahmen zur Angleichung der Rechts- und Verwaltungsvorschriften der Mitgliedstaaten. Der Wortlaut verdeutlicht, dass der Anwendungsbereich von Art. 114 AEUV funktional bestimmt wird.[60] Die Maßnahme muss zur Beseitigung von spürbaren

---

56 Ebenso liegt der Fall, wenn die EU entschieden hat, die Kompetenz nicht mehr wahrzunehmen: vgl. dazu die Erklärung zum Vertrag von Lissabon Nr. 18 Abs. 2 zur Abgrenzung von Zuständigkeiten.

57 *Ehlers* in: Erichsen/Ehlers (Hrsg), Allgemeines Verwaltungsrecht, § 5 Rn 3.

58 *Ehlers* in: Erichsen/Ehlers (Hrsg), Allgemeines Verwaltungsrecht, § 2 Rn 112.

59 Art 2 II AEUV: „Übertragen die Verträge der Union für einen bestimmten Bereich eine mit den Mitgliedstaaten geteilte Zuständigkeit, so können die Union und die Mitgliedstaaten in diesem Bereich gesetzgeberisch tätig werden und verbindliche Rechtsakte erlassen. Die Mitgliedstaaten nehmen ihre Zuständigkeit wahr, sofern und soweit die Union ihre Zuständigkeit nicht ausgeübt hat. Die Mitgliedstaaten nehmen ihre Zuständigkeit erneut wahr, sofern und soweit die Union entschieden hat, ihre Zuständigkeit nicht mehr auszuüben." Dazu auch *Ehlers* in: Erichsen/Ehlers (Hrsg), Allgemeines Verwaltungsrecht, § 2 Rn 112, § 5 Rn 3.

60 *Herrnfeld* in: Schwarze, EU-Kommentar, Art. 114 Rn 8; dazu allgemein *Sydow*, VerwArch 2006, 1, 12 f; *Remien* in: Schulze/Zuleeg/Kadelbach, Europarecht, § 14 Rn 19; *Möstl*, EuR 2002, 318, 324 ff; *Jarass*, AöR 121 (1996), 173, 178, 180.

Störungen des Binnenmarktes, also beispielsweise von Hemmnissen für den freien Warenverkehr, geeignet sein.[61] Art. 114 AEUV lässt sich insofern keine allgemeine Kompetenz zur Regelung des Binnenmarktes entnehmen,[62] die EU ist aber befugt, sachbezogene Regelungen zu treffen.[63]

2. *Erlass von Verwaltungsvorgaben*

Der EU könnte weiterhin die Kompetenz zustehen, Verwaltungsverfahrensvorgaben für den indirekten Vollzug zu erlassen. Die Herstellung des Binnenmarktes kann gerade durch mitgliedstaatliche Verwaltungsvorgaben infrage gestellt werden. Die Vollzugsautonomie der Mitgliedstaaten gefährdet so die Binnenmarktverwirklichung.[64] Eine EU-Regelung ist am besten geeignet, einen europaweiten Produktmarkt zu ermöglichen. Die Kompetenz zur Errichtung eines Binnenmarktes muss insofern auch die Möglichkeit umfassen, Verwaltungsvorgaben zu erlassen. Hinsichtlich der genauen Ausgestaltung der Regelungen gem. Art. 114 AEUV hat der europäische Gesetzgeber Ermessen.[65] Sogar eine

---

61 EuGH v. 5.10.2000, Rs. C-376/98, Slg. 2000, I-8419 Rn 106 – Tabakwerberichtlinie; *Herrnfeld* in: Schwarze, EU-Kommentar, Art. 114 Rn 14, 12. Dabei kommt es weniger auf die inhaltliche Ausgestaltung des Aktes an, als auf ihre Eignung zu diesem Zwecke, wie der EuGH betont, *ebenda*, Rn 84, 86.

62 *Herrnfeld* in: Schwarze, EU-Kommentar, Art. 114 Rn 10. Ebenso wenig dürfte die EU auf europäischer Ebene ein allgemeines Verwaltungsrecht schaffen, *Kahl*, NVwZ 1996, 865, 869.

63 *Kahl*, NVwZ 1996, 865, 869. AA *Ohler*, EuZW 2006, 372, 373 mwN in einer Anmerkung zu EuGH v. 2.5.2006, Rs. C-217/04, EuZW 2006, 369 ff. Die Binnenmarktkompetenz beschränke sich auf die Angleichung von materiellem Recht. *Ebenda*, 374: Das europäische Recht sei auf das materielle Recht fixiert. Mit diesem Urteil habe der EuGH „das europäische Verfassungsrecht in Sachen Verwaltungsorganisation neu vermessen", *Vetter*, DÖV 2005, 721, 728 f mwN. EuGH v. 2.5.2006, Rs. C-217/04 Leitsatz 1: „Der Wortlaut des Artikels 95 EG erlaubt insofern nicht den Schluss, dass die vom Gemeinschaftsgesetzgeber auf der Grundlage dieser Vorschrift erlassenen Maßnahmen nur an die Mitgliedstaaten gerichtet sein dürften. Der Gemeinschaftsgesetzgeber kann nämlich aufgrund seiner Sachwürdigung die Schaffung einer Gemeinschaftseinrichtung für notwendig erachten, deren Aufgabe es ist, in Situationen, in denen der Erlass von nicht zwingenden Begleit- und Rahmenmaßnahmen zur Erleichterung der einheitlichen Durchführung und Anwendung von auf Artikel 95 EG gestützten Rechtsakten geeignet erscheint, zur Verwirklichung des Harmonisierungsprozesses beizutragen."

64 *Joerges*, ZERP Arbeitspapier 1/95, Komitologie, 34 ff noch zu Art. 100 a I EWGV aF (der sodann Art. 95 EGV aF wurde und nunmehr Art. 114 AEUV entspricht).

65 EuGH v. 6.12.2005, Rs. C-66/04, Slg. 2005, I-10553 Rn 45.

Vollharmonisierung soll von dem Kompetenztitel umfasst sein.[66] Europäische Verwaltungsvorgaben sind von den Mitgliedstaaten einzuhalten.

3. *Erlass von Verwaltungsorganisationsvorgaben*

Von der Kompetenz zum Erlass von Verwaltungsvorgaben ist die Kompetenz zur Setzung verwaltungsorganisationsrechtlicher Vorschriften zu unterscheiden. Verwaltungsorganisationsrecht ist das Recht der Binnenorganisation staatlicher Verwaltung.[67] Der EU könnte die Kompetenz zustehen, die Mitgliedstaaten zur Einschaltung bestimmter Verwaltungseinheiten zu verpflichten. Dies wird teilweise mit der Begründung abgelehnt, dass die Mitgliedstaaten der EU zwar Normsetzungsbefugnisse überlassen hätten, ihr dies aber noch keine Rechtsmacht zur Einwirkung auf die nationale Organisationsgewalt gebe.[68] Die EU sei für eine solche bereichsübergreifende Regelung nicht zuständig.[69]

Bei diesem Verständnis wird der Wortlaut von Art. 114 AEUV zu eng ausgelegt. Zwar trifft zu, dass die EU grundsätzlich keine eigene nachgeordnete Behördenorganisation errichten darf.[70] Die Errichtung von Behörden, die Wahl der Organisationsform und die Wahl der Rechtsform liegen grundsätzlich im Ermessen der Mitgliedstaaten.[71] Dabei kann die EU die Binnenmarktkompetenz als geteilte Zuständigkeit ohnehin nur im Rahmen der Grundsätze von Subsidiarität und Verhältnismäßigkeit ausüben.[72] Es ist aber anerkannt, dass der Unionsgesetzgeber bei der Wahl der Angleichungsinstrumente einen Ermessensspielraum hat.[73] Erachtet er eine Harmonisierung des Organisationsrechts als notwendiges und geeignetes Mittel, so muss ihm auch diese Option zur Verfügung stehen.

---

66 Wie ausgeführt werden bei einer Vollharmonisierung die Voraussetzungen auf europäischer Ebene detailliert geregelt. Eine Berufung auf Art. 36 AEUV ist in diesem Fall grundsätzlich ausgeschlossen, *Dauses/Brigola* in: Dauses, Hdb. EU-Wirtschaftsrecht, C I Rn 188. Ein Abweichen auch im Falle einer Vollharmonisierung soll möglich sein, wenn die europäischen Normen den Mitgliedstaaten einen Handlungsspielraum belassen und wenn diese Vorschriften ihrerseits europarechtskonform sind.

67 *Gärditz*, Hochschulorganisation und verwaltungsrechtliche Systembildung, 55.

68 *Kirchhof* in: Maunz/Dürig (Begr), GG, Art. 83 Rn 80.

69 *Burgi* in: Erichsen/Ehlers (Hrsg), Allgemeines Verwaltungsrecht, § 7 Rn 32.

70 EuGHE 1971, 1107 Rn 3/4 – International Fruit Company. AA *Stettner* in: Dauses, Hdb. EU-Wirtschaftsrecht, B III Rn 51, der darauf hinweist, dass dies „bei so dynamischen Zusammenschlüssen wie der [EU] nicht unbedingt das letzte Wort sein muss".

71 *Burgi* in: Erichsen/Ehlers (Hrsg), Allgemeines Verwaltungsrecht, § 7 Rn 32.

72 *Holoubek* in: Holoubek (Hrsg), Anerkennungs-/ Herkunftslandprinzip in Europa, 45.

73 EuGH v. 6.12.2005, Rs. C-66/04, Slg. 2005, I-10553 Rn 45.

Diese Befugnis ist im Rahmen von Art. 114 AEUV in Rechtsprechung und Literatur auch anerkannt.[74] Der EU kommt zwar keine übergreifende Kompetenz zur Regelung der mitgliedstaatlichen Verwaltungsorganisation zu – um bestimmte Ziele zu erreichen, ist diese Art von Regelung aber zulässig.[75] Dieses Verständnis entspricht schließlich der aktuellen Rechtslage: Das Sekundärrecht trifft als Annex zu materiell-rechtlichen Regelungen zahlreiche Aussagen zur Verwaltungsorganisation.[76] Der EU steht die Kompetenz zu, verwaltungsorganisationsrechtliche Vorgaben zu treffen.[77]

II. Kompetenzausübungsschranken

Europäische Kompetenzen unterliegen Kompetenzausübungsschranken. Zum einen besteht die Schranke der Subsidiarität, Art. 5 III EUV.[78] Die EU wird

---

74 EuGH v. 9.8.1994, Rs. C-359/92, Slg. 1994, I-3681 Rn 37 – Produktsicherheitsrichtlinie; dazu *Kugelmann*, VerwArch 2007, 78, 84; *Pache*, VVDStRL 66 (2006), 106, 120 ff. Ein Beispiel für verwaltungsorganisatorische Vorgaben stellt Art. 10 der VO (EG) Nr. 764/2008 dar, nach dem in jedem Mitgliedstaat eine oder mehrere sog. Produktinfostellen eingerichtet werden müssen, die den Wirtschaftsteilnehmern und den zuständigen Behörden der anderen Mitgliedstaaten auf Antrag kostenlos Informationen über die Produkte sowie die geltenden technischen Vorschriften bereitstellen. Dadurch soll mehr Transparenz beim Verfahren entstehen. Eine Kompetenz zur Einrichtung rechtlich verselbstständigter Verwaltungseinheiten wird teilweise auch aus einer ungeschriebenen Annexkompetenz abgeleitet, *Ohler*, EuZW 2006, 372, 374 in Bezug auf Agenturen. Die gleiche Frage nach einer EU-Gesetzgebungskompetenz stellt sich für die Einrichtung von mitgliedstaatlichen Behörden und Verfahren. Dazu *Vetter*, DÖV 2005, 721.

75 *Kugelmann*, VerwArch 2007, 78, 84.

76 *v. Danwitz*, Europäisches Verwaltungsrecht, 499 f; *Gundel* in: Schulze/Zuleeg/Kadelbach, Europarecht, § 3 D Rn 116 mit Verweis auf *Kugelmann*, VerwArch 98 (2007), 78, 80; *Burgi* in: Erichsen/Ehlers (Hrsg), Allgemeines Verwaltungsrecht, § 7 Rn 34.

77 Teilweise wird gefordert, verwaltungsorganisationsrechtliche Vorschriften sollten immer in EU-Verordnungen vorgesehen werden, was hier der Fall ist. Vgl. allgemein *Ohler*, EuZW 2006, 372, 373: Da die Organisationsgewalt eben gerade nicht die Schaffung rechtlich verselbstständigter Verwaltungseinheiten umfasst, ist für die Errichtung ein förmlicher Rechtsakt im Sinne des Art. 249 II EGV aF (Art. 288 II AEUV) zu fordern, auch ohne dass das Primärrecht einen ausdrücklichen Vorbehalt des institutionellen Gesetzes kennen würde.

78 Ausführlich zum Subsidiaritätsprinzip *Albin*, NVwZ 2006, 629 ff; *Sydow*, DÖV 2006, 66, 67. Anforderungen aus Art. 5 III EUV lassen sich dem Protokoll (Nr. 2) über die Anwendung der Grundsätze der Subsidiarität und Verhältnismäßigkeit zum Vertrag von Lissabon entnehmen. Die Einhaltung des Subsidiaritätsgrundsatzes kann

danach nur tätig, sofern und soweit die Ziele der jeweiligen Maßnahmen von den Mitgliedstaaten weder auf zentraler noch auf regionaler oder lokaler Ebene ausreichend verwirklicht werden können und wegen ihres Umfangs oder ihrer Wirkungen auf Unionsebene besser zu verwirklichen sind. Das Subsidiaritätsprinzip ist in der Literatur nach wie vor in der Diskussion.[79]

Wie jedes Handeln der EU finden die Kompetenzen außerdem eine Schranke in dem Erfordernis einer verhältnismäßigen Regelung. Gem. Art. 5 IV EUV dürfen EU-Maßnahmen nach dem Grundsatz der Verhältnismäßigkeit inhaltlich wie formal nicht weiter als das zur Erreichung der Vertragsziele erforderliche Maß gehen. Diese Schranke gilt für beide Varianten der Zuständigkeiten, vgl. Art. 5 I 2 EUV. Über den Wortlaut hinaus müssen die Maßnahmen auch geeignet und angemessen sein.[80] Inwiefern die untersuchten Varianten des privaten Vollzugs die Schranken der Kompetenzausübung wahren, ist an der jeweiligen Stelle zu erörtern.

B. Direkter Vollzug

Im direkten Vollzug nimmt der jeweilige EU-Verwaltungsträger selbst verwaltungsrechtliche Maßnahmen vor, es entsteht ein eigenständiges Rechtsverhältnis.[81] Zu einer Einschaltung mitgliedstaatlicher Stellen kommt es bei dieser

---

seit dem Vertrag von Lissabon auch klageweise durchgesetzt werden. Nach Art. 5 III UAbs. 2 S. 2 EUV achten die nationalen Parlamente auf die Einhaltung des Subsidiaritätsprinzips nach dem in jenem Protokoll vorgesehenen Verfahren. *Albin*, NVwZ 2006, 629, 630: Entscheidend ist, auf welche Rechtsgrundlage die EU ihr Vorgehen stützt. Ob die Voraussetzungen für die Kompetenz tatsächlich vorliegen, ist demgegenüber nicht entscheidend.

79 Teilweise wurde kritisiert, der EuGH beachte den Subsidiaritätsgrundsatz zulasten mitgliedstaatlicher Rechtsetzungskompetenzen nicht ausreichend. Zum einen schließe der EuGH in vielen Fällen von einer Ermächtigung zur Harmonisierung auf die Notwendigkeit unionsweiten Vorgehens. Zum anderen bejahe er eine Kompetenz der Union, wenn eine Norm ein hohes Schutzniveau in einem bestimmten Politikbereich anordnet. Der Subsidiaritätsgrundsatz sei daher ein „weitgehend zahnloses Instrument" geblieben, zu alledem stellvertretend *Albin*, NVwZ 2006, 629, 633 f.

Das Subsidiaritätsprinzip werde außerdem nicht nur als Prinzip der Zuordnung von Aufgaben zu hoheitlichen Ebenen verstanden, sondern zunehmend als eines, welches das Verhältnis zwischen gesellschaftlicher Selbstregulierung und hoheitlicher Aufgabenübernahme an sich beschreibt, dazu *Winter*, EuR 2005, 255, 260.

80 *Ehlers* in: Erichsen/Ehlers (Hrsg), Allgemeines Verwaltungsrecht, § 5 Rn 3.

81 *Stettner* in: Dauses, Hdb. EU-Wirtschaftsrecht, B III Rn 4.

Vollzugsvariante nicht. Mitgliedstaatliches Tätigwerden ist nicht erforderlich, um dem Recht zur Anwendung zu verhelfen. Neben vertraglich eingerichteten Organen können juristische Personen als Träger mittelbarer Unionsverwaltung eingeschaltet sein.[82] Dabei handelt es sich um verselbstständigte, dezentral eingerichtete Verwaltungseinheiten mit eigener Rechtspersönlichkeit.[83] Auch ohne unmittelbar zur EU-Eigenverwaltung zu gehören,[84] zählen sie zur Unionsexekutive.[85] Dadurch kommt es zu einer Dezentralisierung des direkten Unionsrechtsvollzugs, es entsteht eine Art Verwaltungsunterbau.[86] Als Teil der EU-Verwaltung unterliegen diese verselbstständigten Verwaltungsträger den gleichen Handlungsmaßstäben wie die originär eingerichteten europäischen Organe. So müssen sie unter anderem den für das Handeln der Eigenverwaltung geltenden rechtsstaatlichen Anforderungen genügen.[87] Wie bei jeder Art des direkten Vollzugs bedarf auch die Einschaltung verselbstständigter Verwaltungsträger einer besonderen Rechtfertigung, da der Vollzug aufgrund des Subsidiaritätsprinzips in der Regel durch mitgliedstaatliche Stellen erfolgen soll.

Ein Beispiel für die Verwaltungsstruktur im direkten Vollzug sind die europäischen Agenturen.[88] Deren Errichtung wird in der Regel auf eine Annexkompetenz zur Sachkompetenz gestützt.[89] In der Literatur wird die sehr weit

82 *Ehlers* in: Erichsen/Ehlers (Hrsg), Allgemeines Verwaltungsrecht, § 5 Rn 33.

83 Vgl. unter anderem Art. 23 I VO (EG) Nr. 168/2007 zur Errichtung einer Agentur der Europäischen Union für Grundrechte.

84 Die betreffende Verwaltungseinheit ist juristisch und organisatorisch von der Europäischen Kommission losgelöst, *Helfritz*, Verselbstständigte Verwaltungseinheiten, 51.

85 *Weiß*, Der Europäische Verwaltungsverbund, 88.

86 *Groß*, EuR 2005, 54 f; *Gärditz*, DÖV 2010, 453, 458 f. Zur Auslagerung von Verwaltungsfunktionen auf europäische Agenturen aus Sicht des New Public Management *Shirvani*, DÖV 2008, 1 ff, insbesondere 5 ff.

87 *Ehlers* in: Erichsen/Ehlers (Hrsg), Allgemeines Verwaltungsrecht, § 5 Rn 41, § 2 Rn 29 f: Diese sind primärrechtlich festgeschrieben oder wurden durch die Rechtsprechung als allgemeine Rechtsgrundsätze entwickelt.

88 Das Phänomen der verselbstständigten Verwaltungseinheiten wird bisher überwiegend unter dem Stichwort der Agentur diskutiert, wie *Helfritz*, Verselbstständigte Verwaltungseinheiten, 202 herausstellt. Aus dem umfangreichen Schrifttum zum europäischen Agenturwesen *Kment*, JuS 2011, 211, 212; *Groß*, EuR 2005, 54; *Sydow*, VerwArch 2006, 1, 4 ff; *Görisch*, Unionsagenturen, passim.

89 Oftmals wird die Rechtsangleichungsvorschrift des Art 114 AEUV (früher Art. 95 EGV) als Kompetenzgrundlage herangezogen, *Ehlers* in: Erichsen/Ehlers (Hrsg), Allgemeines Verwaltungsrecht, § 5 Rn 33. Alternativ wurde Art. 308 EGV aF als

gehende Nutzung des Agenturwesens teilweise kritisch betrachtet,[90] insbesondere wegen der Gefahr, dass die Kompetenznorm über ihren ursprünglichen Gehalt hinaus überdehnt wird, und wegen der Befugnisse der Agenturen, bei denen sich Fragen hinsichtlich ihrer Vereinbarkeit mit dem Demokratieprinzip und mit den rechtsstaatlichen Anforderungen im Sinne des Art 2 EUV stellen.[91]

C. Indirekter Vollzug

Vom direkten ist grundsätzlich der indirekte Vollzug zu unterscheiden (sog. Trennungsprinzip). Im indirekten Vollzug verwalten nationale statt europäischer Stellen. Der indirekte Vollzug ist der Regelfall.[92] Der Vorrang dezentraler Aufgabenwahrnehmung entspricht dem Subsidiaritäts- und dem Verhältnismäßigkeitsprinzip. Außerdem ist die EU auf die Ausführung durch die Mitgliedstaaten angewiesen. Sie verfügt nicht über die erforderlichen Kapazitäten für einen umfassenden direkten Vollzug. Die Mitgliedstaaten einzubinden ist naheliegend.[93]

Innerhalb des indirekten Vollzugs wird je nach anwendbarem Recht zwischen unmittelbarem und mittelbarem Vollzug unterschieden.[94] Bei ersterem wenden die Mitgliedstaaten das europäische Recht direkt an. Es handelt sich um einen administrativen Vollzug. Voraussetzung dafür ist unmittelbar anwendbares EU-Recht. Macht das europäische Recht keine Vollzugsvorgaben, treten die Verfahrensbestimmungen des nationalen Rechts hinzu.[95] Der mittelbare Vollzug ist

---

Rechtsgrundlage vorgeschlagen, *Helfritz*, Verselbstständigte Verwaltungseinheiten, 140 f, 149 ff.

90 Stellvertretend und mwN *Kment*, JuS 2011, 211, 212; *Wittinger*, EuR 2008, 609, 612 ff.

91 Es ist nicht unproblematisch, dass Agenturen in der Ausprägung von Regulierungsagenturen sogar regelnd tätig werden – ohne durch ein europäisches Organ kontrolliert zu werden, dazu *Ehlers* in: Erichsen/Ehlers (Hrsg), Allgemeines Verwaltungsrecht, § 5 Rn 36. Umfassend und mwN *Görisch*, Unionsagenturen, passim.

92 Dieser Regelfall des mitgliedstaatlichen Vollzugs kann mittlerweile auch als in Art. 197 I, 291 I AEUV kodifiziert angesehen werden. Gem. Art. 291 I AEUV ergreifen die Mitgliedstaaten alle zur Durchführung der verbindlichen Rechtsakte der Union erforderlichen Maßnahmen nach innerstaatlichem Recht. So auch *v. Arnauld* in: Terhechte (Hrsg), Verwaltungsrecht der EU, § 2 Rn 6.

93 *Möllers*, EuR 2002, 483, 493.

94 Zur Anwendbarkeit *Ehlers* in: Erichsen/Ehlers (Hrsg), Allgemeines Verwaltungsrecht, § 5 Rn 43 ff.

95 *Ehlers* in: Erichsen/Ehlers (Hrsg), Allgemeines Verwaltungsrecht, § 5 Rn 44.

demgegenüber zunächst nicht administrativ.[96] Er setzt eine legislative Umsetzung durch den nationalen Gesetzgeber voraus (s. auch Art. 291 I aE AEUV), nationales Recht kommt zur Anwendung. Er ist aber insofern administrativ, als die verwaltenden Stellen auch nach der legislativen Umsetzung an unionsrechtliche Vorgaben gebunden sind. Für beide Arten des indirekten Vollzugs gelten dieselben Grundsätze.[97]

Der private Vollzug ist im Produktzulassungsrecht zu Großteilen durch EU-Verordnungsvorschriften vorgegeben. Subsidiär kommt mitgliedstaatliches Recht zur Anwendung.

I. Mitgliedstaatliche Vollzugsstellen

Wie eingangs angeführt lautet eine der zentralen Thesen, dass der private Vollzug dem behördlichen Vollzug gleicht. Insofern gilt es zunächst, den behördlichen Vollzug einzuordnen.

1. *Organisationsrechtliche Stellung der Behörden*

Aus organisationsrechtlicher Sicht sind die nationalen Behörden weder im unmittelbaren noch im mittelbaren Vollzug Untereinheiten der Unionsverwaltung.[98] Es findet keine Organleihe und keine hierarchische Unterordnung statt.[99] Die EU ist ihrer Struktur nach ein Staatenzusammenschluss: Soweit sie ihre Befugnisse nicht selbst wahrnimmt, werden die Mitgliedstaaten aus eigenem Recht tätig.[100] Den Mitgliedstaaten wird keine europäische Hoheitsgewalt delegiert.[101] Als nationale Verwaltungseinheiten üben sie sowohl im unmittelbaren

---

96 *Stettner* in: Dauses, Hdb. EU-Wirtschaftsrecht, B III Rn 18.

97 Dies ist nicht unumstritten. Wie hier *Streinz*, Europarecht, Rn 599; *Ehlers* in: Erichsen/Ehlers (Hrsg), Allgemeines Verwaltungsrechts, § 5 Rn 48. Insbesondere gilt dies mit Blick auf das Äquivalenz- und Effektivitätsprinzip.

98 *Möllers* in: Schmidt-Aßmann/Schöndorf-Haubold (Hrsg), Der Europäische Verwaltungsverbund, 293, 305.

99 *Augsberg* in: Terhechte (Hrsg), Verwaltungsrecht der EU, § 6 Rn 19.

100 *Everling*, DVBl. 1983, 649, 951.

101 *Stettner* in: Dauses, Hdb. EU-Wirtschaftsrecht, B III Rn 11; *Kahl* in: Calliess/Ruffert (Hrsg), EUV/AEUV, Art. 4 EUV Rn 60; *Möllers*, EuR 2002, 483, 500; *Everling*, DVBl. 1983, 649, 951; *Rengeling*, VVDStRL 53 (1994), 202, 211. AA jedenfalls betreffend den unmittelbaren Vollzug *HP Ipsen*, Europäisches Gemeinschaftsrecht, 443 f = § 20 Rn 59: Den Mitgliedstaaten stehe keine Rechtsetzungsmacht zur Ausgestaltung einer Verordnung mehr zu. Erlasse die EU zulässigerweise anstelle einer

als auch im mittelbaren Vollzug nationale Hoheitsgewalt aus.[102] Diese wird zum Vollzug des Unionsrechts eingesetzt.[103]

2. Funktionale Stellung der Behörden

Beim Vollzug des Unionsrechts haben die mitgliedstaatlichen Behörden die Funktion, dem Unionsrecht gemäß dem Gedanken des effet utile im größtmöglichen Umfang zur beabsichtigten Wirkung zu verhelfen. Sowohl beim unmittelbaren als auch beim mittelbaren Vollzug stellen die nationalen Behörden daher funktional einen Teil der Unionsverwaltung dar,[104] sie werden „quasi als Verwaltungsunterbau der EU instrumentalisiert".[105] Die nationalen Behörden sind zugleich „als Vollzugsapparate Verpflichtete des [Unions-]rechts":[106] Die Mitgliedstaaten und ihre Behörden sind unmittelbar an die Grundfreiheiten gebunden. Sie unterliegen außerdem einer doppelten Grundrechtsbindung: Die Unionsgrundrechte setzen einen Mindeststandard, die nationalen Grundrechte kommen im Übrigen zur Anwendung.[107] Auch hier ist kein Unterschied zwischen dem unmittelbaren und dem mittelbaren Vollzug auszumachen. Ermessensspielräume sind unionsgrundrechtsfreundlich auszulegen. Damit stehen die mitgliedstaatlichen Verwaltungsstellen in einer doppelten

---

Richtlinie eine Verordnung, so müsse die entsprechende Macht dem Mitgliedstaat erst wieder übertragen werden.

102 BVerfGE 37, 271, 283: „Vollzieht eine Verwaltungsbehörde der BRD oder handhabt ein Gericht der BRD eine Verordnung der Gemeinschaft, so liegt darin Ausübung deutscher Staatsgewalt." Dies ergibt sich mittlerweile zwingend aus Art. 291 I AEUV, *Streinz* in: Isensee/Kirchhof, Hdb. des Staatsrechts, § 218 Rn 7. Allgemein zum Verständnis des Art. 291: *Stelkens*, FÖV Discussion Papers 68, 2011.

103 *Everling*, DVBl. 1983, 649, 951; *Bünten*, Staatsgewalt und Gemeinschaftshoheit, 162 f.

104 *v. Bogdandy/Schill* in: Grabitz/Hilf/Nettesheim, Das Recht der EU, 2011, Art. 4 EUV Rn 50; *Möllers*, EuR 2002, 483, 500.

105 *Kahl* in: Calliess/Ruffert (Hrsg), EUV/AEUV, Art. 4 EUV Rn 60.

106 *Möllers* in: Schmidt-Aßmann/Schöndorf-Haubold (Hrsg), Der Europäische Verwaltungsverbund, 293, 305 noch zum Gemeinschaftsrecht.

107 EuGH, Slg. 1989, 2609 Rn 19 – Wachauf; *Ehlers* in: Ehlers (Hrsg), Europäische Grundrechte, § 14 Rn 51.

Loyalitätsbeziehung,[108] sie werden zutreffend als „kodependente Organismen" bezeichnet.[109]

II. Mitgliedstaatliche Vollzugsautonomie

Solange keine ausdrückliche Ermächtigung der EU eine Vollzugskompetenz zuspricht, oder diese ihre Kompetenz noch nicht wahrgenommen hat, obliegt die Ausgestaltung des Verwaltungsvollzugs den Mitgliedstaaten (sog. Vollzugsautonomie der Mitgliedstaaten).[110] Dies folgt im Umkehrschluss aus dem Prinzip der

---

108 *v. Bogdandy* in: Grabitz/Hilf, Das Recht der EU, 2002, Art. 10 EGV Rn 43; *Hatje*, Gemeinschaftsrechtliche Steuerung, 354 ff; *Hölscheidt*, DÖV 2009, 341, 345: Die mitgliedstaatlichen Organe nehmen eine „eigentümliche Doppelstellung" ein. Die Durchsetzung des Unionsrechts erfolgt durch die EU sowie die Mitgliedstaaten, die dabei teils eigenständig, teils verbunden handeln. Allgemein auch *Magiera*, DÖV 1998, 173, 176 ff.

109 *Cassese*, Der Staat 1994, 25, 26; *v. Bogdandy/Schill* in: Grabitz/Hilf/Nettesheim, Das Recht der EU, 2011, Art. 4 EUV Rn 77. *Schmidt-Aßmann* in Schmidt-Aßmann/Schöndorf-Haubold (Hrsg), Der Europäische Verwaltungsverbund, 1, 5, nutzt diesen Ausdruck dagegen, um die Informationsbeziehungen zwischen den mitgliedstaatlichen Behörden zu beschreiben.

110 EuGH v. 21.9.1983, Rs. 205-215/82, Slg. 1983, 2633 – Deutsche Milchkontor: Es sei „Sache der Mitgliedstaaten, in ihrem Hoheitsgebiet für die Durchführung der Gemeinschaftsregelungen [...] zu sorgen. Soweit das Gemeinschaftsrecht einschließlich der allgemeinen gemeinschaftsrechtlichen Grundsätze hierfür keine gemeinsamen Vorschriften enthält, gehen die nationalen Behörden bei dieser Durchführung [...] nach den formellen und materiellen Bestimmungen ihres nationalen Rechts vor". Dazu *Gundel* in: Schulze/Zuleeg/Kadelbach, Europarecht, § 3 D Rn 114; *Galetta*, EuR-Beih 2012, 37 ff, 46. Dies wird in der Literatur teilweise abgelehnt. Ein allgemeiner Grundsatz der Autonomie sei nicht anzuerkennen, er sei kein Strukturprinzip der Union, so unter anderem *Kugelmann*, VerwArch 2007, 78, 82 mwN. Vielmehr werde den Mitgliedstaaten durch das europäische Recht eine eigenständige Vollzugsverantwortung übertragen. Dass auf Art. 4 III 1 EUV verwiesen werde, verdeutliche, dass der Vollzug von Unionsrecht keine Berechtigung, sondern vielmehr eine Verpflichtung darstelle. So noch zu Art. 10 EGV aF *Möllers* in: Schmidt-Aßmann/Schöndorf-Haubold (Hrsg), Der Europäische Verwaltungsverbund, 293, 305; *Möllers*, EuR 2002, 483, 499. Krit auch *Schwarze*, Europäisches Verwaltungsrecht, CIV; *v. Bogdandy* in: Grabitz/Hilf, Das Recht der EU, 1994, Art. 5 EGV aF, 43: Den Mitgliedstaaten komme keine Regelungsprärogative im Hinblick auf das Verwaltungsverfahren und die Verwaltungsorganisation zu. Ein dies umfassender allgemeiner Grundsatz der Autonomie sei nicht anzuerkennen. Vielmehr werde den Mitgliedstaaten durch das europäische Recht eine eigenständige Vollzugsverantwortung übertragen. Relativierend *v. Bogdandy* in: Grabitz/Hilf, Das

begrenzten Einzelermächtigung.[111] Die Vollzugsautonomie hat eine institutionelle und eine verfahrensmäßige Komponente.[112] Der Vorteil liegt auf der Hand: Einzelstaatliche Verwaltungskompetenzen werden gewahrt, ebenso das Subsidiaritätsprinzip.[113] So kommt es nur in begrenztem Umfang zu Eingriffen in die mitgliedstaatliche Verwaltungsorganisation.[114]

III. Modifikation mitgliedstaatlicher Vollzugsautonomie

Die mitgliedstaatliche Vollzugsautonomie allerdings besteht nicht uneingeschränkt. Es gilt der Vorrang des Unionsrechts. Die Autonomie wird durch zahlreiche unionsrechtliche Vorgaben modifiziert.

1. Äquivalenz- und Effektivitätsgrundsatz

Behördliche Verfahren zum Vollzug von Unionsrecht dürfen nicht ungünstiger ausgestaltet sein, als solche, die nationales Recht betreffen (Äquivalenzgrundsatz).[115] Auch darf die Ausübung unionsrechtlicher Rechte nicht praktisch unmöglich oder sonst übermäßig erschwert werden (Effektivitätsgrundsatz).[116]

Recht der EU, 2009, Art. 10 EGV aF: Der Begriff der Autonomie sei „irreführend". Mitgliedstaatliche Handlungsfreiheit sei schon über Art. 5 II, III EUV aF ausreichend geschützt. Nunmehr AA *v. Bogdandy/Schill* in: Grabitz/Hilf/Nettesheim, Das Recht der EU, 2011, Art. 4 EUV Rn 77. Zum Streit, ob es sich bei dem Grundsatz der mitgliedstaatlichen Verfahrensautonomie um einen Grundsatz mit eigenem normativen Gehalt handelt, oder aber um die Beschreibung der Vollzugswirklichkeit siehe *Kahl* in: Calliess/Ruffert (Hrsg), EUV/AEUV, Art. 4 EUV Rn 61 mwN.

111 *Schwarze*, Europäisches Verwaltungsrecht, CIV. AA *v. Bogdandy/Schill* in: Grabitz/Hilf/Nettesheim, Das Recht der EU, 2011, Art. 4 EUV Rn 77, die diesen Grundsatz aus dem Subsidiaritätsprinzip (Art. 5 III EUV) herleiten. Ebenso *Kadelbach*, Allgemeines Verwaltungsrecht unter europäischem Einfluss, 110 f.

112 EuGH v. 21.9.1983, Rs. 205-215/82, Slg. 1983, 2633 Rn 17 – Deutsche Milchkontor; *Weiß*, DV 38 (2005), 517, 519; *Schwarz* in: Fehling/Kastner (Hrsg), Verwaltungsrecht, Einl 1 Rn 102; *Schwarze*, Europäisches Verwaltungsrecht, CIV.

113 Vgl. dazu Protokoll (Nr. 2) über die Anwendung der Grundsätze der Subsidiarität und Verhältnismäßigkeit zum Vertrag von Lissabon, sowie die mit dem Vertrag von Lissabon neu eingeführten Art. 197, 291 I AEUV. *Weiß*, Der Europäische Verwaltungsverbund, 13; *Ruffert* in: Calliess/Ruffert (Hrsg), EUV/AEUV, Art. 197 AEUV Rn 2.

114 *Sydow*, DÖV 2006, 66, 67.

115 EuGH v. 21.9.1983, Rs. 205-215/82, Slg. 1983, 2633 Rn 22 – Deutsche Milchkontor.

116 EuGH v. 21.9.1983, Rs. 205-215/82, Slg. 1983, 2633 Rn 23 – Deutsche Milchkontor; *Ehlers* in: Erichsen/Ehlers (Hrsg), Allgemeines Verwaltungsrecht, § 5 Rn 44 spricht davon, dass dem Effektivitätsgrundsatz „erhebliche Sprengkraft" zukommen kann.

Es macht dabei keinen Unterschied, welches Recht anwendbar ist: Äquivalenz- und Effektivitätsgrundsatz sind sowohl im mittelbaren als auch im unmittelbaren Vollzug anwendbar.[117] Der durch diese Rechtsprechung ermöglichte Eingriff in die mitgliedstaatliche Vollzugsautonomie hat in der Literatur, trotz seiner anerkannt positiven Effekte auf die Vereinheitlichung der europäischen Verwaltungspraxis, auch Kritik hervorgerufen.[118]

2. *Europäisches öffentliches Interesse*

Voraussetzung und Anforderung für jedes staatliche Handeln ist die Ausrichtung auf das öffentliche Interesse.[119] Das öffentliche Interesse wird durch gesetzliche Vorgaben konkretisiert; es richtet sich nach dem jeweils anwendbaren Recht. Vollzieht die Verwaltung europäisches Recht, wird sie also funktional als europäische Verwaltung aktiv, ist sie an das *europäische* öffentliche Interesse gebunden, welches dem nationalen öffentlichen Interesse vorgeht.[120] Gem. Art. 4 III EUV sind die Mitgliedstaaten verpflichtet, die EU bei deren Aufgaben zu unterstützen. Mit anderen Worten ist das Unionsinteresse „integraler Bestandteil des vollzugsbedürftigen abgeleiteten Rechts".[121] Es steuert den nationalen Vollzug, ob dieser mittelbar oder unmittelbar vonstattengeht.[122] Es ist

---

Kugelmann, VerwArch 2007, 78, 99: Das Art. 10 EGV aF (nunmehr Art. 4 III EUV) zu entnehmende Prinzip der loyalen Zusammenarbeit konkretisiert den Grundsatz der effektiven Anwendung des Unionsrechts.

117 *Streinz* in: Streinz, EUV/AEUV, Art. 4 EUV Rn 55. Ebenso *Jarass*, Charta der EU-Grundrechte, Art. 51 Rn 17; *Ehlers* in: Erichsen/Ehlers (Hrsg), Allgemeines Verwaltungsrecht, § 5 Rn 48.

118 So unter anderem *Schwarze*, Europäisches Verwaltungsrecht, CV f: Der Korrekturmechanismus gestatte „in seiner Weite und Unbestimmtheit erhebliche Eingriffe in die Verwaltungsautonomie der Mitgliedstaaten". Wesentliche Verschiebungen der europäischen Zuständigkeitsordnung seien aber einer vertraglichen Änderung durch die Mitgliedstaaten vorbehalten.

119 *Hatje*, Gemeinschaftsrechtliche Steuerung, 60 mwN.

120 *Hatje*, Gemeinschaftsrechtliche Steuerung, 64.

121 *Hatje*, Gemeinschaftsrechtliche Steuerung, 62.

122 *Hatje*, Gemeinschaftsrechtliche Steuerung, 64; *Hatje* in: Ipsen/Stüer, Europa im Wandel, 249, 252: Die „Steuerungskraft des europäischen öffentlichen Interesses" ist noch „vergleichsweise diffus" ist und muss erst noch hergestellt werden. Ebenso *v. Arnauld* in: Terhechte (Hrsg), Verwaltungsrecht der Europäischen Union, § 2 Rn 2: Seine Verwirklichung ist auf europäischer Ebene „in weitem Umfang dem Prozess der Rechtsanwendung überantwortet".

Leitlinie für das staatliche Verwaltungshandeln.[123] Die Pflicht zur Beachtung des Unionsinteresses ist eine Schranke für die staatliche Vollzugsautonomie.[124] Um das nationale Verwaltungsrecht einschränken zu können, müssen die unionsrechtlichen Vorgaben aber eindeutig sein.[125]

3. *Modifikation des indirekten Vollzugs im europäischen Verwaltungsverbund*

Im europäischen Recht entstehen zunehmend neue Strukturen. Die strikte Trennung zwischen direktem und indirektem Vollzug im Sinne des beschriebenen Trennungsprinzips entspricht nicht mehr dem positiven Recht.[126] Modifiziert werden insbesondere die Kooperationsstrukturen, die Art des Vollzugs sowie die für den Vollzug verantwortlichen Akteure. Die Entwicklungen machen das Trennungsprinzip demnach nicht obsolet;[127] an der Unterscheidung ist schon aus Gründen der Verantwortungsklarheit festzuhalten.[128]

Wie die Entwicklungen begrifflich erfasst werden können war lange Zeit umstritten. Das Unionsverwaltungsrecht sei organisatorisch als „Mehrebenenverwaltungsrecht" angelegt, denn es wirkten oftmals unterschiedliche Ebenen beim Vollzug zusammen.[129] Sind diese Ebenen verpflichtend einzuschalten, sei

---

123 *Hatje*, Gemeinschaftsrechtliche Steuerung, 60 ff.

124 *Hatje* in: Ipsen/Stüer, Europa im Wandel, 249, 252.

125 *Streinz* in: Schweitzer (Hrsg), Europäisches Verwaltungsrecht, 241, 265.

126 So auch *v. Danwitz*, Europäisches Verwaltungsrecht, 609; *Winter*, EuR 2005, 255 ff; *Schmidt-Aßmann*, Ordnungsidee, Kap 7 Rn 10; *Schmidt-Aßmann* in: Schmidt-Aßmann/Schöndorf-Haubold (Hrsg), Der Europäische Verwaltungsverbund, 1, 2; *Hofmann/Türk*, ELJ 2007, 253, 254: "In the process of intensive cooperation the now traditional distinction of direct and indirect administration has become increasingly blurred. Instead, the levels are intervowen." *Ebenda*, S. 255: "The current constitutional framework in the EU and EC treaties only partially reflects the evolutionary development of EU policy implementation." *Franchini* in: Auby/Dutheil de la Rochère, Droit Administratif Européen, 250: „Cette évolution du modèle administratif communautaire a aboli l'opposition entre adminstration directe et administration indirecte." Mit Blick auf ein sich entwickelndes europäisches Migrationsrecht ebenso *Bast*, Der Staat 46 (2007), 1, 9 f.

127 *Weiß*, DV 38 (2005), 517, 520.

128 *v. Danwitz*, Europäisches Verwaltungsrecht, 613, 609. Die dafür notwendigen Anforderungen seien aber noch diffus.

129 *Kment*, JuS 2011, 211. Krit dagegen *Kirchhof* in: v. Bogdandy/Bast, Europäisches Verfassungsrecht, 1009, 1023 mwN, da darin eine Rangordnung anklinge, die das europäische Recht dem nationalen überzuordnen scheine.

der Terminus der „Mehrstufenverwaltung“ zu verwenden.[130] Um sowohl kooperative als auch hierarchische Elemente zu erfassen, wird hier der Begriff des „Verwaltungsverbunds“ genutzt, der seit einigen Jahren vorherrschend verwendet wird.[131] Grundlage für die fortschreitende Entwicklung dieses primär auf Kooperation angelegten Verbunds ist Art. 4 III EUV.[132] Das dort festgeschriebene Loyalitätsgebot erfasst die verschiedenen Ziele des europäischen Verwaltungsverbunds: die „Bereitstellung von Verfahren zur Einspeisung integrationsbedingter Interessen“,[133] mehr Effektivität und Einheitlichkeit beim Unionsrechtsvollzug,[134] eine bessere gegenseitige Kontrolle, sowie mehr Akzeptanz für die jeweilige Verwaltungsentscheidung[135] durch Steigerung der Legitimation.[136]

130 *Ehlers* in: Erichsen/Ehlers (Hrsg), Allgemeines Verwaltungsrecht, § 5 Rn 31.

131 *Schmidt-Aßmann* in: Schmidt-Aßmann/Schöndorf-Haubold (Hrsg), Der Europäische Verwaltungsverbund, 1, 7; *Weiß*, Der Europäische Verwaltungsverbund, 15; *Ruffert*, DÖV 2007, 761 ff; *Röhl*, Akkreditierung und Zertifizierung, 38 ff. Alternativ verwendete Begrifflichkeiten zusammenfassend *v. Danwitz*, Europäisches Verwaltungsrecht, 610 f; *Schneider*, DV 2009 Beiheft, 9 ff. *Gärditz*, DÖV 2010, 453, 462 mwN: In jedem Fall kann der Begriff nur eine Beschreibung der tatsächlichen Lage leisten, aus ihm folgt noch keine rechtliche Bewertung.

132 *v. Bogdandy/Schill* in: Grabitz/Hilf/Nettesheim, Das Recht der EU, 2011, Art. 4 EUV Rn 50. Nach Art. 4 III EUV „achten und unterstützen sich die Union und die Mitgliedstaaten gegenseitig bei der Erfüllung der Aufgaben, die sich aus den Verträgen ergeben. Die Mitgliedstaaten ergreifen alle geeigneten Maßnahmen allgemeiner oder besonderer Art zur Erfüllung der Verpflichtungen, die sich aus den Verträgen oder den Handlungen der Organe der Union ergeben. Die Mitgliedstaaten unterstützen die Union bei der Erfüllung ihrer Aufgabe und unterlassen alle Maßnahmen, die die Verwirklichung der Ziele der Union gefährden könnten.“

133 Ausführlich *Weiß*, Der Europäische Verwaltungsverbund, 2010, 27 ff.

134 *Weiß*, Der Europäische Verwaltungsverbund, 2010, 28 ff. Laut *Ehlers* in: Erichsen/Ehlers (Hrsg), Allgemeines Verwaltungsrecht, § 5 Rn 61 sei eine sachgerechte Verwaltung im Mehrebenensystem der Europäischen Union ohne einen aufeinander abgestimmten intensiven Verwaltungsverbund nicht mehr vorstellbar.

135 Ausführlich *Weiß*, Der Europäische Verwaltungsverbund, 27 ff.

136 Dazu und zur vermehrten Output-Orientierung im europäischen Verwaltungsrecht *v. Arnauld* in: Terhechte (Hrsg), Verwaltungsrecht der EU, § 2 Rn 45.

a) Kooperationspflichten

Ein Charakteristikum des Verwaltungsverbunds sind die ausgeprägten und vielfältigen Arten der Kooperation[137] und Verflechtung.[138] Die verfahrensmäßige Komponente der mitgliedstaatlichen Vollzugsautonomie wird eingeschränkt. Ein Beispiel dafür ist das Produktzulassungsrecht, wo sich zahlreiche Vorschriften finden, die eine Kooperation anordnen.[139] Unter anderem sollen zwischen den mitgliedstaatlichen Marktüberwachungsbehörden eine effiziente Zusammenarbeit und ein wirksamer Informationsaustausch stattfinden,[140] da mitgliedstaatliche Behörden Entscheidungen treffen müssen, die gegebenenfalls auf Tatsachenerkenntnissen anderer Mitgliedstaaten gründen. Eine effektive Überwachung setzt den Rückgriff auf die entsprechenden Produktinformationen voraus. Ohne einen kooperativ ausgestalteten Informationsaustausch ist dies nicht möglich.[141] Die im Rahmen der

---

137 *Schmidt-Aßmann* in Schmidt-Aßmann/Schöndorf-Haubold (Hrsg), Der Europäische Verwaltungsverbund, 1, 7: Die Kooperation im Verwaltungsverbund umfasst die „Eigenständigkeit, Rücksichtnahme und die Fähigkeit zu gemeinsamen Handeln". Diese Idee sei auch in Art. 291 II AEUV festgeschrieben, nach dem der Europäischen Kommission Durchführungsbefugnisse übertragen werden können, sofern es einheitlicher Durchführungsbedingungen bei dem Vollzug von Unionsrechtsakten bedarf. Dazu *Gärditz*, DÖV 2010, 453, 461 f mwN. Darin liege eine „gewisse Stärkung der dezentralen Verwaltungsstruktur".

138 *Weiß*, Der Europäische Verwaltungsverbund, 16; *Kapoor/Klindt*, EuZW 2008, 649 ff: Ein Beispiel für die Verflechtung der Verfahren ist Art. 23 VO (EG) Nr. 765/2008 zu entnehmen. Danach wird der Europäischen Kommission die Aufgabe übertragen, zukünftig jene grenzüberschreitenden Marktüberwachungsinitiativen zum Zweck der gemeinsamen Nutzung von Ressourcen und Fachwissen zwischen den zuständigen Behörden der Mitgliedstaaten zu konzipieren und zu koordinieren, für die das Fachwissen oder die Ressourcen mehrerer Mitgliedstaaten erforderlich scheinen.

139 So müssen die Mitgliedstaaten der Europäischen Kommission die zuständigen Marktüberwachungsbehörden sowie deren Zuständigkeitsbereiche gem. Art. 17 I VO (EG) Nr. 765/2008 mitteilen. Die Europäische Kommission leitet diese Informationen an die anderen Mitgliedstaaten weiter. Gem. Art. 18 I VO (EG) Nr. 765/2008 müssen die Benannten Stellen geeignete Mechanismen für die Kommunikation und Koordination zwischen ihren Marktüberwachungsbehörden schaffen.

140 § 25 III 3 ProdSG.

141 *Schmidt-Aßmann* in: Schmidt-Aßmann/Schöndorf-Haubold (Hrsg), Der Europäische Verwaltungsverbund, 1, 5 nutzt den Begriff des „kodependente[n] Verwaltungshandeln[s]" hier anders als von *Cassese* eingeführt.

Marktüberwachung gefundenen Informationen werden durch zu diesem Zweck eingerichtete Informationssysteme europaweit zugänglich gemacht.[142] Zudem ist im erforderlichen Maß Amtshilfe zu leisten.[143] Die bei diesem Austausch entstehenden Behördennetzwerke sind keine internationalen Organisationen. Zum einen fehlt es an einem eine internationale Organisation begründenden völkerrechtlichen Vertrag. Zum anderen handelt es sich bei den Behördennetzwerken – selbst wenn internationale Organisationen auch kraft soft law entstehen können – jedenfalls nicht um intergouvernementale, sondern eben nur um interadministrative Organisationen.[144] Neben Elemente der Kooperation treten schließlich solche der Hierarchie,[145] wie vertikale Informationspflichten.[146]

Dass es im Rahmen des Verwaltungsverbunds zu einer verstärkten Kooperation und Koordination der europäischen und der mitgliedstaatlichen Ebene kommt, stellt auch keine unzulässige Vermischung dar. Ein dem deutschen Recht entsprechendes Verbot der Mischverwaltung, also die zwingende

---

142 Sog. RAPEX-System; Art. 12 der Richtlinie 2001/95/EG; das Verfahren wird in Anhang II der Richtlinie näher geregelt. Die neuen europäischen RAPEX-Leitlinien geben die Bewertung nunmehr sehr viel detaillierter vor. Außerdem wird ein System zur Archivierung und zum Austausch von Informationen zu Fragen der Marktüberwachung eingerichtet und das bestehende Online-Informationssystem ICSMS (www.ICSMS.org) aufgewertet, damit auch solche Produkte erfasst werden können, die im RAPEX-System nicht geführt werden. Dazu *Kapoor/Klindt*, EuZW 2008, 649, 651; *Klindt/Schucht* in: Ehlers/Fehling/Pünder (Hrsg), Besonderes Verwaltungsrecht, § 36 Rn 160; *Klindt/Wende*, NVwZ 2011, 602 ff.

143 § 25 IV ProdSG. *Möllers*, ZaöRV 65 (2005), 351, 370 f.

144 *Möllers*, ZaöRV 65 (2005), 351, 370 f.

145 Teilweise wird die Hierarchie auch als „Ordnungsidee" bezeichnet, dazu *Ladeur* in: Trute/Groß/Röhl/Möllers, Allgemeines Verwaltungsrecht, 795, 818. Vgl. auch *Weiß*, Der Europäische Verwaltungsverbund, 65 mwN.

146 *Schumann*, Bauelemente, 166 ff: Unter anderem das RAPEX-Verfahren sei ein Beispiel für einen unmittelbaren europäischen Ansatz der Gefahrenabwehr. Der Europäischen Kommission werden Weisungsrechte (beispielsweise in Art. 13 I der RL 2001/95/EG) zugesprochen, wonach sie auf eigene Initiative tätig werden kann. Kommt der EU eine dahingehende Kompetenz zu, kann sie vertikale Verwaltungsverfahren per Sekundärrecht einführen. Dies ist vor allem in solchen Fällen hilfreich, in denen der EU Koordinierungspflichten obliegen.

Trennung zwischen den Ebenen, findet sich auf europäischer Ebene nicht.[147] Die im Rahmen des Verwaltungsverbunds entstehende Vermischung ist zulässig.[148]

b) Vollzug pro communitate und per recognitionem

Der europäische Verwaltungsverbund beeinflusst nicht nur einzelne Verfahrensvorgaben, sondern auch die Art des Vollzugs an sich. Der Regelfall mitgliedstaatlicher Vollzugsautonomie, bei dem „jeder für sich" tätig wird, jeder Mitgliedstaat mithin die europäischen Vorgaben in Eigenregie umsetzt (sog. Vollzug pro statu),[149] geht nicht nur mit einem erheblichen Verwaltungsaufwand einher, sondern birgt auch das Risiko, dass die europäischen Vorgaben unterschiedlich gehandhabt werden. Es besteht die Gefahr eines europaweit divergierenden Vollzugs.[150] Die Lösung dieses Zustands kann nicht die Einrichtung immer neuer europäischer Verwaltungsstellen sein.[151] Den damit einhergehenden, aus europäischer Sicht unbefriedigenden Umsetzungsdifferenzen kann aber durch europäische Vorgaben begegnet werden.

Anstelle eines Vollzugs pro statu, der den klassischen Fall des indirekten Vollzugs darstellt, kann der europäische Gesetzgeber zur Vereinheitlichung des Unionsrechtsvollzugs auch das Modell des Vollzugs pro communitate oder des

---

147 *Weiß*, Der Europäische Verwaltungsverbund, 14 mwN. Beispiele für Formen der europäisch-mitgliedstaatlichen Mischverwaltung finden sich bei *Stettner* in: Dauses, Hdb. EU-Wirtschaftsrecht, B III Rn 30 f, so unter anderem Art. 114 IV-VI AEUV. Etwas anderes ergibt sich auch nicht aus Art. 291 II AEUV, nach dem der Europäischen Kommission die Befugnis zur Durchführungsrechtsetzung erteilt werden kann. Argumentiert werden könnte, dass mit Einführung dieser Vorschrift andere Varianten der Vermischung nicht länger zulässig sein sollten. Dieser Gegenschluss ist nicht zutreffend. Dem Wortlaut nach ist der Erlass von Durchführungsrechtsakten als Ausnahmefall konzipiert. Vertiefend *Weiß*, Der Europäische Verwaltungsverbund, 14.

148 Ob die Entwicklung hin zu einem europäischen Verwaltungsverbund zulässig ist, wirft Fragen verfassungsrechtlicher Natur auf, die in anderen Arbeiten ausführlich diskutiert wurden, *Weiß*, Der Europäische Verwaltungsverbund, 165 ff.

149 *Sydow*, DÖV 2006, 66, 67; zum Ausdruck *Ehlers* in: Erichsen/Ehlers (Hrsg), Allgemeines Verwaltungsrecht, § 5 Rn 49.

150 *Sydow*, DÖV 2006, 66, 67; zu den Gefahren in tatsächlicher Hinsicht *Engelsberger*, Vollzug europarechtlicher Vorschriften, 271 ff.

151 Der EU fehlt dafür eine entsprechende Kompetenz, *Weiß*, DV 38 (2005), 517, 529; *Weiß*, Der Europäische Verwaltungsverbund, 25. Soweit sie zulässig sind, dienen die speziell eingerichteten Regulierungsstellen und Behörden der Entpolitisierung, also der Zurückdrängung nationaler politischer Interessen. Dazu *Weiß*, Der Europäische Verwaltungsverbund, 23 f.

Vollzugs per recognitionem wählen.[152] Bei diesen beiden Varianten des indirekten Vollzugs[153] sind die Vollzugswirkungen nicht auf den Hoheitsbereich des Staates begrenzt, sondern reichen über diesen hinaus.[154] Anforderungen und Handlungsmaßstäbe werden im europäischen Sonderrecht festgelegt. Zugleich unterliegt ihre Tätigkeit nationalem Recht, wie dies bei jeder Variante des indirekten Vollzugs der Fall ist.

Bei dem Vollzug pro communitate wirkt die Entscheidung eines Mitgliedstaates unmittelbar und unionsweit für alle Mitglieder. Ergeht diese Entscheidung als behördliche, so handelt es sich um einen transnationalen Verwaltungsakt,[155] welcher ohne einen weiteren Akt der Anerkennung oder Transformation in den anderen Mitgliedstaaten Wirkung entfaltet.[156] Die transnationale Wirkung beruht auf einer Geltungserstreckungsanordnung,[157] die zum europäischen öffentlichen Kollisionsrecht zu zählen ist.[158] Danach bleibt die Geltung des Verwaltungsaktes nicht auf das jeweilige mitgliedstaatliche Gebiet beschränkt, sondern wird

152 So die Begrifflichkeiten bei *Ehlers* in: Erichsen/Ehlers (Hrsg), Allgemeines Verwaltungsrecht, § 5 Rn 50 f; *Sydow*, Verwaltungskooperation, 138: „einer für alle“.

153 *v. Danwitz*, Europäisches Verwaltungsrecht, 613

154 Laut *Sydow*, DÖV 2006, 66, 71 ist die bisherige Zweiteilung durch drei Grundformen zu ersetzen: den klassischen indirekten Vollzug durch jeden Mitgliedstaat, die vertikale Zentralisierung durch Überführung in den direkten Vollzug und die horizontale Zentralisierung durch Übertragung transnationaler Entscheidungsbefugnisse auf einen einzelnen Mitgliedstaat. Daneben sind Zwischenformen und Abstufungen denkbar. Vertiefend *Sydow*, Verwaltungskooperation, 121 ff. Es ist aber nicht notwendig, eine dritte Vollzugsvariante zu schaffen. Diese Fälle können auch gelöst werden, indem die bisherigen Kategorien des direkten und indirekten Vollzugs modifiziert werden.

155 Ein transnationaler Verwaltungsakt ist eine „behördliche Einzelfallentscheidung, die darauf gerichtet ist, im Ausland Rechtswirkungen zu erzeugen“, *Ruffert*, DV 34 (2001), 453, 463, 469. Den Begriff des transnationalen Verwaltungsaktes wohl erstmals nutzend *Schmidt-Aßmann*, DVBl. 1993, 924, 935 f. Ausführlich *Sydow*, Verwaltungskooperation, 141 ff; *Schmidt-Aßmann*, EuR 1996, 270, 299 ff. Allgemein dazu auch *Fastenrath*, DV 31 (1998), 277, 301 ff; *Gundel* in: Schulze/Zuleeg/Kadelbach, Europarecht, § 3 Rn 160 ff; *Neßler*, NVwZ 1995, 863 ff. Aus dem bankaufsichtsrechtlichen Schrifttum *Groß*, JZ 1994, 596, 599 ff. Zu den Schwierigkeiten bei der Begriffsbildung unter anderem *Ruffert*, DV 34 (2001), 453, 455 ff. Aus der EU-ausländischen Literatur *Hofmann/Türk*, ELJ 13 (2007), 253, 259: "transterritorial effect of administrative activity".

156 *Gundel* in: Schulze/Zuleeg/Kadelbach, Europarecht, § 3 D Rn 160.

157 *Becker*, DVBl. 2001, 855, 860.

158 *Ehlers* in: Erichsen/Ehlers (Hrsg), Allgemeines Verwaltungsrecht, § 4 Rn 4 Fn 10.

durch diese Regelung auf das Gebiet eines anderen Mitgliedstaates erstreckt. So kommt es zu einer mittelbaren Übernahme des ausländischen Sachrechts, da nicht nur Rechtstatsachen anerkannt, sondern auch die durch das ausländische Recht zuerkannten Rechtsfolgen zugesprochen werden.[159] Demgegenüber tritt beim Vollzug per recognitionem noch eine selbstständige Entscheidung des aufnehmenden Staates hinzu. Nachdem der im Referenzverfahren zuständige Mitgliedstaat zunächst eine Entscheidung getroffen hat, obliegt die Entscheidung der Anerkennung einem anderen Mitgliedstaat.[160] In der Regel ist die mitgliedstaatliche Entscheidung aber weitgehend präjudiziert.[161]

Zu zeigen sein wird, dass die Benannten Stellen zum Vollzug pro communitate zu zählen sind. Die Zertifizierungen stellen transnationale Akte dar, die europaweit unmittelbar gelten und wirken.[162]

c) Diversifizierung der Akteure

Die Vollzugsautonomie der Mitgliedstaaten besteht grundsätzlich auch im europäischen Verwaltungsverbund.[163] In bestimmten Fällen kann es aber auch in verwaltungsorganisationsrechtlicher Sicht zu Veränderungen gegenüber dem klassischen indirekten Vollzug kommen. Denn die EU bestimmt nach funktionalen Gesichtspunkten, wer Vollzugsinstanz sein soll. Weiterhin kommt es unter anderem zu einer unmittelbaren Einbindung mitgliedstaatlicher Behörden. Diese direkte Kommunikation zwischen den Behörden vermeidet den „Umweg" über die Mitgliedstaaten.[164] Es wird deutlich, dass die EU die Verselbstständigung nationaler Behörden fördert. Dieser Entwicklung gegenüber ist die Literatur überwiegend positiv eingestellt.[165] Zahlreiche Beispiele für eine unmittelbare Einbindung finden sich unter anderem im Produktzulassungsrecht. So sind die nationalen Behörden gem. Art. 10 VO (EG) Nr. 765/2008 zur Teilnahme an europäischen Foren, wie beispielsweise am peer assessment (einem Verfahren bei

---

159 Dazu *Ehlers* in: Erichsen/Ehlers (Hrsg), Allgemeines Verwaltungsrecht, § 4 Rn 4 aE.

160 Laut *Ehlers* in: Erichsen/Ehlers (Hrsg), Allgemeines Verwaltungsrecht, § 5 Rn 51 wird der Begriff der Anerkennung sinnvariierend verwendet. Keine Anerkennung in diesem Sinne, sondern ein transnationales Verwaltungshandeln liegt im Fall einer gegenseitigen automatischen Anerkennung vor.

161 *Sydow*, Verwaltungskooperation, 181ff nennt dies Referenzentscheidungsmodell; *Ehlers* in: Erichsen/Ehlers (Hrsg), Allgemeines Verwaltungsrecht, § 5 Rn 51.

162 Siehe dazu auch Kap. 3, B, I, 1 und 2.

163 So auch *Schwarz* in: Fehling/Kastner (Hrsg), Verwaltungsrecht, Einl 1 Rn 102.

164 *Möllers*, ZaöRV 65 (2005), 351, 364 f.

165 *Möllers*, ZaöRV 65 (2005), 351, 353 mwN.

dem sich nationale Akkreditierungsstellen gegenseitig auf normkonformes Verhalten hin kontrollieren) verpflichtet.[166]

Mit diesen verwaltungsorganisationsrechtlichen Vorgaben kommt es zu einer institutionellen Diversifizierung, zu einer zunehmenden Vielfalt an eingebundenen Akteuren.[167] Die institutionelle Komponente der mitgliedstaatlichen Vollzugsautonomie wird eingeschränkt. Die organisatorisch-institutionelle Einbindung der Mitgliedstaaten hat sich im Verwaltungsverbund „gravierend verändert".[168]

D. Einbindung Privater in den Vollzug der Produktzulassung

Auch Private werden auf vielfältige Arten verpflichtend in den Vollzug des Unionsrechts eingebunden. Drei denkbare Varianten kommen in Betracht: Private könnten als verselbstständigte Verwaltungseinheiten im direkten Vollzug eingeschaltet werden (I), sie könnten als Verwaltungsstruktur sui generis keiner der klassischen Vollzugsformen zuzuordnen sein (II) oder sie könnten im Rahmen des mitgliedstaatlichen indirekten Vollzugs aktiviert werden (III).

I. Europäische Verwaltungseinheiten im direkten Vollzug

Private könnten als verselbstständigte Einheiten im direkten Unionsrechtsvollzug eingebunden werden. Sie wären dann Teil der EU-Verwaltung. Es stellt sich die Frage, ob der EU eine entsprechende Kompetenz zur Wahrnehmung eigener

166 Die Bewertung erfolgt dabei anhand von fundierten und transparenten Kriterien und Verfahren. Die Ergebnisse werden nach Art. 10 VI VO (EG) Nr. 765/2008 veröffentlicht und sämtlichen Mitgliedstaaten mitgeteilt. Nach Art. 10 IV VO (EG) Nr. 765/2008 sind gegen diese Entscheidungen geeignete Beschwerdeverfahren vorzusehen. Die Koordinierung dieses Erfahrungsaustauschs obliegt der Europäischen Kommission, Anhang I Art. R 29 f und Erwägungsgrund 46 von Beschluss (EG) Nr. 768/2008/EG. Dazu unter Akkreditierungsaufsicht, Kap. 2, B, I, 3.

167 So *Weiß*, Der Europäische Verwaltungsverbund, 48 f, der darin ein Zeichen für eine variierende Qualität des Verbundes sieht. „Nicht nur, dass die interne Ausdifferenzierung weit fortgeschritten ist (Stichworte: Agenturen, Komitologie, neues Formen der Verwaltungskooperation), auch der Kreis der Akteure wird letztlich ausgedehnt. Dies gilt in einem besonderen Maße für die Aktivierung des Einzelnen für den Vollzug des europäischen Verwaltungsrechts (sog. Funktionale Subjektivierung) [...]," wie jüngst auch *Terhechte* in: Terhechte (Hrsg), Verwaltungsrecht der EU, § 1 Rn 23 mwN feststellt. Ebenso *v. Danwitz*, Europäisches Verwaltungsrecht, 595 f.

168 *Gärditz*, DÖV 2010, 453, 462.

verwaltender Tätigkeiten im europäischen Produktzulassungsrecht zukommt. Eine solche Verwaltungskompetenz ist in den europäischen Verträgen nicht ausdrücklich geregelt.[169] Sie könnte in der jeweiligen EU-Gesetzgebungskompetenz mit enthalten sein.[170] Eine Verwaltungskompetenz kann sich im Produktzulassungsrecht aus der Binnenmarktkompetenz ergeben. Dagegen wird angeführt, dass Art. 114 AEUV seinem Wortlaut nach nur die Angleichung von mitgliedstaatlichen Rechts- und Verwaltungsvorschriften erfasse – nicht eigene verwaltende Aktivitäten.[171]

Dies überzeugt nicht. Gerade weil der Begriff der „Maßnahmen zur Angleichung" in Art. 114 AEUV nicht näher beschrieben wird, ist ein so enges Verständnis nicht zwingend. Dem Wortlaut lassen sich eine Beschränkung auf die Angleichung von mitgliedstaatlichen Rechts- und Verwaltungsvorschriften und ein Ausschluss jedweder Verwaltungstätigkeit gerade nicht entnehmen. Eine Auslegung nach dem Telos führt ebenfalls zu dem Ergebnis, dass die Rechtsetzungskompetenz nach Art. 114 AEUV die Kompetenz zum Erlass von Rechtsakten auf den Gebieten des Verwaltungs-, Verwaltungsverfahrens- und Prozessrechts umfassen muss.[172] Der EU muss bei der Errichtung und Aufrechterhaltung eines Binnenmarktes ein weiter Einschätzungsspielraum zukommen. Ist eine verwaltende Tätigkeit notwendig, um ein bestimmtes Ziel zu erreichen, so sollte auch diese umfasst sein.[173] Zum gleichen Ergebnis kommt der EuGH

---

169 *Weiß*, Der Europäische Verwaltungsverbund, 37 f. Daran hat sich auch mit dem Vertrag von Lissabon nichts geändert. Eine Kompetenz ergibt sich insbesondere auch nicht aus Art. 298 AEUV, denn diese Vorschrift setzt eine Kompetenz gerade voraus.

170 *Weiß*, Der Europäische Verwaltungsverbund, 39. *Sydow*, VerwArch 2006, 1, 13: Da europäische Kompetenznormen nicht zwischen legislativen und administrativen Handlungsformen unterschieden, sei eine gesonderte Kompetenznorm für verwaltende Tätigkeit nicht notwendig, diese ergebe sich vielmehr unmittelbar aus dem sachlichen Kompetenztitel.

171 *Ohler*, EuZW 2006, 372, 373; *Vetter*, DÖV 2005, 721, 728.

172 *Sydow*, VerwArch 2006, 1, 12 f. So ausdrücklich noch zu Art. 10 EGV aF *v. Bogdandy* in: Grabitz/Hilf, Das Recht der EU, 2002, Art. 10 EGV Rn 43 a; *Kahl*, NVwZ 1996, 865, 867.

173 Eine auf die Herstellung eines gemeinsamen Binnenmarktes gerichtete supranationale Integrationsgemeinschaft kann nicht dauerhaft als reine Rechtsetzungsgemeinschaft bestehen, wie *Weiß*, Der Europäische Verwaltungsverbund, 20 zutreffend feststellt. Auch der EuGH nimmt insofern eine weite Auslegung vor: EuGH v. 9.8.1994, Rs. C-359/92, Slg. 1994, I-3681 ff Rn 37; *Kahl*, NVwZ 1996, 865, 867.

in historischer Auslegung: die allgemeine Binnenmarktkompetenznorm sollte gerade die Übertragung von Vollzugsaufgaben auf andere Mitgliedstaaten oder die europäische Ebene ermöglichen.[174] So kann im vorliegenden Fall von der Gesetzgebungs- auf die Verwaltungskompetenz geschlossen werden. Die mit dieser Auslegung einhergehende Beschränkung der mitgliedstaatlichen Wahrnehmungskompetenzen ist zulässig.[175]

Der EU steht die notwendige Kompetenz zur direkten Verwaltung auch im Produktzulassungsrecht zu. Es bleibt zu klären, ob auch Private als verselbstständigte Einheiten im direkten Unionsrechtsvollzug eingebunden werden können. Im hier untersuchten Produktzulassungsrecht entstünde dann ein Verwaltungsrechtsverhältnis unmittelbar zwischen der Benannten Stelle als europäisch-hoheitlicher Stelle und dem Hersteller. Die Zertifizierung würde in Wahrnehmung europäischer Hoheitsgewalt ergehen.

Für eine solche Zuordnung spricht, dass Agenturen zum direkten Vollzug zu zählen sind und zwischen ihnen und Benannten Stellen durchaus Ähnlichkeiten bestehen. Sowohl Agenturen als auch Benannte Stellen werden unter Verweis auf die Rechtsangleichungskompetenz des Art. 114 AEUV eingerichtet.[176] Beiden obliegen Entscheidungsaufgaben.[177] Die getroffenen Entscheidungen der Agenturen und der Benannten Stellen sind im Verhältnis zu Dritten verbindliche Rechtsakte.[178] Schließlich spricht für eine Zurechnung zum direkten Vollzug, dass Rechtsstellung und Befugnisse der Benannten Stellen durch Unionsrecht geprägt sind, während das nationale Recht diese nur weiter ausformt.[179]

Die Ausstattung der Benannten Stelle mit europäischer Hoheitsgewalt könnte jedoch europäischer Rechtsprechung widersprechen. Die Übertragung der Hoheitsgewalt würde auf eine Art unionsrechtlicher Beleihung hinauslaufen. Eine solche Hoheitsrechtsübertragung ist in der Rechtssache *Meroni*[180] nur unter

174 EuGH v. 9.8.1994, Rs. C-359/92, Slg. 1994, I-3681 ff Rn 37; *Weiß*, Der Europäische Verwaltungsverbund, 39. Noch zu Art. 95 EGV aF: *Sydow*, DÖV 2006, 66; *Sydow*, DV 34 (2001), 517, 530. AA *Wahl/Groß*, DVBl. 1998, 2 ff, 11 f.

175 *Sydow*, VerwArch 97 (2006), 1, 12 f.

176 *Kment*, JuS 2011, 211, 213 mwN.

177 Den Agenturen obliegen außerdem Exekutiv-, Regulierungs- und Unterstützungsaufgaben. Dazu *Kment*, JuS 2011, 211, 213; *Sydow*, VerwArch 97 (2006), 1, 4 ff.

178 *Groß*, EuR 2005, 54, 57 f; Mitteilung der Europäischen Kommission, KOM (2002), 718 endg, S. 9 zu Regulierungsagenturen.

179 *Dimitropoulos*, Zertifizierung und Akkreditierung, 121 f; *Röhl* in: Schmidt-Aßmann/Schöndorf-Haubold (Hrsg), Der Europäische Verwaltungsverbund, 153, 164.

180 EuGH v. 13.6.1958, Rs. 9/56, Slg. 1958, 11 – Meroni.

sehr engen Voraussetzungen anerkannt worden. Danach ist eine Delegation an Nicht-EU-Organe zum Erlass von Durchführungsbeschlüssen nur zulässig, wenn diesen Durchführungsorganen kein Ermessen eingeräumt wird und die Verantwortung zur notwendigen Kontrolle weiterhin bei der delegierenden europäischen Stelle liegt. Auch dürfen nicht mehr Befugnisse übertragen werden als sie dem übertragenden europäischen Organ selbst zustehen. Dem Organ muss eine entsprechende Organisationskompetenz zukommen. Die Übertragung der Hoheitsgewalt muss außerdem ausdrücklich erfolgen. Unzulässig wäre eine Übertragung von Entscheidungsbefugnissen (insbesondere wenn diese ohne Kontrolle getroffen werden könnten), da damit eine Verantwortungsverschiebung einhergeht.[181]

Ob die *Meroni*-Doktrin insofern übertragen werden kann, muss nicht entschieden werden,[182] wenn der Benannten Stelle ohnehin schon keine europäische Hoheitsgewalt übertragen worden und sie daher nicht zum direkten Vollzug zu zählen ist. Dem Wortlaut der betreffenden Vorschriften ist eine Art Beleihung der Benannten Stelle mit einer europäischen Hoheitsgewalt nicht zu entnehmen. An keiner Stelle, weder in den Erwägungsgründen, noch in der Verordnung selbst, wird von direktem Vollzug gesprochen. Im Gegenteil: Die Normen sprechen für einen indirekten Vollzug. Nicht die EU, sondern mitgliedstaatliche Akkreditierungsstellen binden die Benannten Stellen in den unionsrechtlichen Vollzug ein. Auch bei der anschließenden Marktüberwachung agieren mitgliedstaatliche, nicht europäische Stellen.[183] Im Übrigen muss die Grenze der Subsidiarität im Sinne des Art. 5 III EUV gewahrt werden. Kann die Zulassung schon auf mitgliedstaatlicher Ebene organisiert werden, so hat dies zu geschehen. Die EU darf grundsätzlich keine eigene nachgeordnete Behördenorganisation errichten.[184] Gründe dafür, warum das Produktzulassungsrecht im direkten Vollzug durchgeführt werden müsste, sind nicht ersichtlich.

181 *Kastner* in: Fehling/Kastner (Hrsg), Verwaltungsrecht, § 1 VwVfG Rn 33.

182 Diese Frage aufwerfend *Ehlers* in: Erichsen/Ehlers (Hrsg), Allgemeines Verwaltungsrecht, § 5 Rn 36. Zur Diskussion im Schrifttum zusammenfassend *Wittinger*, EuR 2008, 609, 618 ff. Die Masse von auf europäischer Ebene zu bewältigenden Verwaltungsaufgaben macht eine Lockerung der *Meroni*-Rechtsprechung unumgänglich, *Winter*, EuR 2005, 255, 263.

183 *Röhl* in: Schmidt-Aßmann/Schöndorf-Haubold (Hrsg), Der Europäische Verwaltungsverbund, 153, 169.

184 EuGHE 1971, 1107 Rn 3/4 – International Fruit Company; *Stettner* in: Dauses, Hdb. EU-Wirtschaftsrecht, B III Rn 51; *Classen*, DV 31 (1998), 307, 309.

II. Verwaltungsstruktur sui generis

Für die Einbindung Privater könnte auch eine neue Vollzugsform geschaffen worden sein. Die Benannten Stellen wären dann weder dem direkten noch dem indirekten Vollzug zuzuordnen,[185] sondern würden eine genuin europäische, neuartige Verwaltungsstruktur darstellen.[186] Die Besonderheit bei dieser europäischen privaten Verwaltungsstruktur sui generis soll sein, dass den privaten Stellen durch den europäischen Gesetzgeber Regelungsbefugnisse direkt übertragen würden.[187] Die Benannten Stellen seien mit „einseitigen, im Kern auf gesetzlicher Zuweisung, nicht auf der Zustimmung des Herstellers beruhenden Entscheidungs- und Überwachungsbefugnissen" ausgestattet. Da sich diese gegen Dritte richten würden, trügen sie „trotz ihrer privatrechtlichen Einkleidung hoheitlichen Charakter".[188] Mit dieser Verwaltungsstruktur erlange die europäische Ebene einen direkten Zugriff auf die Unionsbürger und kontrolliere den Marktzugang der Produkte.[189] Der Vollzug gründe nur teilweise noch auf

185 Neben dem direkten, dem indirekten Vollzug und den Verwaltungsverfahren im vertikalen europäischen Verwaltungsverbund existieren auch noch andere besondere Typen des Vollzugs. Dazu sei das Privatverfahren zwischen öffentlichem und privatem Recht, unter anderem das Zertifizierungsverfahren, zu zählen, vgl. *Fehling* in: Terhechte (Hrsg), Verwaltungsrecht der EU, § 12 Rn 71. Er zählt dazu außerdem: die informellen (Aufsichts-)Verfahren, die Durchführungsrechtsetzung im Komitologie-Verfahren und das E-Government.

186 *Röhl*, Akkreditierung und Zertifizierung, 23 spricht von einem „Novum". Die Benannten Stellen seien das „Kernstück" des europäischen Produktsicherheitsrechts, eine eigene europäische Verwaltungsstruktur. *Schmidt-Aßmann*, Ordnungsidee, Kap 3 Rn 56: „Ohne miteinander in Beziehung zu stehen, bilden [die Benannten Stellen] praktisch ein europaweites Netz." Laut *Huber*, VVDStRL 53 (1994), 283 erlangen die Zertifizierungsverfahren in der Praxis „größte Bedeutung". Das europäische Produktzulassungsrecht sei ein Beispiel für eine ganz neue Dimension der Privatisierung und sich bildende neuartige Zwischenebenen von öffentlichem und privatem Recht. *Schumann*, Bauelemente, 142 bezeichnet sie als „strukturelles Kernelement" des Globalen Konzepts.

187 *Röhl* in: Schmidt-Aßmann/Schöndorf-Haubold (Hrsg), Der Europäische Verwaltungsverbund, 153, 164 ff.

188 *Röhl* in: Schmidt-Aßmann/Schöndorf-Haubold (Hrsg), Der Europäische Verwaltungsverbund, 153, 166. *Röhl* folgend aber ohne Erklärung: *Weiß*, Der Europäische Verwaltungsverbund, 48; *Dimitropoulos*, Zertifizierung und Akkreditierung, 121 ff.

189 *Dimitropoulos*, Zertifizierung und Akkreditierung, 124 mwN: „Die Neuartigkeit erscheint in der Dekonzentrierung des direkten Vollzuges und in der Ausübung dieses Vollzuges mit den Mitteln des Privatrechts."

mitgliedstaatlichen Verwaltungen.[190] Das Unionsrecht habe einen „verlängerten Arm für seinen Vollzug in den Mitgliedstaaten entwickelt"; durch diese „Privatisierung" der europäischen Verwaltungsaufgaben komme es zu einer Ergänzung der Vollzugssysteme.[191] Die private Unionsverwaltung stelle eine Alternative zur mitgliedstaatlichen Verwaltung dar, bei der nicht auf die herkömmlichen Behördenstrukturen zurückgegriffen werden müsse. Sie sei eine „genuin europäische Verwaltungsstruktur".[192] Es entstehe eine neue Verwaltungsstruktur auf europäischer Ebene. Die EU sei zur Regelung der grenzüberschreitenden Produktzulassung auch befugt. Dass dem einzelnen Mitgliedstaat zuvor keine grenzüberschreitenden Verwaltungsbefugnisse zustanden, sei nicht entscheidend, da das Bekenntnis der Mitgliedstaaten zur Errichtung eines europaweiten Binnenmarktes deren Willen verdeutliche, alle notwendigen Kompetenzen zu übertragen.[193] Damit seien die erforderlichen unionsweiten Hoheitsbefugnisse entstanden.[194] Da die Binnenmarktkompetenz der EU zudem eine Kompetenz verwaltungsorganisationsrechtlicher Art verleiht,[195] sei sie auch befugt, Dritte mit der Erfüllung der betreffenden Aufgaben zu ermächtigen. Art. 114 AEUV erlaube die Übertragung von Vollzugsaufgaben auf andere Mitgliedstaaten oder

---

190 *Schmidt-Aßmann*, Ordnungsidee, Kap 3 Rn 55.

191 *Dimitropoulos*, Zertifizierung und Akkreditierung, 124 mwN.

192 *Röhl* in: Hoffmann-Riem/Schmidt-Aßmann/Voßkuhle (Hrsg), GVwR II, § 30 Rn 66. Eine ähnliche Konzeption lässt sich bei *Schmidt-Aßmann* finden, der *Röhl* folgt, und auf dessen Ansatz aufbauend das sog. Kern-Schalen-Modell entwickelt hat. Dieses Modell beschreibt das Zusammenwirken verschiedener Verwaltungsträger. Um den Kern aus primär Vollzugsverpflichteten (Europäische Kommission und mitgliedstaatliche Verwaltungen) liege eine erste Schale aus sekundären Strukturen (Agenturen und Ämter), während tertiäre Verwaltungseinheiten die zweite Schale bilden. Dazu seien die Benannten Stellen zu zählen, *Schmidt-Aßmann* in: Schmidt-Aßmann/Hoffmann-Riem, Strukturen des europäischen Verwaltungsrechts, 30 f; *Hofmann/Türk*, ELJ 13 (2007), 253, 262; *Kahl*, DV 29 (1996), 341, 373; *v. Arnauld* in: Terhechte (Hrsg), Verwaltungsrecht der EU, § 2 Rn 11; *Schwarze*, Europäisches Verwaltungsrecht, CII Fn. 222 mwN; *Merten*, Private Entscheidungsträger, 121 ff; *Pünder*, ZHR 170 (2006), 567 ff.

193 Insofern sei die Übertragung von Hoheitsbefugnissen auf die EU und ihre Ausübung beispielsweise durch Benannte Stellen durch das Binnenmarktprinzip vorgezeichnet, *Röhl*, Akkreditierung und Zertifizierung, 37.

194 Dazu *v. Simson/Schwarze*, Europäische Integration, 25.

195 Dazu mehr bei EU-Vorgaben für die mitgliedstaatliche Verwaltungsorganisation, Kap. 1, A, I, 3.

innerhalb der europäischen Ebene.[196] Die EU habe die Aufgabe der „Konformitätsbewertung“ den Benannten Stellen zugewiesen, sie seien mit europaweiten Handlungsbefugnissen zur Verwaltung ausgestattet worden.[197] Die *Meroni*-Rechtsprechung stehe dieser Einordnung der Benannten Stellen als Verwaltungsstruktur sui generis nicht entgegen: Die Zertifizierungstätigkeit würde schon nicht von den beschriebenen Konstellationen erfasst.[198] Zwar kämen den Benannten Stellen Entscheidungsbefugnisse zu; diese seien ihnen aber nicht zur eigenen Wahrnehmung übertragen worden. Es läge keine (von der *Meroni*-Rechtsprechung betroffene) Zuständigkeitsverschiebung, sondern bloß eine Zuständigkeitsausübung für einen anderen vor. Bei einem solchen, rein organisationsrechtlichen Mandat würde die Zuständigkeitsordnung gerade nicht abgeändert. Akte des Mandatars würden sich vielmehr als Akte des Zuständigkeitsinhabers darstellen.[199] Es handele sich dabei um eine zulässige Zuweisung von Verwaltungskompetenzen – zur Wahrnehmung für die EU.[200] Da keine Delegation von Kompetenzen, sondern nur eine Zuweisung vorliege, könne die Zertifizierung als Akt sui generis der mitgliedstaatlichen Rechtsordnung, nicht als Akt im direkten Vollzug, verstanden werden.[201]

Zutreffend ist, dass die Tätigkeit der Benannten Stellen einer behördlichen Produktzulassung ähnlich ist. Ihnen kommen weitreichende Befugnisse zu. Die Zertifizierung ist zwingende Voraussetzung für das Inverkehrbringen von Produkten und löst die öffentlich-rechtliche Vermutungswirkung dafür aus, dass das Produkt normkonform ist. Wird die Zertifizierung dagegen verweigert,

---

196 So EuGH, Slg. 1994, I-3681 Rn 37; *Sydow*, DÖV 2006, 66. AA *Wahl/Groß*, DVBl. 1998, 2 ff, 11 f; krit auch *Weiß*, DV 38 (2005), 517, 531 f, der aber im Ergebnis eine Vollzugskompetenz der EU auch iRd Art. 114 AEUV annimmt.

197 *Röhl* in: Schmidt-Aßmann/Schöndorf-Haubold (Hrsg), Der Europäische Verwaltungsverbund, 153, 168 f. Zur Ausübung von Verwaltungskompetenzen, nachdem diese von den Mitgliedstaaten auf die EU und anschließend zur Wahrnehmung wiederrum den Mitgliedstaaten zugeleitet wurden: *Schlag*, Grenzüberschreitende Verwaltungsbefugnisse, 183 ff. Für die Möglichkeit einer Wahrnehmung von Verwaltungsaufgaben durch die Mitgliedstaaten, nach einer vorherigen Ausstattung mit dieser Kompetenz, *Röhl*, Akkreditierung und Zertifizierung, 32.

198 *Röhl*, Akkreditierung und Zertifizierung, 35 f.

199 *Röhl*, Akkreditierung und Zertifizierung, 36; zu dieser Konstellation *HP Ipsen*, Europäisches Gemeinschaftsrecht, § 20 Rn 47.

200 *Röhl*, Akkreditierung und Zertifizierung, 35; allgemein zur Delegation als Übertragung von außerordentlichen Kompetenzen *Rengeling*, Rechtsgrundsätze, 30 f.

201 *Röhl* in: Schmidt-Aßmann/Schöndorf-Haubold (Hrsg), Der Europäische Verwaltungsverbund, 153, 169; dem folgend *Gerontas*, Europäisierung, 55 ff.

gibt es für das betreffende Produkt keinen Marktzugang. Nach einem negativen Ausgang der Konformitätsprüfung ist ein Antrag an eine andere Benannte Stelle nicht mehr zulässig.[202] Die Entscheidung der Benannten Stelle ist für sämtliche andere Konformitätsbewertungsstellen bindend.[203] Auch die negative Entscheidung entfaltet also Rechtswirkung.[204]

Der Ansatz kann im Ergebnis dennoch nicht überzeugen. Dem Wortlaut ist nicht zu entnehmen, dass eine Verwaltungsstruktur sui generis entstehen sollte. Dies wäre bei einem so weitgehenden Umbau der Vollzugsstruktur aber zu erwarten gewesen. Die Aussage, die Mitgliedstaaten hätten bei der Ausstattung der EU mit der Binnenmarktkompetenz mit dem Willen gehandelt, eine neue Art von Verwaltungsstruktur zu etablieren, wird nicht näher belegt. Eine Verwaltungsstruktur sui generis ist damit positivrechtlich nicht gedeckt. Gegen diesen Ansatz lässt sich weiterhin der unionsrechtliche Grundsatz der Subsidiarität nach Art. 5 III EUV in Stellung bringen: Kann die Zulassung auf mitgliedstaatlicher Ebene mindestens genauso gut organisiert werden, hat dies zu geschehen. Die Produktzulassung kann im indirekten Vollzug organisiert werden – eine europäische Verwaltungsstruktur sui generis muss dafür nicht eingerichtet werden. Auch aus Sicht des deutschen Verfassungsrechts überzeugt der Ansatz nicht. Das Grundgesetz kennt zwar durchaus die Möglichkeit, auch Akte von solchen Organen einzubinden, die keine deutsche Hoheitsgewalt ausüben. Dies richtet sich nach Art. 24 GG. Eine Übertragung auf Organe ausländischer Staatsgewalt ist nämlich ebenso ausgeschlossen wie eine Übertragung auf Private, da sie keine „zwischenstaatlichen Einrichtungen" in diesem Sinne sind.[205] In der Akkreditierung kann keine solche Übertragung von Hoheitsrechten auf „zwischenstaatliche Stellen" im Sinne des Art. 24 GG gesehen werden.[206] Schließlich hat der Hersteller europaweit die Wahl, mit welcher Benannten Stelle er kontraktieren möchte. Er ist Vertragspartner, nicht Subordinationsobjekt.

Eine private Verwaltungsstruktur sui generis kann auch nicht unter Verweis auf andere besondere Konstellationen begründet werden. So ist die Benannte

---

202 Anhang II Modul B Ziff. 3 Unterpunkt 2 zu Beschluss (EG) Nr. 768/2008.

203 *Schmitz* in Stelkens/Bonk/Sachs, VwVfG, § 1 Rn 266: Insofern trete eine Präjudizwirkung im Hinblick auf die Tätigkeit anderer Benannter Stellen ein.

204 *Dimitropoulos*, Zertifizierung und Akkreditierung, 237.

205 *Röhl*, Akkreditierung und Zertifizierung, 30; *Schlag*, Grenzüberschreitende Verwaltungsbefugnisse, 179. Zum Verständnis der „zwischenstaatlichen Einrichtungen" *Randelzhofer* in: Maunz/Dürig (Begr), GG, Art. 24 Rn 44.

206 *Schlag*, Grenzüberschreitende Verwaltungsbefugnisse, 183 ff; *Pünder*, ZHR 170 (2006), 567, 579. Dazu allgemein *Neßler*, Europäisches Richtlinienrecht, 79.

Stelle beispielsweise kein sog. Sachwalter im Unionsinteresse. Die Sachwalterschaft im Unionsinteresse betrifft den Fall, dass den Mitgliedstaaten keine Regelungsbefugnis mehr zusteht, es zu einer Notsituation kommt und die EU von ihrer ausschließlichen Kompetenz keinen Gebrauch macht.[207] In einer solchen Konstellation des Gesetzgebungsnotstandes können die Mitgliedstaaten als „Sachwalter des gemeinsamen Interesses" auftreten.[208] Sie handeln dann stellvertretend für die EU, ohne eigene Kompetenz, aber in Ausübung eigener Hoheitsgewalt.[209] Aufgrund der endgültigen Übertragung der Kompetenz lebt keine „subsidiäre" Kompetenz der Mitgliedstaat wieder auf; die Mitgliedstaaten werden ausschließlich in Erfüllung ihrer Pflicht zur Zusammenarbeit aus Art. 4 III EUV tätig. „Inhalt, Ausgestaltung und Grenzen" richten sich nach Unionsrecht,[210] die Mitgliedstaaten sind an das gemeinsame Interesse gebunden, ihre Maßnahmen müssen vorläufig bleiben und in Koordination mit dem zuständigen europäischen Organ ergriffen werden,[211] wobei Aufsicht und Kontrolle bei der Europäischen Kommission liegen.[212] Die Figur des Sachwalters wurde jedoch für den speziellen Fall einer Notsituation entwickelt, die hier nicht vorliegt. Die Benannte Stelle erlässt keine vorläufigen, sondern endgültige Maßnahmen. Zuletzt handelt es sich bei der Binnenmarktkompetenz zur Regelung der Produktzulassung nicht um eine ausschließliche, sondern um eine geteilte Kompetenz der EU.

Die Benannten Stellen sind nicht Teil einer Verwaltungsstruktur sui generis.[213] Ebenso wenig sind sie als Sachwalter tätig. Akkreditierung und Zertifizierung

---

207 Dazu *v. Bogdandy/Schill* in: Grabitz/Hilf/Nettesheim, Das Recht der EU, Art. 4 EUV Rn 96. *Magiera*, DÖV 1998, 173, 176: „Diese Residualkompetenz kann zu einer Auffangkompetenz erstarken, wenn etwa der Rat einer gemeinschaftsrechtlichen Verpflichtung nicht nachkommt und die Mitgliedstaaten als Sachwalter des gemeinsamen Interesses tätig werden müssen."

208 EuGH v. 5.5.1981, Rs. 804/79, Slg. 1981, 1045 Rn 30 – Seefischerei-Erhaltungsmaßnahmen.

209 *Hatje* in: Schwarze, EU, Art. 4 EUV Rn 46.

210 So in seiner Vorbemerkung zu der genannten Entscheidung *Pechstein*, Entscheidungen des EuGH, 48 Rn 19.

211 EuGH v. 5.5.1981, Rs. 804/79, Slg. 1981, 1045 Rn 27 – Seefischerei-Erhaltungsmaßnahmen.

212 *Hatje* in: Schwarze, EU, Art. 4 EUV Rn 47.

213 Diese Verwaltungsstruktur ist wie gezeigt auch keine eigenständige dritte Kategorie neben direktem und indirektem Vollzug. Wer die Existenz einer Verwaltungsstruktur sui generis bejaht, verlässt schließlich den dogmatisch sicheren Boden der etablierten Vollzugsstruktur. An der Unterscheidung zwischen direktem und

können vielmehr in die schon bestehende Dogmatik eingegliedert werden, wie im Folgenden gezeigt werden sein wird.

III. Teil des indirekten Vollzugs

Grundsätzlich können die Mitgliedstaaten im indirekten Vollzug entscheiden, ob und wie sie Vollzugsaufgaben auf Private übertragen. Jedoch kann der private Vollzug auch unionsrechtlich angeordnet werden, sofern die EU sich bei der Regelung im Rahmen der allgemeinen Kompetenzausübungsschranken hält. Die EU kann Vorgaben für das mitgliedstaatliche Verwaltungsorganisationsrecht treffen.[214] Diese Variante der Einbindung Privater soll in der vorliegenden Arbeit untersucht werden. Benannte Stellen werden erst nach mitgliedstaatlicher Akkreditierung tätig, sie sind aufgrund europäischen Rechts verpflichtend einzuschalten. Sie sind keine eigene Verwaltungsstruktur, sondern dem normalen indirekten Vollzug angegliedert.

E. Ergebnis

Der EU kommt im Produktzulassungsrecht die Kompetenz zu Vorgaben materieller Art, für die Verwaltung, sowie für die Verwaltungsorganisation aufzustellen. Sie unterliegt dabei den allgemeinen Kompetenzausübungsschranken der Subsidiarität und der Verhältnismäßigkeit. Im europäischen Verwaltungsverbund im Allgemeinen und im Produktzulassungsrecht im Besonderen wird zunehmend ein privater Vollzug des Unionsrechts angeordnet. Dabei kommen grundsätzlich verschiedene Einbindungsarten in Betracht. Die hier tätig werdenden Privaten sind keine selbstständigen europäischen Verwaltungseinheiten wie die europäischen Agenturen und sie sind auch keine Verwaltungsstruktur sui generis. Sie werden vielmehr im indirekten Vollzug tätig. Im Folgenden wird näher ausgeführt, inwiefern die in diesem ersten Kapitel beschriebenen Umstände des behördlichen indirekten Vollzuges auf den privaten indirekten Vollzug zu übertragen sind.

---

indirektem Vollzug ist aber schon aus Gründen der Verantwortungsklarheit festzuhalten. So explizit *v. Danwitz*, Europäisches Verwaltungsrecht, 613.

214 S. dazu Kap. 1, A, I, 3.

Kapitel 2: Private im indirekten Vollzug

Mitgliedstaatliche Behörden sind im indirekten Vollzug organisatorisch zur nationalen Verwaltung zu zählen, funktional aber Teil der europäischen Verwaltungsstruktur. Die zentrale These dieser Arbeit lautet, dass es sich bei den Benannten Stellen als privaten sachverständigen Vollzugseinheiten ebenso verhält. Sie werden organisationsrechtlich durch die mitgliedstaatliche Rechtsordnung geprägt, sind aber zugleich funktional als europäische Vollzugsstruktur gebunden. Diese These wird in einem vorliegenden Kapitel 2 aus organisationsrechtlicher, im folgenden Kapitel 3 aus funktionaler Sicht untersucht. In einem ersten Schritt wird die Pflicht zur mitgliedstaatlichen Gewährleistung im Rahmen des privaten Vollzugs (A), sodann die Einbindung der Benannten Stellen durch Akkreditierung (B) beschrieben. Im Anschluss daran wird die Zertifizierung als spezifische Handlungsform der Privaten (C) näher erläutert.

A. Mitgliedstaatliche Gewährleistung privaten Vollzugs

Nimmt der Staat eine Aufgabe selbst wahr, kommt ihm eine Pflicht zur ordnungsgemäßen Erfüllung zu (sog. Erfüllungsverantwortung). Mit Übertragung der Aufgabe auf einen Privaten wandelt sich diese staatliche Erfüllungs- in eine Gewährleistungsverantwortung.[215] Bei jedem privaten Vollzug ist auch die dem Staat verbleibende Verantwortung zu untersuchen. In einem ersten Teil wird das Konzept dieser Variante staatlicher Verantwortung aus verfassungsrechtlicher Sicht allgemein erläutert (I), in einem zweiten Teil auf die Gewährleistungsverantwortung speziell im Produktzulassungsrecht eingegangen (II).

I. Verfassungsrechtlicher Hintergrund

Werden Private durch die Übertragung einer Aufgabe in den Vollzug eingebunden, befreit dies den Staat nicht von der Pflicht, diese Erfüllung zu einem Mindestmaß zu gewährleisten. Wird eine Aufgabe nämlich nicht mehr durch Hoheitsträger (die gem. Art. 1 III GG der unmittelbaren Grundrechtsbindung unterliegen) wahrgenommen, sieht sich der Einzelne einem Privaten gegenüber. In diesem Rechtsverhältnis kann er keine verfassungsrechtlichen Rechte geltend

215 Vgl. dazu nur jüngst *Burgi*, Gutachten D zum 67. DJT, 100.

machen: Es besteht die Gefahr, dass es zu einer Verringerung grundrechtlicher Abwehr- oder Leistungsansprüche kommt.[216]

Die Gewährleistungsverantwortung des Staates gründet auf verschiedenen Ansätzen. Teilweise wird auf das Rechtsstaats-[217] und das Demokratieprinzip[218] verwiesen. Jedenfalls aber kann sie sich aus den Grundrechten ableiten lassen. Diese können als Leistungspflichten ausgeprägt sein; die Gewährung von Schutz ist eine solche Leistung. Die Schutzpflicht kann dann wiederum die Einschränkung anderer Grundrechte rechtfertigen.[219] Bei der Einschätzung der staatlichen Schutzpflichten kommt Legislative und Exekutive ein weiter Einschätzungs- und Gestaltungsspielraum zu.[220]

Die Gewährleistungsverantwortung ist, abhängig von der Art der Privatisierung[221] und der übertragenen Aufgabe, unterschiedlich stark ausgeprägt. Je mehr der Staat Private im Rahmen einer Selbstregulierung einbindet, muss auch seine Gewährleistungspflicht wachsen.[222] Durch die Erzeugung einer stärkeren Position des Privaten kommt dem Staat aus dem Rechtsgedanken des „vorangegangenen Tuns" eine erhöhte (Gewährleistungs-) Folgenverantwortung zu. Die staatliche Gewährleistungsverantwortung betrifft dabei ganz verschiedene Aspekte.[223] Unter anderem obliegt dem Gesetzgeber eine Strukturschaffungspflicht.[224]

II. Gewährleistungsverantwortung im Produktzulassungsrecht

Mit der Akkreditierung werden die Benannten Stellen in den indirekten Vollzug der Produktzulassung eingebunden. Als Private unterliegen die Benannten Stellen nicht der unmittelbaren Bindung gem. Art. 1 III, 20 III GG an die

---

216 *Di Fabio*, VVDStRL 56 (1997), 235, 256 mwN.

217 So z.B. bei *Seidel*, Privater Sachverstand, 91 f: Übernimmt die Behörde die vorangegangene Sachverhaltsermittlung eines Privaten unmittelbar und ohne weitere eigene Prüfung, könnte das gegen den Amtsermittlungsgrundsatz und dessen rechtsstaatliche Wurzeln verstoßen; *Appel* in: Hoffmann-Riem/Schmidt-Aßmann/Voßkuhle (Hrsg), GVwR II, § 32 Rn 67 ff.

218 *Thoma*, Regulierte Selbstregulierung, 341 ff.

219 *Jarass* in: J/P, GG, Art. 2 Rn 91.

220 BverfG, NJW 1998, 3264, 3265 – Waldsterben.

221 *Burgi* in: Erichsen/Ehlers (Hrsg), Allgemeines Verwaltungsrecht, § 10 Rn 39.

222 Dazu *Schmidt-Preuß*, VVDStRL 56 (1997), 160, 172. Ähnlich *Weiß*, Produktsicherheit, 358.

223 Dazu unter anderem *Burgi*, Gutachten D zum 67. DJT, 101 ff.

224 *Burgi*, Gutachten D zum 67. DJT, 104 f mwN; *Voßkuhle*, VVDStRL 62 (2003), 266, 296.

Grundrechte.[225] Die Benannten Stellen sind vielmehr selbst Grundrechtsträger.[226] Die Produktzertifizierung stellt ein Beispiel dafür dar, dass der Staat die Erfüllung einer öffentlichen Aufgabe auf einen Privaten überträgt und selbst nur noch die Gewährleistungsverantwortung innehat.[227] Die Mitgliedstaaten müssen daher im Produktzulassungsrecht ausreichend Schutz gewährleisten.[228] Für die Produktzulassung relevante Grundrechtsnormen sind Art. 2 II GG und Art. 12 GG. Schutzpflichten ergeben sich jedenfalls aus dem objektiv-rechtlichen Gehalt der Normen.[229]

1. Gewährleistung einer sicheren Produktzulassung

Gem. Art. 2 II 1 GG hat jeder das Recht auf Leben und körperliche Unversehrtheit. Das BVerfG hat daraus die Pflicht des Staates abgeleitet „das Leben und die körperliche Unversehrtheit des Einzelnen zu schützen, das heißt vor allem, auch vor rechtswidrigen Eingriffen von Seiten anderer zu bewahren".[230] Wenn von einem Dritten (oder dessen Produkt) eine Gefahr für die Sicherheit und die Gesundheit einer größeren Anzahl von Verbrauchern bzw. deren Eigentum ausgeht und so ein rechtswidriger Eingriff durch ein Produkt droht, muss der Schutz der Verbraucher durch die öffentliche Gewalt gewährleistet werden, durch Legislative, Exekutive und Judikative.[231] Der Schutz muss angemessen und wirksam sein.[232] Hier kommt dem Staat ein weiter Einschätzungs-, Wertungs- und Gestaltungsbereich zu.[233] Eine Überprüfung findet nur im Sinne einer Evidenzkontrolle statt.[234]

---

225 Zum gleichen Ergebnis kommt *Weiß*, Produktsicherheit, 358; *Röhl*, Akkreditierung und Zertifizierung, 81.

226 Zur Gefahr einer Relativierung mit weiteren Nachweisen *Di Fabio*, VVDStRL 56 (1997), 235, 256. Mehr dazu unter Gundrechtsberechtigung, Kap. 2, B, II, 4, d).

227 *Pünder*, ZHR 170 (2006), 567. Zertifizierung und Akkreditierung stehen „im Spannungsfeld von privater Gemeinwohlkonkretisierung und staatlicher Gewährleistungsverantwortung", *ebenda*, 593.

228 Dazu ausführlich *Weiß*, Produktsicherheit, 58 ff, insbesondere 71 ff.

229 *Di Fabio* in: Maunz/Dürig (Begr), GG, Art. 2 Rn 81.

230 St Rspr vgl. nur BVerfGE 115, 320, 346; *Jarass* in: J/P, GG, Art. 2 Rn 91.

231 Ebenso *Weiß*, Produktsicherheit, 37.

232 BVerfGE 88, 203, 254 – Schwangerschaftsabbruch; *Jarass* in: J/P, GG, Art. 2 Rn 91.

233 BVerfGE 79, 174, 202; *Jarass* in: J/P, GG, Art. 2 Rn 91.

234 Dazu *Sodan*, GG, Art. 2 Rn 23 ff. Ein strengerer Maßstab ist anzulegen, wenn es zu erheblichen Gefährdungen bedeutsamer Rechtsgüter kommt. Der Gesetzgeber hat dann das Untermaßverbot zu beachten, ausdrücklich BVerfGE 88, 203, 254.

Es könnte anzunehmen sein, der Markt reguliere diese Gefahren selbst („schlechter Ruf" des Herstellers); dies ist jedoch nicht in ausreichendem Maße der Fall.[235] Aufseiten der Verbraucher besteht ein Informationsdefizit. Bei komplexen Produktionsprozessen ist der verantwortliche Hersteller für die Öffentlichkeit nicht notwendig erkennbar.[236] Dass der Markt sich nicht ausreichend reguliert, kann auch an der jeweiligen Marktposition des Herstellers liegen,[237] denn möglicherweise ist der Markt auf dessen Güter angewiesen. Schließlich ergibt sich eine weitere Gefahr aus dem Umstand, dass die Benannten Stellen unionsweit im Wettbewerb stehen. Der Hersteller wird im Zweifel die Benannte Stelle wählen, die die Zertifizierung am leichtesten und günstigsten erteilt. Es besteht die Gefahr, dass dabei die Qualität immer weiter sinkt (sog. *race to the bottom*).[238] Ein staatliches Einschreiten ist notwendig. Es besteht eine Pflicht zum Schutz der Verbraucher.

Der Staat kann seiner Gewährleistungspflicht unter anderen durch den Erlass eines Genehmigungsverfahrens nachkommen.[239] Einem weiten gesetzgeberischen Einschätzungsspielraum unterliegt beispielsweise die Ausgestaltung der sog. Eröffnungskontrolle.[240] Dabei handelt es sich um die Kontrolle des Marktzugangs. Diese kann unterschiedlich ausgestaltet sein: es kann eine bloße Anmeldung ausreichen, es kann die Vorlage einer privaten sachverständigen Bescheinigung oder sogar der Nachweis über eine behördliche Zulassungsentscheidung notwendig sein. Bei der Produktzulassung werden die Produkte vor dem Marktzugang auf ihre Normkonformität überprüft. In Umsetzung der europarechtlichen Vorgaben hat sich der Gesetzgeber nicht für eine bloße Anmeldung, auch nicht für eine behördliche Zulassung, sondern für eine Zulassung durch Benannte Stellen entschieden.

Der deutsche Gesetzgeber muss daher für eine ausreichende Kompetenz der Benannten Stellen sorgen und deren Zertifizierungstätigkeit beaufsichtigen. Der Private muss die Fähigkeit besitzen, den Marktzugang der Produkte sowie den

---

235 Zu diesem Ergebnis kommt auch *Weiß*, Produktsicherheit, 36.

236 *Weiß*, Produktsicherheit, 36.

237 *Weiß*, Produktsicherheit, 36.

238 Bei einem *race to the bottom* entsteht dadurch eine Spirale nach unten, dass sich die verschiedenen Beteiligten mit immer niedrigeren Anforderungen unterbieten. Für den Fall der Produktzulassung mit ähnlicher Argumentation *Pünder*, ZHR 170 (2006), 567, 595; *Weiß*, DV 38 (2005), 517, 525; bezogen auf das prognostische Verhalten der Hersteller iRd GPSG: *Klindt*, NJW 2004, 465, 470.

239 BVerfGE 53, 30, 65 f; *Jarass* in: J/P, GG, Art. 2 Rn 91.

240 *Häfner*, Verantwortungsteilung, 97.

Verbleib der Produkte im Markt fachkundig zu überprüfen. Dies wird durch den Akt der Akkreditierung sichergestellt, in dem sich zahlreiche Vorgaben für die Durchführung der anschließenden Zertifizierung finden.[241] Die staatliche Gewährleistungsverantwortung erfordert es zudem, eine Aufsicht zu schaffen. Der Staat darf das Letztentscheidungsrecht nicht aus der Hand geben.[242] Im Produktzulassungsrecht ist eine von mitgliedstaatlichen Aufsichtsbehörden ausgeübte Aufsicht über die Benannten Stellen, ein europäisches System der Akkreditierungsaufsicht sowie eine subsidiäre behördliche Marktüberwachung geschaffen worden.[243] Der Staat kommt seiner Pflicht aus Art. 2 II GG nach.

2. *Gewährleistung eines ordnungsgemäßen Zulassungsverfahrens*

Neben einer sicheren Produktzulassung muss der Staat für ein ordnungsgemäßes Zulassungsverfahren sorgen. Aus Art. 12 GG ergibt sich, da in dem Zwang der Hersteller zur Einschaltung einer Benannten Stelle ein Eingriff in die Berufsausübung der Hersteller liegt, eine Pflicht zum Schutz der Produkthersteller.[244] Eine solche Beschränkung der Berufsausübungsfreiheit ist gerechtfertigt, wenn vernünftige Erwägungen des Gemeinwohls es zweckmäßig erscheinen lassen,[245] was hier der Fall ist. Insbesondere ist ein Eingriff in Art. 12 GG verhältnismäßig, wenn der Grundrechtsschutz der Hersteller durch Verfahren gewährleistet ist.[246] Die Akkreditierungsvoraussetzungen zur Gewährleistung von Kompetenz, Neutralität und Integrität sowie die mit dem Akkreditierungsakt erlassenen Vorgaben für das Zertifizierungsrechtsverhältnis ermöglichen dies. Der gesetzliche Eingriff ist eine zulässige Konkretisierung der Schranke im Sinne des Art. 12 I 2 GG.

Die Gewährleistung wird hier durch die Instrumente der Akkreditierung und der Akkreditierungsaufsicht, des Zertifizierungssonderrechts, der Zertifizierungsaufsicht und der subsidiären behördlichen Marktüberwachung

---

241 Mehr dazu unter Zertifizierungssonderrecht, Kap. 2, C, II.

242 Unter anderem *Kadelbach*, Allgemeines Verwaltungsrecht unter europäischem Einfluss, 329.

243 *Burgi* in: Erichsen/Ehlers (Hrsg), Allgemeines Verwaltungsrecht, § 10 Rn 8.

244 *Burgi*, Gutachten D zum 67. DJT, 43.

245 *Ruffert* in: Epping/Hillgruber, BeckOK GG, Art. 12 Rn 94 mwN aus der Rechtsprechung.

246 *Pünder* in: Erichsen/Ehlers (Hrsg), Allgemeines Verwaltungsrecht, § 13 Rn 12 f; *Voßkuhle* in: Hoffmann-Riem/Schmidt-Aßmann (Hrsg), Verwaltungsverfahren und Verwaltungsverfahrensgesetz, 277, 313; *Appel* in: Hoffmann-Riem/Schmidt-Aßmann/Voßkuhle (Hrsg), GVwR II, § 32 Rn 65.

gesichert.[247] Die Regelungen im Produktzulassungsrecht genügen daher den verfassungsrechtlichen Anforderungen der Gewährleistungsverantwortung.[248]

B. Einbindung durch Akkreditierung

Die Privaten werden durch Akkreditierung in den indirekten Vollzug eingebunden. Der Begriff der Akkreditierung wird vom Gesetzgeber unerfreulicherweise nicht einheitlich genutzt.[249] Ebenso wenig wird in der einschlägigen Literatur stets sauber zwischen den Ausdrücken differenziert.[250] Dies erschwert es, die Akkreditierung als solche allgemeingültig zu definieren und für das System des allgemeinen Verwaltungsrechts zu nutzen.[251] Im hier untersuchten Produktzulassungsrecht bezeichnet die Akkreditierung die Bestätigung durch eine nationale Akkreditierungsstelle, dass eine Konformitätsbewertungsstelle die notwendigen Anforderungen erfüllt, um Konformitätsbewertungen durchzuführen.[252] Die Akkreditierung dient so der Einbindung privaten Sachverstands in den Verwaltungsvollzug.

---

247 Ausführlich dazu unter Kap. 2, C, I und II. Siehe auch *Schmidt-Preuß*, VVDStRL 56 (1997), 160, 172 ff mwN. Die Verfahrensgestaltung im Rahmen der Zertifizierung kann nicht vollständig der Privatautonomie überlassen bleiben, *Pünder* in: Erichsen/Ehlers (Hrsg), Allgemeines Verwaltungsrecht, § 15 Rn 54. Zum „Privatverfahrensrecht" ausführlich *Appel* in: Hoffmann-Riem/Schmidt-Aßmann/Voßkuhle (Hrsg), GVwR II, § 32 Rn 73 ff. Da die Zertifizierung privatrechtlich ausgestaltet ist, können die Grundrechte des Herstellers nur über (private) Verfahrensregeln gewährleistet werden, sog. Grundrechtsschutz durch Verfahren. Dazu *Pünder* in: Erichsen/Ehlers (Hrsg), Allgemeines Verwaltungsrecht, § 15 Rn 54; *Röhl*, Akkreditierung und Zertifizierung, 81.

248 *Pünder*, ZHR 170 (2006), 567, 595.

249 Im Hochschulwesen dient die Akkreditierung der Bestätigung, dass ein Studiengang bestimmten Anforderungen genügt, *Bieback*, Zertifizierung und Akkreditierung, 132. Die hochschulrechtliche Akkreditierung entspricht dem produktzulassungsrechtlichen Terminus der Zertifizierung, *Pünder*, ZHR 170 (2006), 567, 592.

250 Nicht ganz klar beispielsweise *Böttger* in: Bayerlein, Handbuch des Sachverständigenrechts, § 5 Rn 19.

251 *Pünder*, ZHR 170 (2006), 567, 586.

252 Art. 2 Nr. 10 VO (EG) Nr. 765/2008; § 2 Nr. 1 ProdSG. Die Akkreditierung ermöglicht die Feststellung, ob Konformitätsbewertungsstellen Aufgaben im Rahmen einer Binnenmarktrichtlinie wahrnehmen können, Gesetzesbegründung zu § 14 ProdSG, Entwurf eines Gesetzes über die Neuordnung des Geräte- und Produktsicherheitsrechts der Bundesregierung, BT-Drs 17/6276, Gesetzesbegründung S. 45.

Zunächst ist das Akkreditierungsverwaltungsverfahren zu beschreiben (I), ehe die Akkreditierung in die Verwaltungsrechtsdogmatik eingeordnet wird (II). Um die Analyse der Akkreditierungen abzuschließen, wird im letzten Teil erläutert, wie die Akkreditierungen legitimiert sind (III).

I. Akkreditierungsverwaltungsverfahren

Die Voraussetzungen zur Akkreditierung sind europäisch harmonisiert. Mit der VO (EG) Nr. 765/2008 schuf der europäische Gesetzgeber einen umfassenden Rahmen für die Akkreditierung. Die Voraussetzungen zur Akkreditierung entsprechen den gewerberechtlichen Anforderungen an öffentlich zu bestellende Sachverständige im Sinne des § 36 GewO.[253]

1. Akkreditierungsvoraussetzungen

Die Akkreditierung ist die staatliche Anerkennung, dass die beantragende Stelle zur Zertifizierungstätigkeit befähigt ist.[254] Voraussetzung für die Akkreditierung ist, dass der Antragsteller die erforderliche Kompetenz[255] besitzt, um die Konformitätsbewertung durchzuführen. Nachgewiesen werden muss die Sachkenntnis des Prüfers. Indem er die Kompetenz der Prüfstellen kontrolliert, entspricht der Staat seiner verfassungsrechtlich festgeschriebenen Gewährleistungsverantwortung, dergemäß er auch nach dem Verzicht auf administrative Präventivkontrollen für die Durchsetzung materiell-rechtlicher Standards sorgen muss.

Aus verfassungsrechtlicher Sicht sind aber nicht nur Anforderungen an die Kompetenz zu stellen, sondern auch solche an die Neutralität[256] der Benannten Stelle.[257] Sie steht als Garant dafür, dass die Überprüfung des Produkts auf EU-Richtlinienkonformität neutral und objektiv geschieht. Nur wenn ein objektives Handeln der Benannten Stellen gewährleistet ist, werden andere Mitgliedstaaten und Verbraucher auf die Aussagekraft der Konformitätserklärung vertrauen. Nur dann kommt es zu der aus europäischer Sicht notwendigen Entkopplung der Konformitätsbewertung von nationalen Interessen und damit einhergehend

253 Ebenso *Seidel*, Privater Sachverstand, 172; ausführlich dazu unter öffentlicher Bestellung, Kap. 2, B, II, 4, b).

254 § 2 Nr. 1 ProdSG.

255 Art. 5 I VO (EG) Nr. 765/2008; ebenso § 13 IV, VI ProdSG; § 3 S. 1 AkkStelleG.

256 § 13 II, III, VII ProdSG.

257 *Schmidt-Preuß*, VVDStRL 56 (1997), 160, 196.

zur Entpolitisierung.[258] Das Erfordernis der Neutralität ist auch aus Sicht des Herstellers grundlegend. Dieser befindet sich im Wettbewerb mit anderen Herstellern und ist darauf angewiesen, dass die Benannte Stelle sein Produkt unvoreingenommen untersucht. Auch damit entspricht die europäische Voraussetzung den verfassungsrechtlichen Vorgaben.

Akkreditierungsvoraussetzung ist weiterhin der Nachweis persönlicher Zuverlässigkeit.[259] Er ist insofern entscheidend, als die Zertifizierung notwendige Marktzugangsvoraussetzung und damit für den Hersteller essentiell ist. Im Produktzulassungsrecht besteht dabei die Besonderheit, dass die Zuverlässigkeit nicht nur bei dem Geschäftsführer, sondern nachgewiesenermaßen auch bei den Angestellten vorliegen muss.[260]

Voraussetzung für eine Akkreditierung ist schließlich der Nachweis über eine Haftpflichtversicherung.[261]

2. *Akkreditierungsakt*

Das Akkreditierungsverwaltungsverfahren wird durch Antragstellung eingeleitet. Die Akkreditierung wird in einem Verwaltungsverfahren erlassen und ist ausdrücklich als hoheitliche Tätigkeit konzipiert.[262] Sie wird per Verwaltungsakt erteilt.[263] Antragsteller kann jede natürliche oder juristische Person sein. Neben

---

258 So auch *Röhl* in: Hoffmann-Riem/Schmidt-Aßmann/Voßkuhle (Hrsg), GVwR II, § 30 Rn 66.

259 § 13 ProdSG. *Wiebauer*, GewArch 2010, 377, 378 ff; *Kollmer*, GewArch 1999, 48, 54. Zur Zuverlässigkeit im Allgemeinen ausführlich *Eifert*, JuS 2004, 565 ff.

260 Vgl. u.a. § 13 VI ProdSG. *Wiebauer*, GewArch 2010, 377 weist darauf hin, dass eine Konkretisierung des Begriffs der beruflichen Integrität im Produktsicherheitsrecht nicht erfolgt ist.

261 § 13 VIII ProdSG. *Weiß*, Produktsicherheit, 358: Durch diese eigene Haftung aufgrund Privatrechts werde die Benannte Stelle zu einer sorgfältigen Prüfung angehalten.

262 Art. 4 V VO (EG) Nr. 765/2008: „Wird die Akkreditierung nicht direkt von den Behörden selbst vorgenommen, so betraut ein Mitgliedstaat seine nationale Akkreditierungsstelle mit der Durchführung der Akkreditierung als einer hoheitlichen Tätigkeit und erteilt ihr eine offizielle Anerkennung."

263 Anders ist dies in Österreich: Dort erfolgt die Akkreditierung per Verordnung durch den Bundesminister für wirtschaftliche Angelegenheiten, § 17 I österr. AkkG (Österreichisches Bundesgesetz über die Akkreditierung von Prüf-, Überwachungs- und Zertifizierungsstellen – Akkreditierungsgesetz, BGBl. Nr. 468/1992 zuletzt geändert durch BGBl. I Nr. 85/2002). Entfällt später eine der Akkreditierungsvoraussetzungen, sieht das österreichische Akkreditierungsgesetz vor, dass

privaten können auch staatliche Stellen einen Antrag stellen.[264] Der Antrag bezieht sich auf die Anerkennung als zugelassene Stelle für bestimmte Produkte und Verfahren. Er ist schriftlich einzureichen.[265]

a) Zuständige Behörde

Zuständige Behörde für die Akkreditierung ist in der Regel die jeweilige nationale Akkreditierungsstelle.[266] Aufgrund von Art. 4 I VO (EG) Nr. 765/2008 darf in jedem Mitgliedstaat nur eine Akkreditierungsstelle tätig werden. Seit dem 1.1.2010 existiert daher in Deutschland nur noch eine nationale Akkreditierungsstelle, die Deutsche Akkreditierungsstelle GmbH (DAkkS).[267] Andere Akkreditierungsgesellschaften dürfen nicht mehr aktiv werden. Tun Sie dies doch, sind ihre Akkreditierungen nicht wirksam.[268] Die nationale Akkreditierungsstelle soll objektiv, unparteilich und unabhängig arbeiten, um eine transparente Akkreditierung zu ermöglichen und so das Vertrauen in das jeweilige nationale Akkreditierungsverfahren zu fördern.[269] Ein „qualitätsorientierter

---

die Akkreditierung wiederrum durch Verordnung abzuändern oder aufzuheben ist, § 17 VI AkkG; dazu *Holoubek* in: Holoubek (Hrsg), Anerkennungs-/ Herkunftslandprinzip in Europa, 30.

264 Erwägungsgrund 12 der VO (EG) Nr. 765/2008; EU-Kommission, Leitfaden für die Umsetzung der nach dem Neuen Konzept und dem Gesamtkonzept verfassten Richtlinien (sog. Blue Guide), 2000, S. 44; *Dimitropoulos*, Zertifizierung und Akkreditierung, 105. Auch die staatlichen Stellen werden dann aber privatrechtlich tätig.

265 § 2 I AkkStelleG.

266 Konkretisiert in Kapitel II der VO (EG) Nr. 765/2008.

267 Ihre Beleihung erfolgte aufgrund von §§ 8 I, 10 AkkStelleG, § 1 I AkkStelleGBV. Nähere Vorschriften finden sich im Akkreditierungsstellengesetz AkkStelleG v. 31.7.2009, BGBl. I S. 2625 idF v. 22.12.2011, BGBl. I S. 3044. In besonders sensiblen Bereichen ist neben der Kompetenzbestätigung in Form der Akkreditierung durch die DAkkS zudem eine Befugnis zur Ausübung der Tätigkeit notwendig. Diese wird durch die ZLS (Zentralstelle der Länder) erteilt. Zur dies regelnden Verwaltungsvereinbarung zwischen der ZLS und der DAkkS siehe auf den Internetseiten der ZLS (www.zls-muenchen.de, abgerufen am 3.12.2012) unter Aktuelles. Die Erteilung der Befugnis ist von der Akkreditierung unberührt, § 1 AkkStelleG, DAkkS und ZLS arbeiten zusammen, § 4 AkkStelleG.

268 Vgl. zu dem Fall der Gesellschaft für Akkreditierung und Zertifizierung mbH in der Praxis die Pressemitteilung der DAkkS vom 28.9.2010, abrufbar unter DAkks – Aktuelles – Meldungen, http://www.dakks.de/node/619 (abgerufen am 14.2.2013).

269 Art. 8 VO (EG) Nr. 765/2008; Erwägungsgründe 12 und 15 der VO (EG) Nr. 765/2008.

Vertrauenstatbestand" entsteht.[270] Bei der Prüfung der Akkreditierungsvoraussetzungen kann die Akkreditierungsbehörde von der Benannten Stelle Auskünfte und sonstige Unterstützung verlangen. Sie kann Anordnungen treffen, hat Betretungs- und Besichtigungsrechte und kann eine entsprechende Mitwirkung der Benannten Stelle einfordern.[271] Um Mehrfachakkreditierungen zu vermeiden, ist die Akkreditierung grundsätzlich bei der nationalen Akkreditierungsstelle desjenigen Mitgliedstaates zu beantragen, in dem die Benannte Stelle niedergelassen ist.[272] Eine sog. *cross border accreditation* ist aber zulässig:[273] Die Akkreditierung kann dann in einem anderen Mitgliedstaat beantragt werden, wenn es in ihrem eigenen Mitgliedstaat keine nationale Akkreditierungsstelle gibt, oder falls diese nicht über die notwendige Kompetenz verfügt.[274]

b) Nebenbestimmungen

Der akkreditierenden Behörde steht die Möglichkeit zu, den Verwaltungsakt durch Inhalts- und Nebenbestimmungen näher zu gestalten.[275] Gem. § 36 I Var. 1 VwVfG darf ein Verwaltungsakt, auf den ein Anspruch besteht, mit einer Nebenbestimmung nur versehen werden, wenn sie durch Rechtsvorschrift zugelassen ist oder wenn sie sicherstellen soll, dass die gesetzlichen Voraussetzungen des Verwaltungsaktes erfüllt werden. Dem Akkreditierungsakt als gebundenem Verwaltungsakt können Nebenbestimmungen gem. § 15 I 3 ProdSG beigefügt werden. Damit ist den Anforderungen des § 36 I Var. 1 VwVfG genügt.[276]

Da in Deutschland kein Gesetz existiert, welches die Zertifizierungen näher konkretisiert, dienen die Nebenbestimmungen der Absicherung der verfassungsrechtlichen Gewährleistungspflicht.[277] Die im Akkreditierungsverwaltungsakt gestellten Anforderungen an den Vertragsinhalt ersetzen einschlägige hoheitliche Regelungen.[278] Beispielsweise muss sich der Staat aufgrund seiner Gewährleistungsverantwortung die Möglichkeit offenhalten, die in die private Erfüllung

270 Die Neue Verwaltungsrechtswissenschaft spricht von einem „Qualitätssicherungsverfahren". Siehe dazu *Voßkuhle*, Die Zukunft des Verwaltungsverfahrensrechts, 13, 25.

271 § 3 AkkStelleG.

272 Art. 7 I VO (EG) Nr. 765/2008.

273 Art. 4 II, 7 VO (EG) Nr. 765/2008; ausführlicher dazu auch im Entwurf der EA zur *cross border accreditation*, EA-2/13 M:2012.

274 Art. 4 II, 7, bzw. Erwägungsgrund 20 der VO (EG) Nr. 765/2008.

275 Dazu auch *Seidel*, Privater Sachverstand, 184 ff.

276 *Peine* in: Schulte/Schröder, Technikrecht, 444.

277 Vgl. § 7 ProdSG, der aber auch nur verfahrenstechnische, formale Aussagen trifft und im übrigen auf Art. 30 VO (EG) Nr. 765/2008 verweist.

278 *Holoubek* in: Holoubek (Hrsg), Anerkennungs-/ Herkunftslandprinzip in Europa, 33.

entlassenen Aufgabenbereiche wieder zurückzuholen. Er muss ein „Rückholrecht" vorsehen.[279] Übt er diese Rückholoption aus, wandelt sich die Gewährleistungsverantwortung in eine Erfüllungsverantwortung zurück.[280] Es handelt sich um eine Art „aufschiebend bedingte[r] Staatsaufgabe".[281] Ein Zurückholen ist im Übrigen durch Aufhebung des Privatisierungsaktes möglich. Auch besteht kein Anspruch auf unbefristete Akkreditierung. So kommt insbesondere eine Befristung des Akkreditierungsverwaltungsakts nach § 36 II Nr. 1 VwVfG in Betracht. Die Dauer muss aber zumindest so bemessen sein, dass sich die Kosten für die Benannte Stelle amortisieren können.[282]

c) Notifizierung

Nach der Akkreditierung ist die Benannte Stelle der Europäischen Kommission bekannt zu machen (sog. Notifizierung[283]). Dabei handelt es sich um eine schlichte Mitteilung an die Europäische Kommission, nicht um einen Verwaltungsakt.[284] Die Notifizierung ist notwendige Voraussetzung für die Tätigkeit als Benannte Stelle; sie ist aufschiebende Bedingung für die Akkreditierung, die Wirksamkeit des Akkreditierungsaktes hängt von ihr ab.[285] Die Europäische Kommission sorgt für die Koordinierung und den Erfahrungsaustausch zwischen den Benannten Stellen und den notifizierenden Behörden, sowie zwischen den Benannten Stellen untereinander.[286]

---

279 Dazu *Schmidt-Preuß*, VVDStRL 56 (1997), 160, 174 mwN; *Stober* in: Wolff/Bachof/Stober/Kluth, Verwaltungsrecht Bd. II, § 90 Rn 49.

280 *Ehlers* in: Erichsen/Ehlers (Hrsg), Allgemeines Verwaltungsrecht, § 1 Rn 22; *Ruhland*, Dienstleistungskonzession, 113 f.

281 So zur Dienstleistungskonzession *Ruhland*, Dienstleistungskonzession, 105 mit Fn 103.

282 *Peine* in: Schulte/Schröder, Technikrecht, 444.

283 Dazu unter anderem *Kadelbach*, Allgemeines Verwaltungsrecht unter europäischem Einfluss, 333 ff.

284 So ausdrücklich in der Gesetzesbegründung zu § 2 Nr. 21 ProdSG, Entwurf eines Gesetzes über die Neuordnung des Geräte- und Produktsicherheitsrechts der Bundesregierung, BT-Drs 17/6276, Gesetzesbegründung S. 41. Die akkreditierende Stelle notifiziert die Benannte Stelle mit Hilfe des elektronischen Notifizierungsinstruments, das von der Europäischen Kommission entwickelt und verwaltet wird, § 15 I 1 ProdSG. Das elektronische System heißt Nando (New Approach Notified and Designated Organisations Information System). Mehr dazu unter http://ec.europa.eu/enterprise/newapproach/nando/ (abgerufen am 3.12.2012).

285 § 15 I 2 ProdSG.

286 Erwägungsgrund 46 zu Beschluss (EG) Nr. 768/2008 und Anhang I Art. R 13 ff und 29 f zum Beschluss (EG) Nr. 768/2008; ebenso § 16 V ProdSG.

Die Notifizierung ist ein Beispiel für die vielfältigen Informationsbeziehungen im europäischen Verwaltungsverbund. Die Akkreditierung wirkt transnational, sie ist ein transnationaler Verwaltungsakt.[287] Neben deutschen akkreditierten Stellen können EU-ausländische Prüfstellen bei der Zertifizierung tätig werden.[288] Weisen sie eine Akkreditierung nach, wird vermutet, dass die Voraussetzungen erfüllt sind. Da die Zertifizierungsstellen ihre Dienste demnach unionsweit anbieten können,[289] sind die anderen Mitgliedstaaten und die Europäische Kommission berechtigt, vor Erlass einer Akkreditierung ein Einspruchsverfahren anzustrengen.[290] Erfüllt die Benannte Stelle die Anforderungen nicht mehr, schränkt die notifizierende Behörde die Notifizierung ein.[291] Eine dahingehende Pflicht obliegt ihr nur, wenn die Europäische Kommission zu dem Ergebnis kommt, dass die Benannte Stelle nicht über die erforderliche Kompetenz verfügt.[292]

d) Gebundener Anspruch

Liegen die genannten Voraussetzungen vor, hat die Benannte Stelle einen Anspruch auf Akkreditierung.[293] Die entsprechenden Normen treffen dazu zwar keine explizite Aussage. Ein solcher Anspruch lässt sich aber verfassungsrechtlich aus Art. 12 GG herleiten, da das Erfordernis zur Akkreditierung dessen Schutzbereich betrifft.[294] Die Vorschriften zur Akkreditierung sind dem besonderen

287 So unter anderem *Röhl* in: Schmidt-Aßmann/Schöndorf-Haubold (Hrsg), Der Europäische Verwaltungsverbund, 153, 167. Ausführlich zum Konzept des transnationalen Verwaltungsakts unter Kap. 1, C, III, 3, b).

288 § 14 I ProdSG.

289 Anhang I Erwägungsgrund 44 zu Beschluss (EG) Nr. 768/2008.

290 So vorgesehen in Erwägungsgrund 44 zu Beschluss (EG) Nr. 768/2008 und Art. R 19, R 9 von Anhang I zu Beschluss (EG) Nr. 768/2008/EG; ebenso § 15 I 2 aE ProdSG.

291 Anhang I Art. R 25 zu Beschluss (EG) Nr. 768/2008.

292 Anhang I Art. R 26 zu Beschluss (EG) Nr. 768/2008/EG.

293 Dies entspricht der überwiegenden Ansicht in der Literatur, vgl. unter anderem *Merten*, Private Entscheidungsträger, 203. AA *Scheel*, DVBl. 1999, 442, 448, der die Zertifizierung aber auch als Staatstätigkeit qualifiziert. Einen staatlich gebundenen Beruf dagegen zutreffend ablehnend *Merten*, Private Entscheidungsträger, 196 ff.

294 So auch für das allgemeine GPSG: *Pünder*, ZHR 170 (2006), 567, 585; *Merten*, Private Entscheidungsträger, 180 ff, 194 ff. Die Berufsfreiheit umfasst jede Tätigkeit, die auf die Schaffung und Erhaltung der Lebensgrundlage gerichtet und dabei nicht schlechthin gemeinschädlich ist.

Gewerberecht zuzuordnen. Gewerberecht ist Sonderordnungsrecht.[295] Die Gewerbefreiheit kann nur ausnahmsweise durch ein Zulassungserfordernis eingeschränkt werden.[296] Ein Eingriff in die Berufsfreiheit im Sinne des Art. 12 GG liegt unter anderem dann vor, wenn die Berufswahl davon abhängig gemacht wird, dass bestimmte Voraussetzungen zwingend erfüllt sein müssen. Wird die Zulassung nicht erteilt, obwohl die Voraussetzungen erfüllt sind, handelt es sich materiell um einen Grundrechtseingriff.[297] Die Akkreditierung ist zwingende Voraussetzung für die Tätigkeit als Konformitätsbewertungsstelle. Bei der Zulassung handelt es sich um ein präventives Verbot mit Erlaubnisvorbehalt.[298] Die Voraussetzung der Akkreditierung stellt damit einen Eingriff in Art. 12 GG im Sinne einer Berufswahlschranke dar.[299] Wird die Akkreditierung verwehrt, obwohl die Anforderungen erfüllt sind, liegt darin eine unzulässige Einschränkung der Berufswahl. Die zuständige Behörde hat demzufolge die Pflicht, die Akkreditierung auszusprechen, wenn die Voraussetzungen vorliegen.[300] Zu einem anderen Ergebnis kommt nur, wer die Zertifizierungstätigkeit öffentlich-rechtlich qualifiziert, denn auf die Ausübung einer hoheitlichen Tätigkeit besteht kein verfassungsrechtlicher Anspruch.[301] Ein gebundener Anspruch ergibt sich zudem

---

295 BVerfGE 41, 334, 355; *Stober/Eisenmenger*, Besonderes Wirtschaftsverwaltungsrecht, § 45 IV; *Ehlers* in: Ehlers/Fehling/Pünder (Hrsg), Besonderes Verwaltungsrecht, § 18 Rn 1. So findet bspw. § 12 OBG NRW Anwendung.

296 Zu unterscheiden sind Erlaubnis, Genehmigung, Konzession und Bewilligung, *Stober* in: Wolff/Bachof/Stober/Kluth, Verwaltungsrecht Bd. I, § 46 Rn 31 ff; *Ehlers* in: Ehlers/Fehling/Pünder (Hrsg), Besonderes Verwaltungsrecht, § 18 Rn 43.

297 *Maurer*, Allgemeines Verwaltungsrecht, § 9 Rn 52; *Ehlers* in: Ehlers/Fehling/Pünder (Hrsg), Besonderes Verwaltungsrecht, § 18 Rn 43.

298 *Ehlers* in: Ehlers/Fehling/Pünder (Hrsg), Besonderes Verwaltungsrecht, § 18 Rn 43.

299 Ebenso *Merten*, Private Entscheidungsträger, 196: Da die Akkreditierung von den Fähigkeiten und Kompetenzen der Benannten Stellen abhängig ist, sind diese als subjektive Berufswahlregelungen zu qualifizieren.

300 So auch die hM in der Literatur, vgl. nur *Peine* in: Schulte/Schröder, Technikrecht, 444; *Pünder*, ZHR 170 (2006), 567, 585. Anders ist dies in Österreich, wo nach § 17 V österr. AkkG den Antragstellern kein Anspruch auf Akkreditierung zusteht, wie dies *Holoubek* in: Holoubek (Hrsg), Anerkennungs-/ Herkunftslandprinzip in Europa, 31 f feststellt.

301 So auch *Pünder*, ZHR 170 (2006), 567, 585; BVerfGE 17, 371, 380: „Denn nur dort, wo der Einzelne seine Berufsposition durch eigene Initiative selbst schaffen kann [...], kann sich die Freiheit der Berufswahl voll entfalten. [...] Die Ausübung staatlicher Funktionen dagegen ist der Verfügungsfreiheit des Einzelnen entzogen."

aus dem Wortlaut des Art. 5 I 2 VO (EG) Nr. 765/2008, wonach die nationale Akkreditierungsstelle eine Akkreditierungsurkunde ausstellt.[302]

e) Gerichtlicher Rechtsschutz

Zu klären ist, ob eine Benannte Stelle einen Anspruch auf Aufhebung der Akkreditierung einer konkurrierenden Benannten Stelle geltend machen kann. In Betracht kommt eine Anfechtungsklage gem. § 42 I 1. Var VwGO auf Aufhebung der Akkreditierung. Der konkurrierenden Benannten Stelle muss dann ein drittschützendes subjektiv-öffentliches Recht auf Aufhebung zustehen. Bei einem subjektiv-öffentlichen Recht handelt es sich um eine Rechtsposition, die dem Einzelnen durch Norm oder Rechtsgeschäft erlaubt, vom Staat oder einem sonstigen Träger öffentlicher Verwaltung ein dieser Rechtsposition entsprechendes Tun oder Unterlassen zu verlangen.[303] Voraussetzung ist, dass die Norm einen Hoheitsträger zu einem Verhalten verpflichtet, und dass sie nicht ausschließlich dazu dient, allgemeine Interessen zu verwirklichen, sondern zumindest auch den Einzelnen schützt, sowie schließlich, dass dem Einzelnen die Rechtsmacht zugesprochen wird, dieses Recht auch durchzusetzen.[304] Ein Rechtssatz wiederrum ist verpflichtend, wenn er der Verwaltung eine bestimmte objektive Verpflichtung auferlegt.[305] Auch unionsrechtliche Normen können Grundlage für subjektiv-öffentliche Rechte sein.[306] Ob eine Norm unionsrechtlicher Herkunft Drittschutz entfaltet, wird nach dem Unionsrecht selbst beurteilt; abzustellen ist unter anderem auf das Schutzziel der Norm und die Berührung wirtschaftlicher Interessenssphären.[307] Dabei ist zu beachten, dass die Klagebefugnis im Europarecht weit gefasst wird. Es genügt, wenn die betreffende Norm den Kläger begünstigt,[308] bzw. wenn die europäische Norm individualisierbare Interessen enthält, Einzelne müssen nicht explizit geschützt werden.[309] So sind

---

302 Die nationale Akkreditierungsstelle „stellt" eine Akkreditierungsurkunde aus. Ebenso § 9 I ProdSG: „Die Befugnis erteilende Behörde erteilt Konformitätsbewertungsstellen auf Antrag die Befugnis, bestimmte Konformitätsbewertungstätigkeiten durchzuführen." Ebenso *Pünder*, ZHR 170 (2006), 567, 585.

303 *Kahl* in: Landmann/Rohmer, Gewerbeordnung, § 1 Rn 13; *Voßkuhle/Kaiser*, JuS 2009, 16 ff; ausführlich *Ramsauer*, JuS 2012, 769 ff.

304 *Hölscheidt*, EuR 2001, 376, 379.

305 *Hölscheidt*, EuR 2001, 376, 380.

306 *Hölscheidt*, EuR 2001, 376, 380; *Ramsauer*, JuS 2012, 769, 773.

307 *Endler* in: Kuhla/Hüttenbrink, Verwaltungsprozess, L II 2 Rn 81; ausführlich zum unionsrechtlichen Einfluss *Kahl/Ohlendorf*, JA 2011, 41 ff.

308 *Endler* in: Kuhla/Hüttenbrink, Verwaltungsprozess, L II 2 Rn 81.

309 *Kahl/Ohlendorf*, JA 2011, 41, 42 f.

beispielsweise die Grundfreiheiten als subjektiv-öffentliche Rechte anerkannt, der Einzelne kann sich darauf unmittelbar berufen.[310] Das nationale Recht wird dann mit dem europäischen subjektiven Recht „aufgeladen".[311]

Einen entsprechenden Anspruch auf korrekte Akkreditierung auch anderer Benannter Stelle könnte eine Benannte Stelle aus Art. 5 V der VO (EG) Nr. 765/2008 i.V.m. ihrem eigenen Akkreditierungsakt herleiten. Gem. Art. 5 V der VO (EG) Nr. 765/2008 sollen die Mitgliedstaaten Verfahren zur Behandlung von Beschwerden gegen Akkreditierungsentscheidungen oder deren Unterbleiben, gegebenenfalls einschließlich der Einlegung von Rechtsbehelfen, schaffen. Dahingehende Verfahrensvorschriften sind im deutschen Recht bisher nicht erlassen worden. Da die Vorschrift aber eine an einen Hoheitsträger gerichtete Pflicht enthält, liegt eine verpflichtende Norm vor.

Um Drittschutz zu entfalten, muss die Norm zumindest auch Einzelne schützen. Diese Voraussetzung wurde vom VG Berlin in einem dort im Jahre 2012 anhängigen Verfahren hinsichtlich Art. 5 V der VO (EG) Nr. 765/2008 verneint.[312] Die Klägerin, eine niederländische Benannte Stelle, hatte sich gegen die durch die beklagte Akkreditierungsstelle erlassene Akkreditierung einer anderen Benannten Stelle gewandt. Zur Begründung ihrer Klage führte die Benannte Stelle an, die konkurrierende Zertifizierungsstelle sei nicht kompetent, so dass die Akkreditierungsstelle zur Aufhebung des Akkreditierungsaktes verpflichtet sei. Dem folgte das Gericht nicht. Es ging vielmehr davon aus, der Benannten Stelle stehe kein subjektiv-öffentliches Recht darauf zu, dass die Akkreditierung einer anderen Benannten Stelle aufgehoben wird. Ein solches Recht sei gesetzlich nicht vorgesehen. Eine Befugnis ergebe sich auch nicht aus Europarecht, da die VO (EG) Nr. 765/2008 nur öffentlichen Interessen diene und dem Einzelnen keine Klagebefugnis zuspräche. In Art. 5 V der VO (EG) Nr. 765/2008 würden die Mitgliedstaaten zwar verpflichtet, Verfahren zur Beschwerde vorzusehen. Insofern sei die genaue Ausgestaltung aber den Mitgliedstaaten überlassen worden und in Deutschland würden eben keine dahingehenden Normen existieren.[313] Nicht übertragen werden könne in dieser Hinsicht die beihilfenrechtliche Rechtslage,

---

310 *Kingreen* in: Calliess/Ruffert, EUV/AEUV, Art. 36 AEUV Rn 9.

311 *Ramsauer*, JuS 2012, 769, 773.

312 VG Berlin, Urt. v. 7.2.2012 - VG 4 K 74.11, BeckRS 2012, 46811, Punkt B. 1., 2.

313 VG Berlin, Urt. v. 7.2.2012 - VG 4 K 74.11, BeckRS 2012, 46811, Punkt B. 1., 2.: „Zwanglos ist das dahin zu verstehen, dass sich jede Akkreditierungsstelle für Hinweise öffnet und ihnen sachlich nachgeht. Das erleichtert die gebotene laufende Überwachung der Konformitätsbewertungsstellen und fördert Vertrauen in die Arbeit der Akkreditierungsstelle."

die Konkurrenten eine Klagemöglichkeit einräumt, weil das Beihilfenrecht ein spezieller, nicht übertragbarer Fall sei.[314]

Dem ist folgendes entgegenzuhalten. Zwar überlässt Art. 5 V der VO (EG) Nr. 765/2008 den Mitgliedstaaten die Wahl, ob sie neben einem behördlichen Beschwerdeverfahren ein gerichtliches Rechtsschutzverfahren bereitstellen. Der Mitgliedstaat ist insbesondere nicht verpflichtet, jedermann die Möglichkeit zur Klage einzuräumen.[315] Die Vorschrift schützt aber auch und gerade Benannte Stellen. Der Wortlaut der Norm ist offen formuliert und schließt sie jedenfalls nicht aus. Ein Drittschutz ergibt sich aber bei einer Auslegung nach dem Telos. Ziel von Art. 5 V der VO (EG) Nr. 765/2008 ist es, Rechtsschutz unter anderem gegen fehlerhafte Akkreditierungsentscheidungen zu gewähren. Dieser muss den Benannten Stellen zugebilligt werden. Den Benannten Stellen kommt unionsweit nämlich ein besonderes Vertrauen zu, gerade weil ihre Kompetenz in einem objektiven Verfahren festgestellt wurde.[316] Die Akkreditierung ist ein „leistungsfähiges Instrumentarium", um auf europäischer Ebene das Vertrauen der anderen Mitgliedstaaten in ein funktionierendes, gutes Zertifizierungssystem zu bewahren.[317] Es entsteht ein „qualitätsorientierter Vertrauenstatbestand".[318] Mehr Vertrauen zwischen den Beteiligten zu schaffen, war ein entscheidender Grund, das System der Akkreditierung und Zertifizierung in die VO (EG) Nr. 765/2008 aufzunehmen und weiter auszubauen.[319] Die besondere Stellung

---

314 VG Berlin, Urt. v. 7.2.2012 - VG 4 K 74.11, BeckRS 2012, 46811, Punkt B. 1. am Ende.

315 *Hölscheidt*, EuR 2001, 376, 388: Eine Popularklage zu ermöglichen, ist zur Umsetzung nicht notwendig.

316 Dies hat die Klägerin auch zutreffend festgestellt, vgl. VG Berlin, Urt. v. 7.2.2012 - VG 4 K 74.11, BeckRS 2012, 46811, Punkt B. 1., 2: „§ 2 I AkkStelleG könne ihr in Verbindung mit Art. 5 VO (EG) Nr. 765/2008 Drittschutz gewähren. Eine rechtsfehlerhafte Akkreditierung einer neuen Konformitätsbewertungsstelle sei geeignet, die bereits akkreditierten Stellen in ihren Rechten zu beeinträchtigen. Denn das besondere Vertrauen, das diese Stellen infolge ihrer Akkreditierung genössen, sei von der Zuverlässigkeit der staatlichen Akkreditierungspraxis abhängig."

317 *Scheel*, DVBl. 1999, 442, 448. Neben den Mitteln der Rücknahme und des Widerrufs kann auch eine Auflage nachträglich angeordnet werden. Diese soll auch ohne Auflagenvorbehalt möglich sein, denn es sei ja sogar auch die komplette Aufhebung zulässig. So das Argument a maiore ad minus bei *Seidel*, Privater Sachverstand, 190 f.

318 *Voßkuhle*, Die Zukunft des Verwaltungsverfahrensrechts, 13, 25.

319 Als drängendstes Problem für den Binnenmarkt war der Mangel an Vertrauen ausgemacht worden. Dieses sollte mit Erlass der Verordnung behoben werden. Dazu in den Vorarbeiten die Stellungnahme des Wirtschafts- und Sozialausschusses zum

des Vertrauenselements wird an verschiedenen Stellen ausdrücklich betont.[320] Die Tätigkeit der Benannten Stellen hängt von diesem Vertrauen ab. Eine fehlerhafte Akkreditierung ist nicht auf den Rechtskreis des Akkreditierungsaktsadressaten beschränkt, da sie, solange sie nicht aufgehoben ist, Rechtswirkung entfaltet. Die durch sie akkreditierte Benannte Stelle kann auf dem unionsweiten Zertifizierungsmarkt aktiv werden. Wenn die Akkreditierung infolge rechtswidriger Akkreditierungen aber an Vertrauen und damit an Wert verliert, „wirk[t] sich dies zwangsläufig auf die bereits akkreditierten Stellen aus, denen ein entscheidender Wettbewerbsvorteil genommen [wird]."[321] Dies gilt insbesondere für den Fall, dass die europäischen Normen auch andere Zertifizierungsvarianten alternativ zur Zertifizierung durch Benannte Stellen zulassen. Den Benannten Stellen drohen wirtschaftliche Einbußen, wenn sich das Vertrauen in die Akkreditierungen verringert. Sie sind in ihren wirtschaftlichen Interessenssphären betroffen. Die Situation unterscheidet sich insofern auch von anderen Konkurrentenklagen. Die klagende Benannte Stelle will sich durch die Klage nicht gegenüber der Konkurrenz besser stellen, sondern vielmehr die Grundlagen für ihre Tätigkeit sichern. Für einen Drittschutz der Norm spricht zuletzt, dass die Benannten Stellen Teil der funktionalen europäischen Verwaltung und somit dem europäischen öffentlichen Interesse verpflichtet sind.[322] Als solche müssen sie in den Mitgliedstaaten die Rechtmäßigkeit der Akkreditierungen gerichtlich überprüfen lassen können.

Schließlich gilt auch im verwaltungsgerichtlichen Verfahren das Effektivitätsgebot:[323] Die Geltendmachung unionsrechtlich gewährter Rechte darf nicht übermäßig erschwert werden. Der effet utile der betreffenden Norm muss sich entfalten können.[324] Den konkurrierenden Benannten Stellen steht aus genannten Gründen ein subjektiv-öffentliches Recht zu, die Aufhebung von einer an einen Dritten gerichteten fehlerhaften Akkreditierung zu verlangen. Die

---

Kommissionsvorschlag KOM(2007) 37 endg, ABl. EG 2008 Nr. C 120, S. 1, Punkt 2.8, Spiegelstrich 2.

320 Art. 8 VO (EG) Nr. 765/2008; Erwägungsgründe 12 und 15 der VO (EG) Nr. 765/2008.

321 Vgl. VG Berlin, Urt. v. 7.2.2012 - VG 4 K 74.11, BeckRS 2012, 46811, Punkt B. 1., 2.

322 Siehe dazu ausführlich Kap. 3, B und C sowie Kap. 1, C, III, 2.

323 EuGH v. 16.12.1976, Rs. 33/76, Slg. 1976, 1989 Rn 5 – Rewe; EuGH v. 21.9.1983, Rs. 205-215/82, Slg. 1983, 2633 Rn 23 – Deutsche Milchkontor.

324 *Götz*, EuR 1986, 29, 46 f. *Ehlers* in: Erichsen/Ehlers (Hrsg), Allgemeines Verwaltungsrecht, § 5 Rn 13 mwN: Bei der Umsetzung muss die praktische Wirksamkeit des vom Unionsgesetzgebers verfolgten Ziels bestmöglich verwirklicht werden.

Benannten Stellen müssen diesen Drittschutz gerichtlich durchsetzen können. Art. 5 V der VO (EG) Nr. 765/2008 i.V.m. dem Akkreditierungsakt kommt hier drittschützende Wirkung zu. Indem schon die Klagebefugnis verneint wurde, kam es nicht mehr zu einer ausführlichen Prüfung der materiellen Rechtslage.

3. *Akkreditierungsaufsicht*

Auch die Akkreditierungsstelle ist in Aufsichtsstrukturen eingebunden. Die mitgliedstaatliche Aufsicht über die Deutsche Akkreditierungsstelle obliegt federführend dem Bundesministerium für Wirtschaft und Technologie.[325] Bei der Aufsicht dürfen die europäisch vorgegebenen Ziele (Unabhängigkeit und Unparteilichkeit der Akkreditierungsstelle) nicht aus dem Blick geraten.[326]

Parallel zu den nationalen Aufsichtsstrukturen besteht der europäische Mechanismus des *peer assessment*. Dabei findet im Rahmen der EA (European cooperation for Accreditation) eine Beurteilung unter Gleichrangigen statt, so dass die am Akkreditierungsverfahren beteiligten nationalen Behörden sich gegenseitig kontrollieren können. Die deutschen Akkreditierungsinteressen werden durch die Deutsche Akkreditierungsstelle vertreten.[327] Das *peer assessment* soll sicherstellen, dass ein gleichwertiges Kompetenzniveau der Akkreditierungsstellen erhalten bleibt[328] und die Akkreditierungsaufsicht rechtmäßig ausgeübt wird.[329] Die Ergebnisse dieser Beurteilung werden veröffentlicht und sämtlichen Mitgliedstaaten mitgeteilt,[330] um das Beurteilungssystem transparent zu halten.[331]

II. Einordnung der Akkreditierung in die Verwaltungsrechtsdogmatik

Der indirekte Vollzug wird grundsätzlich durch mitgliedstaatliches Recht ausgeformt. Zugleich bestehen unionsrechtliche Vorgaben. Es gilt, das im privaten Vollzug jeweils anwendbare Organisationsrecht zu bestimmen (1). Die

325 § 2 S. 1, S. 2 AkkStelleGBV (Verordnung über die Beleihung der akkreditierungsstelle nach dem Akkreditierungsstellengesetz v. 21.12.2009, BGBl. I S. 3962), § 9 I AkkStelleG. Dazu auch *Tiede/Ryczweski/Yang*, NVwZ 2012, 1212, 1214.

326 § 9 I 2 AkkStelleG.

327 § 5 I AkkStelleGBV.

328 Vgl. dazu näher *Kapoor/Klindt*, EuZW 2009, 134, 136 ff.

329 Dazu im Rahmen der Übertragbarkeit privatrechtlicher Mechanismen auf öffentlich-rechtliche Strukturen *Gesmann-Nuissl/Strübbe*, DÖV 2007, 1046, 1054.

330 Art. 10 VI VO (EG) Nr. 765/2008.

331 Art. 10 EG (VO) Nr. 765/2008; Erwägungsgrund 22 der VO (EG) Nr. 765/2008.

Akkreditierung stellt eine Form der Privatisierung dar (2). Sie entspricht aber keiner der gängig diskutierten Formen (3), die Akkreditierung ist als eigene Privatisierungsform zu beschreiben. Sie kennzeichnet, dass durch sie Private als Sachverständige in den Vollzug des Unionsrechts eingebunden werden (4).

1. *Anwendbares Organisationsrecht*

Die Mitgliedstaaten entscheiden grundsätzlich, ob der indirekte Vollzug öffentlich-rechtlich oder privatrechtlich ausgestaltet sein soll. Das nationale Recht kann dabei aber unter unionsrechtlichem Einfluss stehen, da auch das Unionsrecht durchaus zwischen gesellschaftlicher und staatlicher Sphäre unterscheidet.[332] Die Einordnung der Benannten Stellen zum öffentlichen Recht oder zum Privatrecht setzt daher voraus, dass das europäische Recht nicht schon abschließende Vorgaben bezüglich des anwendbaren Rechtsregimes getroffen hat.

a) Unionsrechtliche Vorgaben

Mit der Rechtsetzungskompetenz der EU korrespondiert ein reduzierter Gestaltungsspielraum des nationalen Gesetzgebers. Macht die EU organisationsrechtliche Vorgaben, ist der Mitgliedstaat grundsätzlich verpflichtet, diese umzusetzen. Vorgaben für das im jeweiligen Fall anwendbare Rechtsregime sind regelmäßig gerechtfertigt, wenn sie der effektiven Umsetzung eines gesetzgeberischen Zieles dienen.[333] Auch ohne explizite Aussage kann dem Unionsrecht nach Auslegung zu entnehmen sein, ob die betreffenden Vorschriften im behördlichen oder im privaten Vollzug ausgeführt werden sollen.

Soll die betreffende Aufgabe ausschließlich durch nationale Verwaltungsstellen hoheitlich vollzogen werden, so finden sich in den europäischen Normen

---

332 *Skouris*, EuR 1998, 111, 127: „Überall dort, wo das Gemeinschaftsrecht Verfahren festschreibt sowie Ziele festlegt […], müssen die Mitgliedstaaten die Organisationsvorgaben des Gemeinschaftsgesetzgebers beachten. Als erstes Ergebnis lässt sich demnach festhalten, dass bei der Trennung des öffentlichen Rechts vom Privatrecht neben anderen Kriterien auch die Position des Europäischen Gemeinschaftsrechts berücksichtigt werden muss." *Burgi* in: Gutachten für den 67. DJT, 14 f: Es knüpfen wichtige Konsequenzen an die staatliche Aufgabenwahrnehmung, wie die Bindung an die europäischen Grundfreiheiten und Grundrechte. Dazu auch *Ehlers* in: Erichsen/Ehlers (Hrsg), Allgemeines Verwaltungsrecht, § 3 Rn 13, der auf Art. 292 EGV aF und verschiedene Richtlinien verweist.

333 So zu der Deregulierungs- und Liberalisierungsgesetzgebung insbesondere im Telekommunikationssektor *Ehlers* in: Erichsen/Ehlers (Hrsg), Allgemeines Verwaltungsrecht, § 3 Rn 53; *Skouris*, EuR 1998, 111, 115.

Vorgaben für die „Behörden“ der Mitgliedstaaten.[334] Ein solches Tätigwerden nationaler Verwaltungsakteure wird der Unionsgesetzgeber immer dann vorsehen, wenn formalisierte Verfahren zur Zielerreichung notwendig erscheinen.[335]

Demgegenüber wird regelmäßig eine privatrechtliche Wahrnehmung vorgesehen werden,[336] wenn die Vollzugseinheiten neutral und unabhängig sein sollen. Private sind in wettbewerbliche Strukturen eingegliedert, was dafür spricht, dass sie marktorientiert handeln. Nicht nationale, sondern wirtschaftliche Interessen bestimmen im Zweifel ihr Vorgehen. Auch wenn ein privater Vollzug angeordnet ist, verbleibt den Mitgliedstaaten aber die Möglichkeit, nationale Behörden mit dem Vollzug zu betrauen – vorausgesetzt, der Wettbewerb wird nicht beeinträchtigt und gesetzgeberische Ziele werden nicht konterkariert. Dies ist im Einzelfall durch Auslegung der europäischen Normen zu ermitteln. Die Behörden werden dann privatrechtlich tätig. Verwaltungsprivatrecht kommt zur Anwendung.[337]

Zu klären bleibt, ob die EU hier Vorgaben gemacht hat. Die für die Benannten Stellen entscheidenden Normen finden sich in der europäischen Verordnung (EG) Nr. 765/2008. Die Verordnung normiert zunächst die Pflicht, Benannte Stellen überhaupt einzurichten. Europaweit kommt es so zu einer Auslagerung der öffentlichen Aufgabe der Konformitätsbewertung auf diese Stellen. Die Wahl des anwendbaren Rechtsregimes könnte den Mitgliedstaaten zukommen.[338] Die EU-Verordnung trifft keine explizite Aussage. Die Einschaltung öffentlicher Stellen ist weder versagt noch ausdrücklich angeordnet. Im entsprechenden Leitfaden

---

334 So beispielsweise in Art. 2 Nr. 18, 15 III VO (EG) Nr. 765/2008.

335 *Skouris*, EuR 1998, 111, 127: „Der Gemeinschaftsgesetzgeber wird öffentlichrechtliche Instrumente dann vorziehen, wenn die gesetzen Ziele mit förmlichen Verfahren und formalisierten Entscheidungen am besten erreicht werden können.“

336 In jedem Fall sind die Begriffe autonom auszulegen, *Weiß*, Produktsicherheit, 524.

337 Dazu ausführlich *Ehlers*, Verwaltung in Privatrechtsform, passim; *Stelkens*, Verwaltungsprivatrecht, passim.

338 Die Verwaltung sei zur effektiven Durchsetzung des Unionsrechts auf das Rechtsregime des öffentlichen Rechts festgelegt; dem Gesetzgeber komme insoweit kein Gestaltungsspielraum zu. Da es nur um die Frage nach den legislativen Umsetzungsspielräumen gehe, könne dahinstehen, ob die sonst bestehende Wahlfreiheit der Verwaltung im Falle des Vollzugs von Unionsrecht ausgeschlossen ist, *Brenner*, Gestaltungsauftrag, 153 ff, 421. Siehe auch *Ehlers* in: Erichsen/Ehlers (Hrsg), Allgemeines Verwaltungsrecht, § 3 Rn 53: Die Frage nach einer Wahlfreiheit stelle sich im Bereich der Eingriffsverwaltung zumeist ohnehin nicht. Außerdem gelte auch gegenüber dem nationalen Privatrecht der Vorrang des Unionsrechts, allgemein dazu *Stelkens*, Verwaltungsprivatrecht, 363 ff.

der Europäischen Kommission heisst es „Die Rechtsform der um die Benennung nachsuchenden Stellen, d.h. ob sie privat oder staatlich sind, ist unerheblich.“[339] Die Normen sind auszulegen.

Teilweise wird eine „Staatlichkeit“ der Benannten Stellen schon mit dem Argument ablehnt, dies passe nicht in das System des Zertifizierungsrechts.[340] Eine Zertifizierung entfaltet EU-weit Wirkung und beeinträchtige daher – wäre sie als Hoheitsakt ausgestaltet – die völkerrechtliche Souveränität der anderen Mitgliedstaaten.[341] Die Tätigkeit der Benannten Stellen sei dann in Deutschland als öffentlich-rechtlich, im EU-Ausland als privatrechtlich einzustufen,[342] so dass es zu einer rechtspolitisch wenig begrüßenswerten unterschiedlichen Behandlung deutscher und ausländischer Zertifizierungen käme. Während die deutschen Zertifizierungen dem öffentlichen Recht unterlägen und der Rechtsschutz vor nationalen Verwaltungsgerichten zu suchen wäre, würde sich die Behandlung der ausländischen Zertifizierungen im privatrechtlichen Regime vollziehen.[343] Die Bedenken sind jedoch unbegründet: Wäre die Zertifizierung hoheitlich ausgestaltet, könnte sie nämlich als transnationaler Verwaltungsakt[344] ergehen. Die staatliche Souveränität würde dadurch nicht beeinträchtigt.

Hier ergibt die Auslegung ohnehin, dass die Produktzulassung im privaten Vollzug erfolgen soll. Die Zertifizierungsstellen sollen unabhängig sein, mitgliedstaatliche Interessen sollen die Tätigkeit nicht beeinflussen.[345] Die Einbindung privater Stellen verspricht eine Entkopplung von Konformitätsbewertung und politischen Interessen. Zudem entsteht unionsweit ein neuer Markt, der

---

339 So ausdrücklich EU-Kommission, Leitfaden für die Umsetzung der nach dem Neuen Konzept und dem Gesamtkonzept verfassten Richtlinien, 44. S. auch *Dimitropoulos*, Zertifizierung und Akkreditierung, 105; *Scholl*, Private Sachverständige, 80. Andere sehen dies als systemwidrig an: *Weiß*, Produktsicherheit, 353 f; *Röhl*, Akkreditierung und Zertifizierung, 26 ff.

340 So *Weiß*, Produktsicherheit, 352; ebenfalls gegen eine Beleihung und mwN *Scholl*, Private Sachverständige, 283; *Röhl*, Akkreditierung und Zertifizierung, 23.

341 *Vitzthum*, Völkerrecht, 5. Abschnitt Rn 16; *Pünder*, ZHR 170 (2006), 579; *Röhl*, Akkreditierung und Zertifizierung, 26 f; *Thoma*, Regulierte Selbstregulierung, 202; *Merten*, Private Entscheidungsträger, 158 f im Hinblick auf Zertifizierungen in Drittländern, also außerhalb der EU.

342 So der Vorschlag von *Kadelbach*, Allgemeines Verwaltungsrecht unter europäischem Einfluss, 330.

343 So *Pünder*, ZHR 170 (2006), 567, 579.

344 Zum Konzept des transnationalen Verwaltungsaktes ausführlich unter Kap. 3, B, I und Kap. 1, C, III, 3, c).

345 *Röhl*, Akkreditierung und Zertifizierung, 87; *Weiß*, Produktsicherheit, 352.

Markt der Konformitätsbewertung. Im Gegensatz zu behördlichen Stellen stehen die Zertifizierungsstellen nämlich untereinander im Wettbewerb. Der Einsatz privater Vollzugsstellen entspricht der Binnenmarktidee. Dass Behörden nicht ausdrücklich ausgeschlossen sind, steht dem nicht entgegen: Wird eine Behörde in die Zertifizierungstätigkeit eingeschaltet, muss sie privatrechtlich agieren. Verwaltungsprivatrecht kommt zur Anwendung.[346] Hinsichtlich des Rechtsregimes liegt demnach kein Umsetzungsspielraum vor.

b) Mitgliedstaatliches Organisationsrecht

Das deutsche Recht unterscheidet zwischen öffentlichem und privatem Recht.[347] Die Notwendigkeit dieser Unterscheidung ist in der Literatur bezweifelt worden.[348] Die Zweiteilung sieht sich im Rahmen des Unionsrechts anderen Rechtssystemen gegenüber, die eine Unterscheidung in dieser strikten Form nicht kennen.[349] Ohnehin könnte die Trennung obsolet sein – schließlich sind beide Gebiete Teil einer einheitlichen Rechtsordnung.[350]

Dennoch ist weiterhin zwischen dem öffentlichen Recht als dem „Amtsrecht" des Staates und dem Privatrecht als dem „Jedermannsrecht" zu unterscheiden.[351]

---

346 Dazu ausführlich *Ehlers*, Verwaltung in Privatrechtsform, passim; *Stelkens*, Verwaltungsprivatrecht, passim.

347 Ebenso ist es im österreichischen Recht, *Holoubek* in: Holoubek/Potacs, Öffentliches Wirtschaftsrecht, Bd. II, 503, 522.

348 *Bullinger* in: Hoffmann-Riem/Schmidt-Aßmann, Wechselseitige Auffangordnungen, 239 ff spricht von einer „überholte[n] Vorstellung einer Trennung von Obrigkeitsstaat und bürgerlicher Gesellschaft." Er spricht sich dafür aus, die Leitgedanken der jeweiligen Rechtsordnung stärker herauszustellen und sie funktionell als zwei allgemeine Teile des Rechts zur Wirkung kommen zu lassen. Dies könne grenzüberschreitend auch als Ansatz für ein funktionell differenzierendes Recht dienen, siehe *ebenda*, 249 f; *Ehlers* in: Erichsen/Ehlers (Hrsg), Allgemeines Verwaltungsrecht, § 3 Rn 10 f. Einen ähnlichen Ansatz verfolgend *Schmidt-Aßmann* in: Hoffmann-Riem/Schmidt-Aßmann, Wechselseitige Auffangordnungen, 7 ff; *Dimitropoulos*, Zertifizierung und Akkreditierung, 282 f.

349 *Bullinger* in: Hoffmann-Riem/Schmidt-Aßmann, Wechselseitige Auffangordnungen, 244.

350 Dies verdeutliche beispielsweise auch das gemeinsame Recht, s. *Ehlers* in: Schoch/Schmidt-Aßmann/Pietzner, VwGO, 2011, § 40 Rn 232.

351 *Wolff/Bachof/Stober/Kluth*, Verwaltungsrecht Bd. I, § 22 Rn 28; *Ehlers* in: Erichsen/Ehlers (Hrsg), Allgemeines Verwaltungsrecht, § 3 Rn 11. *Hoffmann-Riem* in: Hoffmann-Riem/Schmidt-Aßmann, Wechselseitige Auffangordnungen, 267: Wahrzunehmen sei ein Funktionswandel des öffentlichen Rechts. Dieses sei nicht mehr vorrangig das Sonderrecht zur einseitigen Ausübung von Hoheitsgewalt, sondern

Davon gehen sowohl das positive Recht,[352] als auch das Verfassungsrecht aus. So hat der Staat als Rechtssubjekt einen Sonderstatus inne. Er ist mehr als nur die Addition aller seiner Einwohner. Es bedarf daher eines auf seine Besonderheiten abgestimmten Rechtsregimes. Insbesondere ist der Staat nach Art. 1 III GG an die Grundrechte gebunden, er kann sich in der Regel nicht auf Grundrechte berufen. Im deutschen Recht ist die Bestimmung des jeweils anwendbaren Rechtsregimes nach wie vor von großer Relevanz. Die klassische Differenzierung ist beizubehalten.[353]

Wann ein Rechtsverhältnis dem öffentlichen Recht oder dem Privatrecht zuzuordnen ist, richtet sich nach den zugrundeliegenden Rechtssätzen.[354] Die gängigen Theorien für deren Zuordnung knüpfen wiederum an unterschiedliche Kriterien an: Eine Unterscheidung je nachdem, ob der Bundesgesetzgeber unter Berufung auf seine Privatrechts-Rechtsetzungskompetenz gem. Art. 74 I Nr. 1 GG tätig wird (Gesetzgebungskompetenztheorie),[355] eine Differenzierung danach, wessen Interessen hinter der Norm stehen (Interessentheorie), ob durch den Rechtssatz ein Über-/ Unterordnungsverhältnis geschaffen wird (Subordinationstheorie) oder wer Zuordnungssubjekt der Regelung ist (Subjektstheorie).[356] Mit Blick auf die historische Entwicklung des öffentlichen

staatliches Sonderrecht, das auf vielfältige Konstellationen Anwendung findet, unter anderem durch eine Strukturierung der Problemlösung durch Private. Insofern überzeugend und umfassend zu den Ausprägungen gerade im Produktrecht *Weiß*, Produktsicherheit, 525 ff, insbesondere 527 ff. AA *Skouris*, EuR 1998, 111, 128.

352 *Ehlers* in: Erichsen/Ehlers (Hrsg), Allgemeines Verwaltungsrecht, § 3 Rn 12. Das deutsche Recht ist auf die Unterscheidung zwischen öffentlichem und privatem Recht ausgelegt, wie die einfach-gesetzlich verankerten Rechtsfolgen der Einordnung verdeutlichen, vgl. § 1 IV VwVfG. Auch steht die Möglichkeit der Klage vor den Verwaltungsgerichten gem. § 40 VwGO dem Hersteller nur bei öffentlichrechtlicher Qualifizierung der Zertifizierungstätigkeit zu. Zudem könnte er amtshaftungsrechtliche Ansprüche gem. § 839 BGB, Art. 34 S. 1 GG gegen die Benannte Stelle geltend machen.

353 Stellvertretend für viele *Ehlers* in: Schoch/Schmidt-Aßmann/Pietzner, VwGO, 2010, § 40 Rn 21; *Di Fabio*, VVDStRL 56 (1997), 235, 275; *Burgi* in: Hoffmann-Riem/Schmidt-Aßmann (Hrsg), GVwR I, § 18 Rn 2 ff.

354 *Ehlers* in: Erichsen/Ehlers (Hrsg), Allgemeines Verwaltungsrecht, § 3 Rn 14, 30.

355 Dazu ausführlichst *Stelkens*, Verwaltungsprivatrecht, 328 ff.

356 Zu den verschiedenen Theorien *Ehlers* in: Erichsen/Ehlers (Hrsg), Allgemeines Verwaltungsrecht, § 3 Rn 15 ff. In der Rechtsprechung sei die Subordinationstheorie, in der Literatur die Subjektstheorie präferierte Lösung. Allgemein auch *Unruh* in: Fehling/Kastner, Verwaltungsrecht, § 40 VwGO Rn 102 ff; *Schmitz* in: Stelkens/Bonk/Sachs, VwVfG, § 1 Rn 94 ff.

Rechts als Amtsrecht des Staates, überzeugt die Subjektstheorie. Entscheidend ist dabei nicht, dass ein Hoheitsträger formal Normadressat ist, sondern vielmehr, dass überhaupt irgendein Träger von Staatsgewalt berechtigt oder verpflichtet wird (sog. materielle Subjektstheorie).[357] Unter Hoheitsträger in diesem Sinne fallen auch Organisationen, hinter denen der Staat nur mittelbar steht.[358] Hier soll der materiellen Subjektstheorie gefolgt werden. Zum öffentlichen Recht zu zählen sind danach solche Rechtssätze, „bei denen zumindest ein Zuordnungssubjekt Träger von Staatsgewalt als solcher ist“[359]. Der Hoheitsträger muss berechtigt, verpflichtet oder organisiert werden.[360] Es reicht nicht, dass ein Privater eine öffentliche Aufgabe erfüllt, selbst wenn er dabei öffentlichen Bindungen unterliegt.[361]

Damit steht die Frage im Raum, ob die Benannten Stellen Träger von Staatsgewalt im Sinne der materiellen Subjektstheorie und als solche durch den Rechtssatz betroffen sind. Dies wäre der Fall nach einer Beleihung,[362] nach einer Beauftragung zum Verwaltungshelfer, oder wenn die Akkreditierung als eigene Art der Hoheitsübertragung zu verstehen wäre. Dies gilt es im Wege der Auslegung zu ermitteln.

2. *Akkreditierung als Privatisierungsform*

Die Akkreditierung ist eine Form der Privatisierung. Bei einer Privatisierung werden öffentliche Aufgaben, die zuvor vom Staat selbst wahrgenommen wurden, oder jedenfalls für eine juristische Sekunde von ihm hätten wahrgenommen werden können, nach ihrer Übertragung durch Private erfüllt. Eine öffentliche Aufgabe ist eine Aufgabe, deren Erfüllung im öffentlichen Interesse liegt und die nicht notwendig durch staatliche Organe oder durch dem Staat zurechenbare Organisationseinheiten wahrgenommen werden muss,[363] sondern auch privat

---

357 Überzeugend *Ehlers* in: Erichsen/Ehlers (Hrsg), Allgemeines Verwaltungsrecht § 3 Rn 20 ff.

358 *Ehlers* in: Erichsen/Ehlers (Hrsg), Allgemeines Verwaltungsrecht, § 3 Rn 28 ff.

359 *Ehlers* in: Erichsen/Ehlers (Hrsg), Allgemeines Verwaltungsrecht, § 3 Rn 28.

360 Vgl. auch *Wolff/Bachof/Stober/Kluth*, Verwaltungsrecht Bd. I, § 22 Rn 29 ff.

361 *Ehlers* in: Erichsen/Ehlers (Hrsg), Allgemeines Verwaltungsrecht, § 3 Rn 29.

362 So beispielsweise *Scheel*, DVBl. 1999, 442, 448, nach dem die Akkreditierung als „Instrument der Beleihung“ zu verstehen sein soll. Ebenso *Schumann*, Bauelemente, 143.

363 Dabei kann es sich um private Organisationseinheiten mit Staatsbeteiligung oder um externe Organisationseinheiten handeln, die dem Staat aufgrund dessen

erfüllt werden kann.[364] Der Begriff ist weiter als der der Staatsaufgabe. Dabei handelt es sich um eine Aufgabe, die durch den Staat als Aufgabenträger bewusst wahrgenommen wird[365] und die in hoheitlicher Form durchgeführt wird.[366] Eine Aufgabe muss nämlich durch den Staat selbst vorgenommen werden, wenn Verfassungsrecht dies anordnet oder eine anderweitige dahingehende Offenbarung des staatlichen Willens zur eigenhändigen Wahrnehmung der Aufgabe vorliegt (sog. obligatorische Staatsaufgabe).[367] Eine Privatisierung ist in aller Regel zulässig, nur in wenigen Bereichen ist sie verfassungsrechtlich ausgeschlossen.[368] Sie setzt voraus, dass derjenige, dem die Aufgabe übertragen wird, nicht auch zuvor schon Aufgabenbetroffener gewesen ist.[369] Bei einer Privatisierung verändert sich die Aufgabenträgerschaft oder die Organisationsform des Aufgabenträgers.[370]

Bei der Marktzugangskontrolle handelt es sich um eine öffentliche Aufgabe.[371] Eine Privatisierung ist verfassungsrechtlich nicht ausgeschlossen; zudem besteht ein öffentliches Interesse daran, dass nur sichere, normkonform hergestellte Produkte auf den Markt gelangen. Der Staat nimmt diese Aufgabe nicht mehr selbst wahr, sondern bindet private Sachverständige ein. Der Benannten Stelle wird

---

„externer Einflusssicherung" zuzurechnen sind. Dazu *Burgi*, Funktionale Privatisierung, 78 mwN.

364 *Ehlers* in: Erichsen/Ehlers (Hrsg), Allgemeines Verwaltungsrecht, § 1 Rn 37.

365 Dazu *Burgi* in: Erichsen/Ehlers (Hrsg), Allgemeines Verwaltungsrecht, § 7 Rn 9; *Heintzen*, VVDStRL 62 (2003), 220, 228; *Scholl*, Private Sachverständige, 282 f.

366 Zur Abgrenzung von dem Begriff der Staatsaufgabe unter anderem *Schmidt-Aßmann*, Ordnungsidee, Kap 3 Rn 78 ff. *Schmidt-Preuß*, VVDStRL 1997, 160, 165 Fn 9; BVerfGE 22, 180, 204: „Keineswegs folgt aus dem Sozialstaatsprinzip, dass der Gesetzgeber für die Verwirklichung dieses Ziels nur behördliche Maßnahmen vorsehen darf. Art. 20 Abs. 1 GG bestimmt nur das „Was", das Ziel [...]; er lässt aber für das „Wie", d.h. für die Erreichung des Ziels, alle Wege offen. Deshalb steht es dem Gesetzgeber frei, zur Erreichung des Ziels auch die Mithilfe privater Wohlfahrtsorganisationen vorzusehen."

367 *Burgi*, Funktionale Privatisierung, 79 ff. AA *Rittner/Dreher*, Europäisches und deutsches Wirtschaftsrecht, § 7 Rn 11, der die Beleihung als eine Form der funktionalen Privatisierung einordnet.

368 So z.B. Art. 87 e, 143 a GG.

369 *Burgi*, Funktionale Privatisierung, 88, 13; *Merten*, Private Entscheidungsträger, 145.

370 *Burgi*, Funktionale Privatisierung, 88, 11.

371 *Scholl*, Private Sachverständige, 282 f; *Weiß*, Der Europäische Verwaltungsverbund, 49. AA *Bieback*, Zertifizierung und Akkreditierung, 313: Die Zertifizierung sei nicht als Privatisierung zu qualifizieren, da sie über diese hinausgehe. Es komme nicht nur zu einer Aufgabenverlagerung, sondern der Benannten Stelle würden auch neue Aufgaben, wie die anschließende Überwachung des Produktes, zugesprochen.

die Aufgabe der Produktzertifizierung durch Akkreditierung übertragen. Die Benannte Stelle selbst war zuvor auch nicht schon Aufgabenbetroffene. Weder war der Hersteller zu irgendeinem Moment zur sachverständigen Produktzertifizierung verpflichtet. Noch war oder ist die Benannte Stelle dem Hersteller zurechenbar.[372] Die Benannte Stelle nimmt dabei keine Aufgabe des Herstellers wahr. Mit der Akkreditierung kommt es mithin zu einer Veränderung der Aufgabenträgerschaft. Dass die öffentliche Aufgabe der Produktzulassung zuvor keinem staatlichen Produktzulassungsverfahren im Sinne eines Genehmigungsvorbehalts unterlag,[373] steht dem nicht entgegen. Es genügt, wenn der Staat die Aufgabe wahrzunehmen plant und sodann die Aufgabenerfüllung auf einen Privaten überträgt.

Zu klären bleibt, welcher Art von Privatisierung die Akkreditierung zuzuordnen ist. Es sind verschiedene Varianten von Privatisierung zu unterscheiden. Eine Aufgabe kann von einem privatrechtlich handelnden Verwaltungsträger wahrgenommen werden (formelle Privatisierung). Der Verwaltungsträger kann sich aus der Aufgabenerfüllung (funktionale Privatisierung durch Einschaltung eines Verwaltungshelfers) oder zur Gänze aus der Aufgabenverantwortung herausziehen (Aufgaben- oder materielle Privatisierung).[374] Daneben bestehen Mischformen.

3. *Keine Einbindung in hoheitliche Tätigkeit*

Die Akkreditierung wird im Folgenden in die bestehende Privatisierungsdogmatik eingeordnet. Vorrangig sind dabei bekannte und bewährte verwaltungsrechtliche Institute (wie Beleihung, Beauftragung und Verwaltungshilfe) für die Qualifizierung zu nutzen und fortzuentwickeln.[375] Würde die Akkreditierung zu einer Ausstattung des Privaten mit Hoheitsgewalt führen, wären die Privaten

372 Zum einen ist in den hier untersuchten Fällen die Zertifizierungsstelle verpflichtend einzuschalten. Zum anderen ergibt sich eine Zurechnung nicht aus den einschlägigen Normen. Zwischen Benannter Stelle und Hersteller besteht zwar ein Vertragsverhältnis. Dieses führt jedoch für sich genommen zu keiner Zurechnung. Anders *Burgi*, Funktionale Privatisierung, 88: Die Benannte Stelle sei dem Lager des aufgabenbetroffenen Herstellers zuzurechnen.

373 So waren Pflichtprüfungen in Deutschland bisher nur für wenige Produkte vorgesehen, wie unter anderem für Anlagen nach § 24 GewO, *Röhl* in: Schmidt-Aßmann/Schöndorf-Haubold (Hrsg), Der Europäische Verwaltungsverbund, 153, 160.

374 Überblicksartig *J Ipsen*, Allgemeines Verwaltungsrecht, Rn 267 ff.

375 *Di Fabio*, VVDStRL 56 (1997), 235, 269.

also Träger von Hoheitsgewalt im Sinne der materiellen Subjektstheorie, läge ein öffentlich-rechtliches Handeln vor.

a) Beleihung

Im Akkreditierungsakt wird teilweise eine Beleihung gesehen.[376] Bei einer Beleihung werden eine Aufgabe sowie die zu ihrer Durchsetzung notwendigen Hoheitsrechte auf einen Privaten übertragen. Aufgrund des institutionellen Gesetzesvorbehalts muss die Beleihung unmittelbar durch gesetzliche oder mittelbar durch gesetzlich vorgesehene administrative Übertragung erfolgen. Der Beliehene nimmt die Hoheitsausübung selbstständig und eigenverantwortlich wahr.[377] Er ist der Verwaltung an-, nicht eingegliedert.[378] Sinn und Zweck einer Beleihung ist es typischerweise, den fachlichen und technischen Sachverstand und die Initiative der Privaten zu nutzen.[379] Der Beliehene stellt eine Behörde im Sinne des Verwaltungsverfahrensgesetzes dar. Als Hoheitsträger ist er Grundrechtsverpflichteter gem. Art. 1 III GG.[380] Es besteht ein Erfordernis zu einer umfassenden und effektiven Rechts- und Fachaufsicht.[381] Außerhalb des durch

---

376 Dafür *Thoma*, Regulierte Selbstregulierung, 200 f: Da das europäische Recht keine Aussagen treffe, könne die Akkreditierung grundsätzlich als Beleihung verstanden werden. Ebenso *Scheel*, DVBl. 1999, 442, 445 ff; sich dem ohne weitere Erklärung anschließend *Schmitz* in: Stelkens/Bonk/Sachs, VwVfG, § 1 Rn 266; *Bleutge* in: Landmann/Rohmer, GewO, 2011, § 36 Rn 19; *Schumann*, Bauelemente, 143. *Holoubek* in: Holoubek/Potacs, Öffentliches Wirtschaftsrecht Bd. II, 503, 518 f spricht von „gewichtige[n] Stimmen", die eine Beleihung annehmen. Trotzdem sei diese i.E. abzulehnen. Zur Beleihung allgemein *Burgi*, Funktionale Privatisierung, 79 ff. Dagegen unter anderem *Rittner/Dreher*, Europäisches und deutsches Wirtschaftsrecht, § 7 Rn 11, der die Beleihung als eine Form der funktionalen Privatisierung einordnet.

377 Dies entspricht der herrschenden Befugnis- oder Rechtsstellungstheorie. Vgl. dazu *Ehlers* in: Schoch/Schmidt-Aßmann/Pietzner, VwGO, 2011, § 40 Rn 439; *Kopp/Ramsauer*, VwVfG, § 1 Rn 59; *Burgi*, Funktionale Privatisierung und Verwaltungshilfe, 81.

378 *Schmitz* in: Stelkens/Bonk/Sachs, VwVfG, § 1 Rn 256 mwN.

379 *Schmitz* in: Stelkens/Bonk/Sachs, VwVfG, § 1 Rn 256.

380 *Jarass* in: J/P, GG, Art. 1 Rn 41. Ob sie außerdem Verwaltungsträger sind, ist umstritten. Dazu *Ehlers* in: Erichsen/Ehlers (Hrsg), Allgemeines Verwaltungsrecht, § 1 Rn 17 Fn 57 mwN.

381 *Ehlers* in: Erichsen/Ehlers (Hrsg), Allgemeines Verwaltungsrecht, § 1 Rn 17 Fn 59 mit Verweis auf BremStGH, NVwZ 2003, 81 ff. In der neueren Literatur wird demgegenüber teilweise eine Rechtsaufsicht als ausreichend erachtet, siehe *Schmidt am*

die Beleihung betroffenen Tätigkeitskreises steht der Beliehene aber in keinem Sonderverhältnis zum Staat; als Privater kann er sich auf Grundrechte berufen.

Ob eine Beleihung vorliegt, wird nach der Aufgaben- oder nach der Befugnistheorie[382] beurteilt. Erstere nimmt eine Beleihung schon an, wenn die betreffende Stelle überhaupt zur Erfüllung öffentlicher Aufgaben eingeschaltet ist.[383] Insofern wird auch von einer Beleihung im weiteren Sinne gesprochen.[384] Die Aufgabentheorie ist allerdings zu weit, mit ihr würde privates Handeln in vielen Fällen als hoheitlich eingeordnet, wenn die Privaten (auch) öffentliche Aufgaben wahrnehmen. Sie ist abzulehnen. Nach der Befugnistheorie müsste ihr ausdrücklich auch eine Befugnis zum hoheitlichen Tätigwerden zugesprochen worden sein.[385]

Den Benannten Stellen wurde eine öffentliche Aufgabe übertragen. In den hier untersuchten Fällen einer zwingenden Einschaltung obliegt die Aufgabe der Konformitätsbewertung den Benannten Stellen allein:[386] Erst nach Anbringung

---

Busch, DÖV, 533, 539 f mwN; *Groß*, in: Hofmann-Riem/Schmidt-Aßmann/Voßkuhle (Hrsg), GVwR I, § 13 Rn 90.

382 *Ehlers* in: Schoch/Schmidt-Aßmann/Pietzner, VwGO, 2011, § 40 Rn 439. Demgegenüber soll es nach der Aufgabentheorie ausreichen, dass überhaupt eine Staatsaufgabe übertragen wurde, unabhängig davon, ob diese hoheitlich wahrgenommen werden soll. Der Beliehene muss also materiell eine staatliche Aufgabe wahrnehmen. Dies ist richtigerweise abzulehnen, denn eine Abgrenzung zur Indienstnahme ist dann kaum mehr möglich, *Ehlers* in: Schoch/Schmidt-Aßmann/Pietzner, VwGO, § 40 Rn 439 mwN.

383 *Burgi* in: Erichsen/Ehlers (Hrsg), Allgemeines Verwaltungsrecht, § 10 Rn 27.

384 Dabei wird, statt auf das zur Verfügung stehende Instrumentarium, auf die Wahrnehmung der Aufgabe an sich abgestellt. Selbst privatrechtliches Handeln Privater soll so dem Staat zugerechnet werden können. *Steiner*, DÖV 1970, 526, 529: Würden Private in einer den Staat faktisch oder rechtlich bindenden Weise handeln, so sei dies nur bei einer Beleihung mit staatsaufsichtlichen Funktionen möglich. Die Wahrnehmung hoheitlicher Kompetenzen sei für die Beleihung demnach nicht konstitutiv – womit grundsätzlich auch Indienstgenommene in den Begriff einbezogen werden könnten, sofern sie im Einzelfall selbstständig Verwaltungsaufgaben wahrnehmen, *ebenda*, 530. Diese Konstruktion ist zutreffenderweise schon für sich genommen abzulehnen, *Burgi*, Funktionale Privatisierung, 85.

385 *Burgi* in: Erichsen/Ehlers (Hrsg), Allgemeines Verwaltungsrecht, § 10 Rn 27: „Gegenstand der bisweilen erst nach mühevoller Interpretation aussagekräftigen gesetzlichen Regelung müssen insbesondere Art und Umfang der übertragenen Befugnisse sein – ohne Befugnisse keine Beleihung."

386 Manche nehmen bei einer solchen eigenverantwortlichen Entscheidung über den Marktzugang eines Produktes an, dass eine Beleihung zwingend notwendig sei: *Kadelbach*, Allgemeines Verwaltungsrecht unter europäischem Einfluss, 329.

des CE-Zeichens kann die Ware in den Verkehr gebracht werden. Die Anbringung selbst erfolgt durch den Hersteller, setzt aber eine vorangegangene erfolgreiche Konformitätsbewertung durch eine Benannte Stelle voraus. Eine Aufgabenübertragung liegt vor.

Es müssten auch Hoheitsrechte übertragen worden sein. Da durch eine Beleihung Hoheitsgewalt im Sinne des Art. 20 II GG übertragen wird,[387] ist eine gesetzliche Regelung notwendig (sog. institutioneller Gesetzvorbehalt).[388] Explizit ist eine Hoheitsrechtsübertragung nicht im Produktzulassungsrecht festgeschrieben.[389] Ohne jede gesetzliche Regelung wäre die Beleihung insofern schon wegen Verstoßes gegen deutsches Verfassungsrecht fehlerhaft und damit rechtswidrig.[390] Es genügt jedoch, wenn die Übertragung einem Gesetz nach Auslegung zu entnehmen ist.[391]

Dem Wortlaut der Akkreditierungsvorschriften lässt sich keine eindeutige Aussage entnehmen. Ergiebiger könnte eine teleologische Auslegung sein. Eine implizite Beleihung soll regelmäßig vorliegen, wenn der Aufgabenkreis und die Anforderungen an die zu bestellende Person gesetzlich detailliert beschrieben werden, wenn die wahrzunehmenden Aufgaben im öffentlichen Interesse liegen, und wenn der Bestellungsakt durch eine Behörde vorgenommen wird oder dieser zumindest anzuzeigen ist.[392] Hier wurden der Aufgabenkreis und

---

387 *Schmitz* in: Stelkens/Bonk/Sachs, VwVfG, 2008, § 1 Rn 256; *Maurer*, Allgemeines Verwaltungsrecht, § 23 Rn 56; *Schmidt am Busch*, DÖV 2007, 533.

388 Dazu OVG Münster, NJW 1980, 1406, 1407; *Schmitz* in: Stelkens/Bonk/Sachs, VwVfG, § 1 Rn 256. *Kirchhof* in: Ipsen/Stüer, Europa im Wandel, 127, 136 weist darauf hin, dass an eine konkrete Beleihung unterschiedliche Anforderungen zu stellen sein können. Daher sei jeweils die im Einzelfall notwendige „Dichte des Gesetzesvorbehalts“ zu prüfen. Die Notwendigkeit eines institutionellen Gesetzesvorbehalts an sich sei durch den Umstand begründet, dass die Organisation des Staates dem Parlament vorbehalten sei.

389 So auch *Röhl*, Akkreditierung und Zertifizierung, 24. Zum beliehenen Sachverständigen im Allgemeinen siehe *Scholl*, Private Sachverständige, 244 ff.

390 Zu diesem Fall der „faktischen Beleihung“ *Burgi* in: Erichsen/Ehlers (Hrsg), Allgemeines Verwaltungsrecht, § 9 Rn 27; *Kastner* in: Fehling/Kastner (Hrsg), Verwaltungsrecht, VwVfG, § 1 Rn 32.

391 Denn für den institutionellen Gesetzesvorbehalt genügt es, wenn zumindest die Gesetzesauslegung auf die gesetzgeberische Intention einer Beleihung schließen lässt: *Kastner* in: Fehling/Kastner (Hrsg), Verwaltungsrecht, VwVfG, § 1 Rn 32.

392 So die Überlegungen bei *Tettinger*, DVBl. 1976, 752, 755, der anhand dieser Kriterien diskutiert, ob der Immissionsschutzbeauftragte als Beliehener anzusehen ist, was er i.E. aber zutreffenderweise ablehnt, *ebenda*, 756 f.

die notwendigen Anforderungen gesetzlich vorgegeben, die Aufgabe der Marktzugangskontrolle liegt im öffentlichen Interesse und die Akkreditierung wird auch durch eine Behörde vorgenommen. Ein Indiz für eine implizite Beleihung liegt vor. Ins Auge stechen auch die den Benannten Stellen zustehenden, weitgehenden Befugnisse gegenüber den Herstellern, wenn diese das Produkt nach dem Marktzugang auf die Normkonformität hin kontrollieren. Ihnen kommen unter anderem Betretungs- und Informationsrechte zu, sowie die Möglichkeit zur einseitigen Aufhebung der Zertifizierung.[393] Diese „einseitigen, im Kern auf gesetzlicher Zuweisung, nicht auf der Zustimmung des Herstellers beruhenden Entscheidungs- und Überwachungsbefugnisse der Benannten Stelle" würden sich gegen Dritte richten.[394] Damit trügen sie „hoheitlichen Charakter".[395] Schließlich prüfen die Benannten Stellen mit Hilfe ihres Sachverstandes und treffen eine eigenständige Entscheidung.[396] An die Zertifizierung sind schließlich weitgehende Rechtsfolgen geknüpft und auch in ähnlich gelagerten Fällen hat der Gesetzgeber Private mit vergleichbaren Befugnissen ebenfalls per Beleihung ausgestattet.[397]

Jedoch spricht dies nicht notwendig für eine Beleihung. Bei genauerer Betrachtung der einschlägigen Normen fällt auf, dass der Gesetzgeber eine privatrechtliche Terminologie nutzt.[398] Die Zertifizierung wird nicht auf Grundlage einer Gebührenordnung, sondern gemäß einer vertraglichen Vereinbarung durchgeführt. Dass die privatrechtlichen Vereinbarungen zuvor im Akkreditierungsverwaltungsakt vorgegeben wurden, ist unerheblich. Seine Vorgaben finden als Allgemeine Geschäftsbedingungen (sog. Prüf- und Zertifizierungsordnungen)

---

393 § 11 IV EVPG. Gewisse „subordinative Züge" anerkennend auch *Scholl*, Private Sachverständige, 344; *Röhl*, in: Schmidt-Aßmann/Schöndorf-Haubold (Hrsg), Der Europäische Verwaltungsverbund, 153, 164 ff; für das Medizinproduktegesetz *v. Czettritz*, PharmR 2000, 321, 322.

394 *Röhl* in: Schmidt-Aßmann/Schöndorf-Haubold (Hrsg), Der Europäische Verwaltungsverbund, 153, 164.

395 *Röhl* in: Schmidt-Aßmann/Schöndorf-Haubold (Hrsg), Der Europäische Verwaltungsverbund, 153, 164: „Sie tragen damit trotz ihrer privatrechtlichen Einkleidung hoheitlichen Charakter."

396 *Burgi*, Gutachten D zum 67. DJT, 41 f; *Scholl*, Privater Sachverständiger, 205 ff; *Scherzberg*, NVwZ 2006, 377, 378.

397 So beispielsweise bei Sachverständigen für den Kraftfahrzeugverkehr bei der Prüfung von Kraftfahrzeugen gem. § 29 StVZO. Zu diesen und anderen Beispielen siehe *Ehlers* in: Schoch/Schmidt-Aßmann/Pietzner, VwGO, 2011, § 40 Rn 440; ähnliche Beispiele finden sich bei *Schmitz* in: Stelkens/Bonk/Sachs, VwVfG, § 1 Rn 264.

398 Ebenso *Thoma*, Regulierte Selbstregulierung, 203.

im Sinne der §§ 305 ff BGB zwingend Eingang in den Zertifizierungsvertrag.[399] Das Gesetz betont zudem die Unterscheidung zwischen dem privaten Zertifizierungshandeln und dem hoheitlichen Handeln im Rahmen von Akkreditierung und anschließender Marktüberwachung: Zwischen Marktzulassung (durch die Benannte Stelle) und anschließender Marktüberwachung (durch die nationalen Behörden) wird ausdrücklich differenziert.[400] Und auch die Beleihung (der DAkkS) und die Anerkennung (die Akkreditierung der Benannten Stelle) werden begrifflich unterschieden.[401] Eine Hoheitsrechtsübertragung erscheint auch nicht notwendig: Sämtliche das Zertifizierungsverhältnis betreffende Klauseln können ebenso gut im Rahmen einer privatrechtlichen Beziehung vereinbart werden.[402] Und selbst wenn davon der Marktzugang abhängt, müssen sachverständige Bescheinigungen nicht notwendig durch Beliehene erteilt werden;[403] auch in anderen Bereichen werden obligatorisch einzuschaltende Prüfer nämlich privatrechtlich tätig. So lassen sich zahlreiche Gegenbeispiele finden, bei denen der Gesetzgeber keine Beleihung vorgenommen hat.[404] Aus dem Umstand, dass überhaupt ein staatliches Anerkennungsverfahren für die Tätigkeit als Benannter Stelle notwendig ist, kann für sich genommen noch nicht auf eine hoheitliche

---

399 *Thoma*, Regulierte Selbstregulierung, 205; *Peine* in: Schulte/Schröder, Technikrecht, 445.

400 Das Gesetz unterscheidet zudem klar zwischen der Aufgabenwahrnehmung Benannter Stellen (3. Abschnitt) und der hoheitlichen Tätigkeit (5. Abschnitt), *Merten*, DVBl. 2004, 1211, 1215.

401 *Weiß*, Produktsicherheit, 352.

402 BGH, Beschluss v. 31.3.2011 – III ZR 339/09 (OLG München), Rn 13: „Soweit § 7 III 2 GPSG bestimmt, dass der Hersteller im Rahmen der Zertifizierung notwendige Überwachungsmaßnahmen der Prüfstelle zu dulden hat, handelt es sich um die gesetzliche Ausgestaltung vertraglich begründeter Pflichten, nicht – wie die Bekl. meint – um die Übertragung obrigkeitlicher Befugnisse."

403 BGH, Beschluss v. 31.3.2011 – III ZR 339/09 (OLG München), NVwZ-RR 2011, 556: „Der Umstand, dass der Staat sich die besondere Sachkunde der Prüfstelle auf ihrem Fachgebiet zu eigen macht und im Vertrauen auf das GS-Zeichen ggf. von einer eigenen Überprüfung absieht, führt jedoch nicht dazu, dass die Prüfstelle zum so genannten beliehenen Unternehmer wird und damit eine hoheitliche Tätigkeit entfaltet."

404 So z.B. die Bestellung privater Erfüllungsgehilfen, die öffentliche Bestellung von Angehörigen privater Berufe oder die Übertragung von Verwaltungsaufgaben auf Verbände des öffentlichen Rechts. Zu diesen Beispielen wiederum *Ehlers* in: Schoch/Schmidt-Aßmann/Pietzner, VwGO, § 40 Rn 441.

Tätigkeit geschlossen werden.[405] Gegen eine Beleihung spricht außerdem das Unionsrecht, das einen privaten Vollzug anordnet.[406]

Die Auslegung der einschlägigen Normen verdeutlicht, dass die Vollzugsstellen möglichst ohne staatlichen Einfluss tätig werden sollen.[407] Mitgliedstaatliche Interessen sollen die Tätigkeit nicht beeinflussen.[408] Beliehene als Behörden sind aber in nationale (Aufsichts-)Strukturen eingebunden[409] – abgesehen davon, dass das europäische Recht die Figur der Beleihung nicht[410] oder jedenfalls nicht in vergleichbarer Ausgestaltung kennt. Den Vorschriften ist keine implizite Beleihung zu entnehmen.

Im Ergebnis ist festzuhalten, dass die Tätigkeit der Benannten Stellen derjenigen eines Beliehenen zwar ähnelt. Ihnen wurde eine öffentliche Aufgabe übertragen, ebenso wie weitgehende Befugnisse zur Durchsetzung. Die Akkreditierung ist aber mangels Hoheitsrechtsübertragung keine Beleihung.[411] Die Benannten Stellen sind ein Weniger gegenüber einem Beliehenen.

---

405 Ebenso *Steiner*, NJW 1981, 2452, 2453 zum Rechtsstatus staatlich anerkannter Tierzüchtervereinigungen. Die bloße Erteilung der notwendigen behördlichen Erlaubnis zum Betrieb eines privatwirtschaftlichen Unternehmens stellt für sich genommen noch keine Beleihung mit hoheitlichen Befugnissen dar. Dies gilt selbst dann, wenn der Staat damit und im öffentlichen Interesse eine Aufsicht ausüben will, *Dagtoglou*, DÖV 1970, 532, 535. Insofern handele es sich eher um eine Beteiligung der Verwaltung an einer privaten Tätigkeit, als umgekehrt.

406 Kap. 2, B, II, 1, a).

407 Dazu *Weiß*, Produktsicherheit, 352.

408 *Röhl*, Akkreditierung und Zertifizierung, 87; *Weiß*, Produktsicherheit, 352.

409 Zu diesem Argument auch *Röhl*, Akkreditierung und Zertifizierung, 27. In Deutschland sind Beliehene beispielsweise nicht nur in die Rechts-, sondern auch in die Fachaufsicht eingebunden: VG Göttingen, NVwZ-RR 1998, 171, 172; *Schmitz* in: Stelkens/Bonk/Sachs, VwVfG, § 1 Rn 256; *Burgi* in: Erichsen/Ehlers (Hrsg), Allgemeines Verwaltungsrecht, § 9 Rn 29. AA *Groß* in: Hofmann-Riem/Schmidt-Aßmann/Voßkuhle (Hrsg), GVwR I, § 13 Rn 90, aus dessen Sicht die Nutzung der privaten Eigeninitiative kaum mit der Unterwerfung unter eine Fachaufsicht vereinbar ist.

410 *Scheel*, DVBl. 1999, 442, 443; *Schmitz* in: Stelkens/Bonk/Sachs, VwVfG, § 1 Rn 266.

411 Die Einordnung der Akkreditierung als Beleihung ebenfalls ablehnend *Franzius*, Gewährleistung, 172; *Peine* in: Schulte/Schröder, Technikrecht, 445; *Scholl*, Private Sachverständige, 283; *Di Fabio*, Produktharmonisierung, 79. AA *Scheel*, DVBl. 1999, 442, 445 ff; *Scheel* in: Landmann/Rohmer, Gewerbeordnung, § 11 GPSG Rn 8 ff; *Scheel*, Privater Sachverstand, 97; sich dem, jedoch ohne weitere Erklärung, anschließend *Schmitz* in: Stelkens/Bonk/Sachs, VwVfG, § 1 Rn 266; *Bleutge* in: Landmann/Rohmer, Gewerbeordnung, § 36 Rn 19. *Thoma*, Regulierte

b) Verwaltungshilfe

Die Zertifizierung würde auch dann dem öffentlichen Recht unterfallen, wenn die Benannte Stelle als Verwaltungshelfer einzustufen wäre. Ein Verwaltungshelfer ist ein Privater, der die Verwaltung freiwillig bei der Wahrnehmung ihrer gesetzlichen Aufgaben unterstützt, ohne mit hoheitlichen Befugnissen beliehen worden zu sein.[412] Er ist selbst keine Behörde, handelt aber für eine.[413] Dieser wird sein Handeln zugerechnet.[414] Im Unterschied zu einem Beliehenen wird der Verwaltungshelfer nur „in den Verwaltungsvollzug der Behörde eingeschaltet“, Zuständigkeit und Verantwortung verbleiben bei letzterer.[415] Dies geschieht, „indem Teilbeiträge von der umfassenden staatlichen Erfüllungsverantwortung abgespalten und Privaten anvertraut werden“.[416] Der Verwaltungshelfer ist nicht selbstständig nach außen tätig, sondern nimmt die Aufgaben nur im Innenverhältnis im Auftrag und nach Weisung der Behörde wahr.[417] Der Private erbringt lediglich einen Beitrag mit funktionalem Bezug zur öffentlich-rechtlichen Aufgabe.[418] Uneinigkeit herrscht darüber, was genau Inhalt dieses Beitrags ist. Möglicherweise könnten darunter alle durch Dritte wahrgenommenen Teilbeiträge zu fassen sein, also nicht nur durchführende, sondern auch vorbereitende (sog. Verfahrensprivatisierung).[419] Die Verfahrensprivatisierung ist jedoch nicht als

---

Selbstregulierung, 201: Eine Beleihung sei jedenfalls nicht durch europäisches Recht ausgeschlossen. *Kadelbach*, Allgemeines Verwaltungsrecht unter europäischem Einfluss, 329: „Sollen Private über die Zulassung [...] eigenverantwortlich entscheiden, kann dies jedoch allenfalls in Form der Beleihung in Betracht kommen.“ *Holoubek* in: Holoubek/Potacs, Öffentliches Wirtschaftsrecht, Bd. II, 503, 518 f spricht von „gewichtige[n] Stimmen“, die eine Beleihung annehmen.

412 *Kastner* in: Fehling/Kastner (Hrsg), Verwaltungsrecht, § 1 VwVfG Rn 37.

413 Laut *Burgi* in: Erichsen/Ehlers (Hrsg), Allgemeines Verwaltungsrecht, § 10 Rn 32 seien Verwaltungshelfer schon kein Teil der Verwaltungsorganisation.

414 Allgemein zum Verwaltungshelfer *Maurer*, Allgemeines Verwaltungsrecht, § 23 Rn 59; *Burgi* in: Erichsen/Ehlers (Hrsg), Allgemeines Verwaltungsrecht, § 10 Rn 32; *Ehlers* in: Schoch/Schmidt-Aßmann/Pietzner, VwGO, § 40 Rn 425; *Schmitz* in: Stelkens/Bonk/Sachs, VwVfG, § 1 Rn 261.

415 *Maurer*, Allgemeines Verwaltungsrecht, § 23 Rn 59; *Ehlers*, in: Erichsen/Ehlers (Hrsg), Allgemeines Verwaltungsrecht, § 1 Rn 20.

416 *Burgi* in: Erichsen/Ehlers (Hrsg), Allgemeines Verwaltungsrecht, § 10 Rn 31.

417 *Ehlers* in: Erichsen/Ehlers (Hrsg), Allgemeines Verwaltungsrecht, § 1 Rn 20 mwN.

418 *Stober* in: Wolff/Bachof/Stober/Kluth, Verwaltungsrecht II, § 89 IV Rn 19.

419 So *Burgi* in: Erichsen/Ehlers (Hrsg), Allgemeines Verwaltungsrecht, § 10 Rn 31. Dafür auch *Appel* in: Hoffmann-Riem/Schmidt-Aßmann/Voßkuhle (Hrsg), GVwR II, § 32 Rn 21 ff, der hinsichtlich der unterschiedlichen Ausprägungen der Verfahrensprivatisierung zwischen verfahrensentlastenden Eigenbeiträgen bzw. solchen

eigenständige Kategorie anzuerkennen, weil die bestehenden Kategorien diese Form schon mit abdecken.[420] Da es sich bei der Marktzugangskontrolle nicht um eine nur vorbereitende Tätigkeit handelt, kann der Streit dahinstehen.

Eine funktionale Privatisierung liegt nicht vor. Zwar könnte die Akkreditierung als Grundlage für das Tätigwerden der Benannten Stelle verstanden werden. Jedoch finden sich dort keine Aussagen dazu, dass die Benannten Stellen bei der Zertifizierung „für" eine Behörde tätig würden. Es fehlt schon an einem die Verwaltungshelferschaft begründenden Auftrag. Insbesondere liegt auch keine behördliche Weisungsbefugnis vor. Die Benannte Stelle trifft eigene Entscheidungen mit Rückwirkung auf die Marktüberwachung.[421] Sie steht nur unter einer „kaum sichtbaren und nur ausnahmsweise aktualisierten behördlichen Begleitung" und ist daher unabhängiger als ein Verwaltungshelfer.[422] Im Unterschied zur Verwaltungshilfe kommt der Benannten Stelle bei einem Weniger an behördlicher Überwachung ein Mehr an Entscheidungsmacht zu.[423] Die Benannte Stelle ist nicht unter den Begriff des Verwaltungshelfers zu fassen.[424] Die Privatisierungsmodelle der Beleihung und der Verwaltungshilfe führen hier zu keinem Ergebnis.[425]

---

privater Dritter, privatem Verfahrensmanagement und einer staatlichen Anknüpfung an private Entscheidungsverfahren unterscheidet. Unter letztere sei auch die Zertifizierung zu fassen. Zur Einordnung der Verfahrensprivatisierung in die Privatisierungsdogmatik *Appel* in: Hoffmann-Riem/Schmidt-Aßmann/Voßkuhle (Hrsg), GVwR II, § 32 Rn 45 ff; *Pünder*, ZHR 170 (2006), 567, 597; *Schmidt-Preuß*, VVDStRL 56 (1997), 160, 168 mwN.

420 Krit auch *Ehlers* in: Erichsen/Ehlers (Hrsg), Allgemeines Verwaltungsrecht, § 1 Rn 20. Bezugspunkt dieser Privatisierungsart sei die staatliche Sachentscheidung. Diese liegt aber bei einer Zertifizierung gerade bei der Benannten Stelle und nicht mehr beim Staat.

421 Dazu mehr unter Wirkung, Kap. 3, B, I, 2; *Thoma*, Regulierte Selbstregulierung, 362 spricht davon, dass diese teilweise „sogar die hoheitliche Aufsicht" binden.

422 *Burgi*, Gutachten D zum 67. DJT, 71.

423 *Burgi*, Gutachten D zum 67. DJT, 71, 43.

424 So auch *Burgi*, Privatisierung, 88 f; *Scholl*, Private Sachverständige, 279 mit Fn 709.

425 *Di Fabio*, VVDStRL 56 (1997), 235, 242: „Diese neuen Vollzugsformen, mit denen öffentliche Aufgaben externalisiert und organisierte gesellschaftliche Kräfte in Verwaltungsverfahren integriert werden, fangen öffentlich-rechtliche Verabschiedungsbegriffe wie „Privatisierung" nur unzureichend ein, es kommt darauf an, die Gesetzesverwirklichung in hybriden Organisationsformen als neue Verwaltungswirklichkeit in das Verwaltungsrecht zurückzuführen."

c) Andere Formen der Einbindung

Es liegt weiterhin kein Fall der Beauftragung vor, weil der Verwaltungsbeauftragte (sog. Mandatar[426]) wie der Beliehene öffentlich-rechtlich und selbstständig, aber im Namen des Verwaltungsträgers handelt, wofür ihm eine dahingehende Kompetenz ausdrücklich übertragen worden sein muss.[427] Diese Konstellation liegt hier nicht vor: die Benannte Stelle agiert nicht im Namen der Behörde. Es liegt auch keine Indienstnahme vor,[428] da diese gerade von der Einbeziehung von Privatpersonen abzugrenzen ist.[429] Schließlich stellt die Zertifizierung keinen Fall eines öffentlich-rechtlichen Vertrags zwischen Privaten dar.[430] Nach herrschender Meinung ist zur Bestimmung der Rechtsnatur eines Vertrags auf den Vertragsgegenstand abzustellen. Ein öffentlich-rechtlicher Vertrag soll vorliegen, wenn es zu einer Modifizierung öffentlich-rechtlicher Berechtigungen und Verpflichtungen kommt. Hier fehlt es jedenfalls schon an der dafür notwendigen gesetzlichen Ermächtigung.[431]

---

426 Ausführlich *Horn*, NVwZ 1986, 808 ff; *Bonk/Schmitz* in: Stelkens/Bonk/Sachs, VwVfG, § 4 Rn 40 mwN.

427 *Ehlers* in: Erichsen/Ehlers (Hrsg), Allgemeines Verwaltungsrecht, § 1 Rn 19; *Ehlers*, Erledigung von Gemeindeaufgaben, 17 mwN: In Betracht kommt, dass eine dahingehende Vertretungsmacht erteilt wurde oder sich einer der Beteiligten zur Durchführung einer Aufgabe des anderen Beteiligten verpflichtet.

428 *Scholl*, Private Sachverständige, 282 und Fn 721. Nach der Rechtsprechung des Bundesverfassungsgerichts hat der Gesetzgeber einen weiten Gestaltungsspielraum, welche Pflichten zur Sicherstellung von Gemeinwohlbelangen er Privaten im Rahmen ihrer Berufstätigkeit auferlegt, BVerfGE 109, 64, 85; *Kluth* in: Ehlers/Fehling/Pünder, Besonderes Verwaltungsrecht, § 12 Rn 40. AA *Kadelbach*, Allgemeines Verwaltungsrecht unter europäischem Einfluss, 332, der der Meinung ist, dass die Zertifizierungsverfahren „in aller Regel auf eine Indienstnahme Privater hinaus[laufen]".

429 *Ehlers* in: Schoch/Schmidt-Aßmann/Pietzner, VwGO, § 40 Rn 428.

430 Zu diesem Konzept ausführlich, im Ergebnis aber die Verträge doch privatrechtlich qualifizierend: *Kasten/Rapsch*, NVwZ 1986, 708 ff.

431 Ob es sich bei der Zertifizierung um einen öffentlich-rechtlichen Gegenstand (im Sinne der Vertragsgegenstandstheorie) handelt, muss daher nicht geklärt werden, *Thoma*, Regulierte Selbstregulierung, 206. Dies dürfte aber auch abzulehnen sein: Die Erfüllung einer öffentlichen Aufgabe oder ein Handeln im öffentlichen Interesse genügt für sich genommen nicht. Ob ein Vertrag öffentlich-rechtlicher Natur ist, richtet sich nach dem Gegenstand und der Rechtsnatur des zugrundeliegenden Rechtsverhältnisses: BVerwGE 97, 331, 335.

d) Nationaler Verwaltungsbegriff

Nach alledem wird deutlich, dass die Zertifizierungsstellen nicht unter den deutschen Begriff von Verwaltung zu fassen sind. In der deutschen Verwaltungsrechtsdogmatik werden nämlich typischerweise drei Begriffe von Verwaltung unterschieden:[432] Verwaltung in einem organisatorischen, in einem formellen und in einem materiellen Sinn. Verwaltung im organisatorischen Sinn ist die Gesamtheit der Verwaltungsträger und ihrer Untergliederungen. Diese müssen vom Staat jeweils zumindest mittelbar getragen und in der Hauptsache materiell verwaltend tätig werden.[433] Unter formeller Verwaltung wird jede Tätigkeit der staatlichen Verwaltung im organisatorischen Sinn verstanden, die nicht notwendig auch Verwaltung im materiellen Sinn sein muss.[434] Eine genaue Definition des Begriffs der Verwaltung im materiellen Sinn ist, aufgrund der vielen denkbaren Tätigkeiten, kaum aufzustellen. Die teilweise vorgenommene negative Definition, wonach Verwaltung ist, was weder unter Gesetzgebung noch unter Rechtsprechung fällt (sog. Substraktionsmethode), überzeugt nicht; materielle Verwaltung ist daher positiv zu umschreiben.[435] Der Begriff darf in jedem Fall nicht zu eng gefasst werden, da dies keinen Raum für die Entwicklung und Öffnung des Verwaltungsrechts lassen würde.[436] Zugleich aber ist auch eine zu weite Definition nicht weiterführend. Private Tätigkeiten wären dann zu schnell öffentlich-rechtlich zu qualifizieren. Verwaltung im materiellen Sinn ist die auf die Verwirklichung der ratio legis gerichtete Ausübung öffentlicher Gewalt.[437] Sie ist charakterisiert durch die eigenverantwortliche Erledigung von Gemeinwohlaufgaben, bei der abstrakte Rechtsnormen auf Einzelfälle konkretisiert werden.

Die Benannten Stellen sind kein Teil der Verwaltung im organisatorischen Sinn. Sie werden weder unmittelbar noch mittelbar vom Staat getragen. Die von der Benannten Stelle vorgenommene Aufgabenerfüllung erfolgt nicht in Ausübung öffentlicher Gewalt; sie üben damit auch keine Verwaltung im materiellen Sinn aus. Die Benannten Stellen sind nach alledem kein Teil der nationalen

---

432 *Ehlers* in: Erichsen/Ehlers (Hrsg), Allgemeines Verwaltungsrecht, § 1 Rn 3.

433 *Ehlers* in: Erichsen/Ehlers (Hrsg), Allgemeines Verwaltungsrecht, § 1 Rn 4 ff.

434 *Ehlers* in: Erichsen/Ehlers (Hrsg), Allgemeines Verwaltungsrecht, § 1 Rn 13.

435 Zu der Definition im Allgemeinen und der kombinierten Begriffsbestimmung im Besonderen siehe *Ehlers* in: Erichsen/Ehlers (Hrsg), Allgemeines Verwaltungsrecht, § 1 Rn 4 ff, 8, 11 f: Schon die etwas umständliche Definition verdeutlicht die „relativ große Unschärfe des Begriffes der Verwaltung im materiellen Sinne", was aber nicht notwendig gegen seine Nutzung spricht.

436 *Di Fabio*, VVDStRL 56 (1997), 235, 241 f.

437 *Di Fabio*, VVDStRL 56 (1997), 235, 241.

Verwaltung. Ihre private, sachverständige Vollzugstätigkeit wird im Folgenden näher erläutert.

4. *Einbindung privaten Sachverstands*

Im Folgenden soll die Akkreditierung als eigenständige Privatisierungsform näher beschrieben und analysiert werden. Dass sie als Form der Privatisierung bisher kaum wahrgenommen worden ist,[438] erstaunt, da sich die Existenz eines „neuen" Sachverständigentyps bei der Modernisierung und Deregulierung des Verwaltungsrechts aufdrängt.[439] Das Verwaltungsorganisationsrecht wird mit der Akkreditierung um eine neue Form zwischen Privatisierung und Europäisierung ergänzt. Insbesondere das Unionsrecht führt zu entsprechenden Entwicklungen.[440] Die vermittels der Akkreditierung eingeschaltete Benannte Stelle und ihre Tätigkeit sollen „typologisch im Wege einer strikten Konturenbildung" als eigenständige Form zu etablieren und nicht nur von den klassischen Privatisierungsformen abzugrenzen sein.[441]

a) Benannte Stelle als Verifikateur

Ergebnis der bisherigen Ausführungen ist, dass die Benannten Stellen nicht öffentlich-rechtlich handeln, sie sind nicht Teil der nationalen Verwaltung. Sie sind aber zugleich auch nicht rein selbstreguliert als Private tätig, sondern durch Gesetz als Konformitätsbewertungsstellen eingebunden. Die Benannte Stelle lässt sich insofern mit der Figur des sog. Verifikateurs[442] beschreiben. Ein Verifikateur ist ein Sachverständiger, der von einem Privaten verpflichtend einzuschalten ist und an dessen Gutachtenergebnis durch Gesetz bestimmte Rechtsfolgen geknüpft werden. Der Verifikateur wird dabei in Garantiefunktion tätig.[443] Anders

438 Laut *Burgi*, Gutachten D zum 67. DJT, 26 seien sie noch „überhaupt nicht" wahrgenommen worden; ähnlich *Scholl*, Private Sachverständige, 279.

439 *Scholl*, Private Sachverständige, 279 mwN.

440 *Kadelbach*, Allgemeines Verwaltungsrecht unter europäischem Einfluss, 329.

441 So die Forderung bei *Scholl*, Private Sachverständige, 279 f.

442 Diese Figur als neuen Sachverständigentyp erstmalig einführend *Scholl*, Private Sachverständige, 279 ff; dazu auch *Windmann*, DÖV 2010, 396 ff; *Edelbluth*, Gewährleistungsaufsicht, 113 f; *Scherzberg*, NVwZ 2006, 377 ff; *Becht/Groß*, UPR 2010, 336, 340.

443 Ein Sachverständiger kann sowohl in Hilfs- als auch in Garantiefunktion in den Verwaltungsvollzug eingebunden sein. Zu dieser funktionalen Differenzierung *Scholl*, Private Sachverständige, 142 ff. *Ebenda*, 284 mwN: Der Privatgutachter ist demgegenüber in Hilfsfunktion tätig, die Vollzugsverantwortung für das materielle

als beim beliehenen Sachverständigen folgt diese Funktion nicht aus einer übertragenen Hoheitsgewalt, sondern aus der gesetzlichen Einbindung.[444]

Die Rechtsfigur des Verifikateurs wird unter anderem im Bauordnungsrecht der Länder und im EMAS-System (Eco-Management and Audit Scheme) genutzt. Im Bauordnungsrecht wurde die Einbindung eines privaten Sachverständigen im normalen und im vereinfachten Baugenehmigungsverfahren vorgesehen.[445] Ein staatlich anerkannter[446] Sachverständiger stellt eine Bescheinigung aus, die die rechtliche Zulässigkeit des Bauvorhabens bestätigt. Er ist vom Bauherrn zwingend einzuschalten. In dem von der Bescheinigung abgedeckten Maß nimmt die Baugenehmigungsbehörde ihren Prüfungsumfang zurück. Der Bescheinigung des Sachverständigen kommt dabei Außenwirkung zu.[447] Das Vorliegen der materiellen Voraussetzungen wird nicht durch die Baubehörde, sondern durch einen Dritten geprüft. Eine präventive behördliche Kontrolle des Bauvorhabens unterbleibt.[448] Der Sachverständige ist Teil der bauordnungsrechtlichen Gefahrenabwehr.[449] Der Staat kommt seiner Gewährleistungsverantwortung auch dadurch nach, dass er die Tätigkeit der eingebundenen Privaten einer Aufsicht durch berufsständische Kammern unterstellt, den Baukammern.[450]

Recht liegt weiterhin bei der Verwaltung. *Ebenda*, 205 ff: Der Privatgutachter ist ein Sachverständiger, der durch einen Privaten in beliebigen Situationen hinzugezogen wird und an dessen Gutachten gesetzlich keine Folgen knüpfen.

444 *Scholl*, Private Sachverständige, 282.

445 §§ 67, 68, 72 BauO NW.

446 Verordnung über staatlich anerkannte Sachverständige nach der Landesbauordnung (SV-VO) vom 29.4.2000, GV. NRW. S. 422 SGV. NRW. 232, zuletzt geändert durch GV. NRW. S. 713. Diese wurde erlassen auf Grundlage von § 85 II 1 Nr. 4 BauO NW; *Merten*, Private Entscheidungsträger, 143.

447 *Ritter* in: Hoppe/Bauer/Faber/Schink (Hrsg), Rechts- und Anwendungsprobleme, 6, 17 nennt dies eine „gewisse Öffentlichkeitswirkung".

448 *Jäde* in: Hoppe/Bauer/Faber/Schink (Hrsg), Rechts- und Anwendungsprobleme, 33, 59.

449 *Scholz*, Privatisierung, 43.

450 *v. Heimburg*, Verwaltungsaufgaben und Private, 191 f; ihr folgend *Dahlke* in: Hoppe/Bauer/Faber/Schink (Hrsg), Rechts- und Anwendungsprobleme, 62, 70 f. Angelehnt an die Bezeichnung des Rechtsanwalts als „Organ der Rechtspflege" in § 1 BRAO wurde in der Literatur der Ausdruck „Organ des Bauwesens" vorgeschlagen, *Dahlke* in: Hoppe/Bauer/Faber/Schink (Hrsg), Rechts- und Anwendungsprobleme, 62, 71 mwN.

Eine ähnliche Einbindung Privater findet sich beim Umweltgutachter im EMAS-System.[451] Dabei erstellen Unternehmen eine Umwelterklärung. Diese ist durch einen Privaten, den sog. Umweltgutachter, zu validieren.[452] Der Umweltgutachter wird im privatrechtlichen Rahmen eingebunden.[453] Die ihm zur Aufgabenwahrnehmung zustehenden Befugnisse sind aufgrund zwingenden privaten Vertragsrechts verpflichtend.[454] Genügt die Umwelterklärung den unionsrechtlichen Umweltschutzanforderungen, wird das Unternehmen in ein von den Industrie- und Handelskammern geführtes Register eingetragen. Im Anschluss daran nimmt die zuständige Behörde in bestimmten Bereichen ihre Kontrolltätigkeit zurück.[455] Der Umweltgutachter wird durch die beliehene DAU (Deutsche Akkreditierungs- und Zulassungsgesellschaft für Umweltgutachter mbH) behördlich zugelassen und von dieser auch beaufsichtigt.[456] Im Ergebnis werden so die materiellen Anforderungen aufrechterhalten,[457] der Private wird in den Vollzug eingeschaltet. Das Handeln des Umweltgutachters ist ebenfalls von Relevanz „nach außen".[458]

Die Beispiele aus dem Bauordnungsrecht und dem Umwelt-Audit verdeutlichen: Der Verifikateur wird nicht öffentlich-rechtlich tätig.[459] Der Verifikateur

---

451 VO (EG) Nr. 1221/2009 über die freiwillige Teilnahme von Organisationen an einem Gemeinschaftssystem für Umweltmanagement und Umweltbetriebsprüfung, ABl. EU v. 22.12.2009, Nr. L 342, S. 1 (sog. EMAS III). Zum Umweltgutachter insbesondere Art. 18 ff der Verordnung. Die VO (EG) Nr. 1221/2009 löst die VO (EG) Nr. 761/2001 (sog. EMAS II, ABl. EU v. 24.4.2001, Nr. L 114, S. 1) ab. Ausführlicher dazu *Knopp*, NVwZ 2001, 1098 ff; *Falk*, NVwZ 1997, 144 ff.

452 Art. 18 ff der VO (EG) Nr. 1221/2009.

453 Noch zur EMAS I-Verordnung von 1993: *Sellner/Schnutenhaus*, NVwZ 1993, 928, 934; *Merten*, Private Entscheidungsträger, 143. Sie werden daher auch zur regulierten Selbstregulierung gezählt, unter anderem von *Schmidt-Preuß*, DÖV 2001, 45, 51.

454 Für den zugelassenen Umweltgutachter *Lübbe-Wolff*, DVBl. 1994, 361, 368; *Köck*, VerwArch 1996, 644, 662.

455 Siehe dazu die Verordnung über immissionsschutz- und abfallrechtliche Überwachungserleichterungen für EMAS-auditierte Standorte und Organisationen (EMAS-PrivilegierungsV) mit Abweichungen von den Vorgaben des BImSchG und des KrW-/AbfG.

456 §§ 9 ff, 15 ff UAG. Die DAU ist die Deutsche Akkreditierungs- und Zulassungsgesellschaft für Umweltgutachter mbH.

457 *Knopp*, NVwZ 2001, 1098, 1100.

458 *Merten*, Private Entscheidungsträger, 143.

459 *Dahlke* in: Hoppe/Bauer/Faber/Schink (Hrsg), Rechts- und Anwendungsprobleme, 62, 69; *Schmidt-Preuß*, DÖV 2001, 45, 52; *Schmidt-Preuß*, VVDStRL 56 (1997), 160, 195.

ist kein öffentlich-rechtlicher Funktions-, sondern ein privater Aufgabenträger.[460] Zu seinen Besonderheiten zählt der privatvertragliche Leistungsaustausch unter Marktbedingungen.[461] Er wird nach der behördlichen Akkreditierung für die jeweilige Konformitätsbewertung durch einen Privaten aktiviert. Auch in der Durchführung unterscheidet sich der Verifikateur von anderen Privatisierungsformen. Er wird eigenverantwortlich tätig und entscheidet abschließend.[462] Er unterliegt keinen Weisungen. Weiterhin findet keine behördliche Beweiswürdigung statt:[463] Das Ergebnis der sachverständigen Bewertung wird nicht durch behördliche, sondern durch gesetzliche Anordnung in das öffentlich-rechtliche Rechtsregime eingebunden.[464] Es kommt zu einer staatlichen Anknüpfung an ein privates Entscheidungsverfahren.[465] Der Verifikateur ist insofern abzugrenzen von dem sog. Privatgutachter.[466]

---

460 *Dahlke* in: Hoppe/Bauer/Faber/Schink (Hrsg), Rechts- und Anwendungsprobleme, 62, 69. Sie werden als Referenzmodell für eine regulierte Selbstregulierung angeführt, beispielsweise bei *Schmidt-Preuß*, DÖV 2001, 45, 51 f. AA *Burgi*, Funktionale Privatisierung, 90 f und *Merten*, Private Entscheidungsträger, 139, die nicht von einer regulierten Selbstregulierung, sondern von einer „gesellschaftlichen Selbstregulierung nach Inpflichtnahme durch den Staat" sprechen. Denn die Aufgabenbetroffenen würden verpflichtet, eine Aufgabe im öffentlichen Interesse zu erbringen. Die Verantwortung hinsichtlich der Erfüllung der materiellen Vorschriften sei durch den Verzicht auf jegliche behördliche Überprüfung der Sachverständigenbescheinigungen zu einem sehr weitem Grad auf die Privaten übergegangen. *Ritter* in: Hoppe/Bauer/Faber/Schink (Hrsg), Rechts- und Anwendungsprobleme, 6, 16 ff ordnet sie der Verfahrensprivatisierung zu.

461 *Scholl*, Private Sachverständige, 284 zählt dazu weiterhin die Veranlassungsbeziehung zum Normadressaten sowie seine Tätigkeit im Rahmen eines auf Selbstregulierung aufbauenden Regulierungsansatzes.

462 *Dahlke* in: Hoppe/Bauer/Faber/Schink (Hrsg), Rechts- und Anwendungsprobleme, 62, 68.

463 *Becht/Groß*, UPR 2010, 336, 340.

464 *Scholl*, Private Sachverständige, 280; *Dahlke* in: Hoppe/Bauer/Faber/Schink (Hrsg), Rechts- und Anwendungsprobleme, 62, 69.

465 Insofern sei zu differenzieren zwischen verfahrensentlastenden Eigenbeiträgen bzw. solchen privater Dritter, privatem Verfahrensmanagement und eben einer staatlichen Anknüpfung an private Entscheidungsverfahren. Dazu *Appel* in: Hoffmann-Riem/Schmidt-Aßmann/Voßkuhle (Hrsg), GVwR II, § 32 Rn 21 ff. Allgemein *Scherzberg*, NVwZ 2006, 377 ff.

466 Der Privatgutachter ist ein Sachverständiger, der durch einen Privaten in beliebigen Situationen hinzugezogen wird und an dessen Gutachten gesetzlich keine Folgen knüpfen. Dazu ausführlich *Scholl*, Private Sachverständige, 205 ff; *Scherzberg*,

Mit Einbindung des Privaten haben sich die behördlichen Aufgaben in den privaten Bereich verlagert, während zugleich auf die Wahrnehmung staatlicher Kompetenzen verzichtet wird.[467] Private Rechtssubjekte entscheiden nach diesem Verzicht an Stelle des Staates autonom, ohne dass der Staat die Entscheidung bestimmen könnte.[468] Der primäre verwaltungsbehördliche Normvollzug wird aufgegeben,[469] das herkömmliche Behördenvollzugsmodell verliert an Bedeutung.[470] Dem Verifikateur kommt die Funktion zu, den ordnungsgemäßen Gesetzesvollzug zu gewährleisten.[471] Er ermöglicht einen privatrechtlichen Vollzug des öffentlich-rechtlichen Normprogramms.[472] Mit ihrer Prüfung und Bescheinigung erfüllen diese Sachverständigen Aufgaben im öffentlichen Interesse.[473]

Die Benannten Stellen sind als Verifikateure zu verstehen. Sie verfolgen staatliche Regelungsziele[474] und erfüllen eine öffentliche Aufgabe. Den Zertifizierungen kommt öffentlich-rechtliche Wirkung zu,[475] auch ohne dass die Benannten Stellen organisatorisch-institutionell in den staatlichen Bereich eingebunden sind. Die Zertifizierung wird über ein Vermutungsmodell in das behördliche

---

NVwZ 2006, 377, 378 spricht insofern von dem Privatgutachter als „Erfüllungsgehilfen“ des Normadressaten bei der Beweiserbringung.

467 *Dahlke* in: Hoppe/Bauer/Faber/Schink (Hrsg), Rechts- und Anwendungsprobleme, 62, 69; *Scholl*, Private Sachverständige, 289. Krit *Appel* in: Hoffmann-Riem/Schmidt-Aßmann/Voßkuhle (Hrsg), GVwR II, § 32 Rn 67 ff: Übernimmt die Behörde die vorangegangene Sachverhaltsermittlung eines Privaten unmittelbar und ohne weitere eigene Prüfung, könnte das gegen den Amtsermittlungsgrundsatz und dessen rechtsstaatliche Wurzeln verstoßen.

468 *Merten*, Private Entscheidungsträger, 209.

469 *Scholl*, Private Sachverständige, 286 f.

470 *Scholl*, Private Sachverständige, 281.

471 *Scholl*, Private Sachverständige, 144, 280 mwN; *Weiß*, Produktsicherheit, 356; *Seidel*, Privater Sachverstand, 266. *Ebenda*, 172: Durch die Akkreditierung erlangt die Zertifizierung an sich eine „öffentlich-rechtliche Absegnung“. Der Vertrauensschutz ist auch nicht dadurch ausgeschlossen, dass das Überwachungskonzept öffentlich ist (§ 25 II ProdSG) und die Maßnahmen damit zu einem gewissen Grad vorhersehbar sind.

472 *Scholl*, Private Sachverständige, 287: „Aufgrund der Verifikateurbeteiligung wird das öffentlich-rechtliche Normprogramm weiterhin vollumfänglich vollzogen, nur eben nun vollständig oder partiell privatrechtlich.“ Ein Nachteil ist das Informationsdefizit auf behördlicher Seite, dazu *ebenda*, 288.

473 Dazu auch *Scholz*, Privatisierung, 44 f.

474 *Burgi*, Gutachten D zum 67. DJT, 26; *Scholl*, Private Sachverständige, 279.

475 Mehr dazu in Kap. 2, C, IV. Ebenso *Dahlke* in: Hoppe/Bauer/Faber/Schink (Hrsg), Rechts- und Anwendungsprobleme, 62, 69.

Verfahren integriert;[476] sie wird normativ, nicht administrativ, in die jeweilige Regelungsstruktur eingebunden (sog. normative Gutachtenrezeption).[477] Die Zertifizierung entfaltet Feststellungswirkung.[478]

Der Hersteller muss auf die durch die Verwaltung nicht weiter geprüften Zertifizierungen vertrauen dürfen. Bei der behördlichen Zulassungsentscheidung kommt dem Hersteller Vertrauensschutz zu. Das gleiche muss für die Zertifizierung durch eine Benannte Stelle gelten, die einer behördlichen Zulassungsentscheidung nahe steht.[479] Durch die Akkreditierung hat die Zertifizierung eine „öffentlich-rechtliche Absegnung" erlangt.[480] Sie kann als mittelbare administrative Bestätigung verstanden werden,[481] sie wird „mit einem Vertrauenstatbestand im Sinne einer prozeduralen und/oder inhaltlichen Richtigkeitsgewähr ausgestattet".[482] Das Zertifizierungsrechtsverhältnis ist ein funktionales Äquivalent,[483] es ist eine strukturell vergleichbare Alternative zu einem verwaltungsbehördlichen Rechtsverhältnis.[484] Die Privaten nehmen funktional eine Aufgabe wahr, die einer behördlichen Produktzulassung entspricht.[485]

Bei der Benannten Stelle als Verifikateur handelt es sich schließlich auch nicht um eine Form eines Verwaltungssubstituts. Die Verwaltungssubstitution wurde neben der Verwaltungshelferschaft und der Beleihung als weitere Kategorie der „institutionellen Verbindung mit Staatsaufgaben" vorgeschlagen,[486] um die

---

476 Vgl. zu der äquivalenten baurechtlichen Problematik *Dahlke* in: Hoppe/Bauer/Faber/Schink (Hrsg), Rechts- und Anwendungsprobleme, 62, 69. Sich dem anschließend *Scholl*, Private Sachverständige, 280.

477 *Scholl*, Private Sachverständige, 280.

478 *Scholl*, Private Sachverständige, 298 f.

479 *Weiß*, Produktsicherheit, 368. Dass sich die Rechtsfolge der Produktzulassung, anders als die behördliche Zulassung, unmittelbar aus der gesetzlichen Norm und nicht aus einem normativen Willensakt der Zertifizierungsstelle ergibt, ist insofern nicht relevant. AA *Holoubek* in: Holoubek/Potacs, Öffentliches Wirtschaftsrecht, Bd. II, 503, 521.

480 *Seidel*, Privater Sachverstand, 172.

481 So *Schmidt-Aßmann*, Ordnungsidee, Kap 3 Rn 55.

482 *Scholl*, Private Sachverständige, 144.

483 *Thoma*, Regulierte Selbstregulierung, 201; *Holoubek* in: Holoubek (Hrsg), Anerkennungs-/ Herkunftslandprinzip in Europa, 33.

484 *Weiß*, Produktsicherheit, 346.

485 Mit diesem Argument eine Beleihung bejahend *Scheel*, Privater Sachverstand, 97; *Röhl* in: Schmidt-Aßmann/Schöndorf-Haubold (Hrsg), Der Europäische Verwaltungsverbund, 153, 154 ff; *Thoma*, Regulierte Selbstregulierung, 201; *Schumann*, Bauelemente, 145.

486 *v. Heimburg*, Verwaltungsaufgaben, 112 ff, insbesondere 139 ff.

Rechtsnatur von in den Gesetzesvollzug eingebundenen Privaten zu beschreiben.[487] Dabei wird aus Sicht des Staates materiell privatisiert, aus Sicht des nunmehr für die Aufgabenwahrnehmung verantwortlichen Privaten ersetzt er das Verwaltungshandeln.[488] Die Kompetenz des Staates soll dabei nur so lange ruhen, wie er es „zulässt, dass der Private als Privatrechtssubjekt und nur mit den ihm als solchem zustehenden Mitteln seine Tätigkeit ersetzt."[489] Dem staatlichen Kontrollverlust steht kein Kompetenzzuwachs auf der Seite des Privaten gegenüber.[490] Das Verwaltungssubstitut handelt selbstständig und nicht öffentlichrechtlich; es ist ebenfalls weder Verwaltungshelfer noch Beliehener.[491]

Die Verwaltungssubstitution setzt also eine materielle Privatisierung voraus, so dass die betreffende Aufgabe aus der Verantwortung der Behörde ausscheidet. Die Aufgabe wird dabei vollständig in den wettbewerblich strukturierten Markt entlassen.[492] Nach einer Akkreditierung liegt die Verantwortung aber zu Teilen weiterhin beim Staat, er ist zu Aufsicht und Marktüberwachung verpflichtet, die Aufgabe der Produktzulassung geht zu keinem Moment vollständig auf den Verifikateur über. Die Aufgabenwahrnehmung wird im Falle einer Akkreditierung also weiterhin vom Staat gelenkt.[493] Die Aufgabe wird gerade nicht materiell privatisiert. Bei der Einschaltung der hier untersuchten Prüfstellen kommt es zu keiner Verwaltungssubstitution.

Die Akkreditierung kann als europäische Variante des Verifikateurs verstanden werden.[494] Die Akkreditierung ist ein Instrument zur Herstellung eines

---

487 *v. Heimburg*, Verwaltungsaufgaben, 139 ff.

488 *v. Heimburg*, Verwaltungsaufgaben und Private, 61 ff; *Scholz*, Privatisierung, 40 ff.

489 *v. Heimburg*, Verwaltungsaufgaben, 139. Nach einem anderen Verständnis sei die Besonderheit einer materiellen Privatisierung, dass ein „Zurückholen" der Aufgabe gerade nicht mehr möglich sei, *Ruhland*, Dienstleistungskonzession, 114 mwN.

490 *v. Heimburg*, Verwaltungsaufgaben, 139.

491 *Burgi*, Gutachten D zum 67. DJT, 71.

492 *Stober* in: Wolff/Bachof/Stober/Kluth, Verwaltungsrecht Bd. II, § 89 Rn 17, allgemein zur materiellen Privatisierung *ebenda*, § 94.

493 Zu dieser Idee *Scholl*, Private Sachverständige, 316 mwN. *Ebenda*, 280 mit Fn 713: Zudem erfasst die Verwaltungssubstitution allgemein jede Art der Ersetzung staatlichen Handelns durch einen Privaten bzw. den Aufgabenbetroffenen, während die Benannte Stelle bei der Produktzertifizierung unter Marktbedingungen handelt. Die Akkreditierung ist spezieller als die Verwaltungssubstitution.

494 Die staatliche Anerkennung von einem Bausachverständigen und von einem Umweltgutachter ist nicht mit der Akkreditierung gleichzusetzen. Dazu und im Vergleich zu anderen Ländern: Bericht der BAM 1(19) von 2005, http://www.dar.bam.de/pdf/BAM_Bericht_Anlagen1-7.pdf (abgerufen am 3.12.2012).

Binnenmarktes. Als transnationaler Verwaltungsakt wirkt die Akkreditierung europaweit. Sie ist Teil eines Gesamtsystems aus Konformitätsbewertung und Marktüberwachung. Das System dient dem Ziel, die Konformität der Produkte mit den geltenden Anforderungen zu bewerten und zu gewährleisten.[495] Dies erklärt auch die Einbindung der Benannten Stelle in europäische Verfahrensstrukturen (*peer assessment*, Schutzklauselverfahren[496]).

b) Akkreditierung als öffentliche Bestellung

Die Konformitätsbewertung lässt sich als private Sachverständigentätigkeit begreifen.[497] Für eine Sachverständigentätigkeit sind typischerweise sechs Voraussetzungen nachzuweisen: die Sachkenntnis des Prüfers, die Neutralität seiner Leistungserbringung, seine Zuverlässigkeit, seine Weisungsunabhängigkeit, sein Handeln als Dritter in einer Entscheidungssituation nach Einbezug durch einen Auftraggeber, sowie sein Gutachten als spezifische Handlungsform.[498] Dies sind auch die Voraussetzungen für die Akkreditierung.

Die Akkreditierung ist zugleich von anderen Arten der Einbindung Sachverständiger abzugrenzen.[499] Die Definition eines Sachverständigen ist gesetzlich nicht vorgegeben, der Begriff des „Sachverständigen" nicht geschützt.[500] Es gibt verschiedene Arten von Sachverständigen.[501] Der Funktion nach hebt sich die Benannte Stelle von der sonstiger Sachverständiger im Verwaltungsrecht

495 Erwägungsgrund 8 zur VO (EG) Nr. 765/2008.

496 Zum Begriff ausführlich unter Kap. 3, B, I, 2, c).

497 *Merten*, Private Entscheidungsträger, 213; *Windmann*, DÖV 2010, 396 ff. Dafür aus Sicht der österreichischen Literatur *Holoubek* in: Holoubek/Potacs, Öffentliches Wirtschaftsrecht Bd. II, 503, 516.

498 Dazu *Scholl*, Private Sachverständige, 91 ff mwN.

499 Es ist Aufgabe der allgemeinen Sachverständigenlehre, die Bedingungen für einen privatrechtlichen Normvollzug rechtstechnisch einzuordnen und zu erklären, *Scholl*, Private Sachverständige, 316. *Holoubek*, Anerkennungs- und Herkunftslandprinzip, 25, 32 f: „Es ist nicht einfach, das Zertifizierungsrechtsverhältnis rechtlich einzuordnen. Natürlich handelt es sich grundsätzlich um sachverständige Äußerungen einer privaten Einrichtung, doch knüpfen an eine Konformitätsbescheinigung durch eine Zertifizierungsstelle doch spezifische Rechtswirkungen."

500 *Bleutge* in: Landmann/Rohmer (Hrsg), Gewerbeordnung, § 36 Rn 10; *Rickert* in: Pielow (Hrsg), BeckOK GewO, § 36 Rn 8; *Ennuschat* in: Tettinger/Wank/Ennuschat, Gewerbeordnung, § 36 Rn 5; *Bleutge*, GewArch 2007, 184.

501 *Rickert* in: Pielow (Hrsg), BeckOK GewO, § 36 Rn 3 ff unterscheidet öffentlich bestellte und vereidigte Sachverständige im Sinne des § 36 GewO (bzw. des jeweiligen Fachgesetzes), amtlich anerkannte, zertifizierte, verbandsanerkannte sowie selbsternannte Sachverständige.

„deutlich" ab.[502] Abzugrenzen ist die Benannte Stelle von den öffentlich bestellten Sachverständigen im Sinne des § 36 GewO.[503] In Anlehnung an den Umweltgutachter[504] ist wohl auch die Tätigkeit als Benannte Stelle als Ausübung eines freien Berufs zu verstehen.[505] Dies schließt die Anwendung des Gewerberechts aber nicht aus, da § 36 GewO auch die freien Berufe erfasst.[506]

Eine öffentliche Bestellung dient dazu, die fachliche Kompetenz und die persönliche Integrität des Sachverständigen zu bescheinigen.[507] Voraussetzung gem. § 36 I GewO ist, dass für das Sachgebiet ein Bedarf an Sachverständigenleistungen besteht, der Sachverständige hierfür besondere Sachkunde nachweist und keine Bedenken gegen seine Eignung bestehen. Seine Aufgabe muss der Sachverständige unabhängig, weisungsfrei, persönlich, gewissenhaft und unparteiisch erfüllen. Die öffentliche Bestellung erfolgt auf Antrag, ist auf bestimmte

---

502 *Voßkuhle* in: Hoffmann-Riem/Schmidt-Aßmann (Hrsg), Verwaltungsverfahren und Verwaltungsverfahrensgesetz, 277, 328; *Holoubek* in: Holoubek/Potacs, Öffentliches Wirtschaftsrecht, Bd. II, 503, 516.

503 Bzw. des jeweiligen Fachgesetzes. So auch *Seidel*, Privater Sachverstand, 168 ff. Diese Unterscheidung wird nicht immer ganz sauber durchgeführt. Unklar bleibt sie bspw. bei *Böttger* in: Bayerlein, Handbuch des Sachverständigenrechts, § 5 Rn 18 ff

504 Dieser ist gem. § 4 II UAG nicht gewerbsmäßig und damit freiberuflich tätig. Dazu und mit weiteren Beispielen *Ehlers* in: Ehlers/Fehling/Pünder (Hrsg), Besonderes Verwaltungsrecht, § 18 Rn 25.

505 Grundsätzlich ist die Einordnung von Sachverständigentätigkeiten in dem Spannungsfeld von freiem Beruf und Gewerbe umstritten. Klare Abgrenzungskriterien sind auch der Rechtsprechung nicht zu entnehmen. Kfz-Sachverständige seien in der Regel gewerblich tätig. Differenzierend *Pielow* in: Pielow (Hrsg), BeckOK GewO, § 1 Rn 178 mwN: Die Kfz-Schadensbewertung stelle eine gewerbliche, die Unfallursachenerforschung eine freiberufliche Tätigkeit dar. Dazu *Ennuschat* in: Tettinger/Wank/Ennuschat, Gewerbeordnung, § 1 Rn 66; *Bleutge* in: Landmann/Rohmer (Hrsg), Gewerbeordnung, § 36 Rn 16 mwN.

506 *Ennuschat* in: Tettinger/Wank/Ennuschat, Gewerbeordnung, § 36 Rn 6; *Stober/Eisenmenger*, Besonderes Wirtschaftsverwaltungsrecht, § 46 III 10. Die Tätigkeit der freien Berufe umfasst die freie wissenschaftliche, künstlerische und schriftstellerische Betätigung sowie persönliche Dienstleistungen höherer Art. Dazu *Ehlers* in: Ehlers/Fehling/Pünder (Hrsg), Besonderes Verwaltungsrecht, § 18 Rn 24; *Pielow* in: Pielow (Hrsg), BeckOK GewO, § 1 Rn 173. *Schulze-Werner* in: Fuhr/Friauf/Stahlhacke, Kommentar zur Gewerbeordnung, § 36 Rn 12: Andere gewerberechtliche Vorschriften (wie die Anzeigepflicht gem. § 14 GewO) kommen nur bei gewerblich tätigen öffentlich bestellten Sachverständigen zur Anwendung.

507 BVerwG, Urt. v. 26.1.2011, 8 C 45/09, BeckRS 2011, 49489 Rn 20; *Rickert* in: Pielow (Hrsg), BeckOK GewO, § 36 Rn 2.

Sachgebiete bezogen und kann inhaltlich beschränkt, mit einer Befristung erteilt und mit Auflagen verbunden werden. Sie erfolgt ausschließlich im öffentlichen Interesse:[508] Sie ist auf die Bereitstellung von fachlich und persönlich qualifizierten Sachverständigen für die Öffentlichkeit gerichtet. Der öffentlich bestellte Sachverständige hat ein sehr weites Betätigungsfeld.[509] Er kann alle sachverständigen Leistungen im Rahmen seines Bestellungstenors anbieten.[510] Eingeschaltet wird er durch die zuständige Behörde, das Gericht oder einen Privaten. Durch die Prozessordnungen wird ihm eine privilegierte Position eingeräumt, er ist bevorzugtes Beweismittel gem. §§ 402, 404 II ZPO, 98 VwGO, 73 II StPO. Der Sachverständige ist kein Teil der nationalen Verwaltungsstruktur und damit nicht dem öffentlichen Recht zuzuordnen. Das Gutachten, welches der Sachverständige erstellt, dient dem Nachweis einzelner Tatsachen. Es entfaltet dabei aber keine Ausschlusswirkung gegenüber anderen Beweismitteln. Das Gutachten kann von Dritten überprüft werden. Der öffentlich bestellte Sachverständige steht unter der Aufsicht der anerkennenden Stelle.[511]

Die Akkreditierung ist eine Form öffentlicher Bestellung. Die Voraussetzungen sind im Wesentlichen gleich.[512] Die Akkreditierung dient, wie die öffentliche Bestellung, zur Bescheinigung über die fachliche Kompetenz und die persönliche Integrität des Sachverständigen. Dabei geht die Akkreditierung § 36 GewO aber als speziellere bundesrechtliche Vorschrift im Sinne des § 36 V GewO vor.[513] § 36 GewO ist eine Auffangvorschrift.[514] Im Gegensatz zum Sachverständigen gem. § 36 GewO kann die Tätigkeit als Benannter Stelle *nur* nach einer Akkreditierung wahrgenommen werden. Ab dem Moment der Akkreditierung steht die Benannte Stelle in einem Treuhandverhältnis zur Verwaltung.[515] Die

---

508 *Ennuschat* in: Tettinger/Wank/Ennuschat, Gewerbeordnung, § 36 Rn 9; *Rickert* in: Pielow (Hrsg), BeckOK GewO, § 36 Rn 23.

509 Dieses ist weiter als die auf die technische Kontrolle beschränkten amtlich anerkannten Stellen, *Bleutge* in: Landmann/Rohmer (Hrsg), Gewerbeordnung, § 36 Rn 19; *Rickert* in: Pielow (Hrsg), BeckOK GewO, § 36 Rn 6

510 *Rickert* in: Pielow (Hrsg), BeckOK GewO, § 36 Rn 7.

511 *Rickert* in: Pielow (Hrsg), BeckOK GewO, § 36 Rn 10.

512 *Seidel*, Privater Sachverstand, 172. Zu den Voraussetzungen, siehe oben.

513 Die akkreditierten Sachverständigen im Produktzulassungsrecht würden § 36 V GewO schon deshalb nicht unterfallen, weil sie nicht im Sinne der Vorschrift öffentlich bestellt seien, *Bleutge* in: Landmann/Rohmer, GewO, § 36 Rn 164.

514 *Bleutge* in: Landmann/Rohmer (Hrsg), Gewerbeordnung, § 36 Rn 160.

515 So *Rittner/Dreher*, Europäisches und deutsches Wirtschaftsrecht, § 7 Rn 15 bezogen auf die Erfüllung von Verwaltungsaufgaben durch Private.

Akkreditierung ist zudem mehr als nur eine herkömmliche Betätigungszulassung.[516] Es entsteht eine Vertrauensstruktur. Auch kann das Bewertungsergebnis der Benannten Stelle weder durch eine andere Prüfstelle, noch durch eine Behörde überprüft werden. Die Benannte Stelle entscheidet als einzige Stelle[517] und bindend[518]. Zertifizierungen wirken zudem EU-weit, während Rechtsakte im Sinne von § 36 GewO in ihrer Wirkung auf das deutsche Hoheitsgebiet beschränkt sind. Möchten die staatlichen Stellen gegen das Konformitätsurteil vorgehen, können sie die Zertifizierung nicht einfach aufheben. Vielmehr sind sie auf das unionsweit vorgegebene Schutzklauselverfahren verwiesen,[519] oder müssen aufsichtsrechtlich aktiv werden.

Der Unterschied zwischen Benannter Stelle und öffentlich bestelltem Sachverständigen liegt damit vor allem in den unionsrechtlichen Wurzeln. Das System der öffentlich bestellten Sachverständigen ist in Europa nicht sehr bekannt.[520] Es ist zu erwarten, dass das System der Akkreditierung und Zertifizierung langfristig das System der öffentlichen Bestellung und das der amtlichen Anerkennung verdrängt.[521] Zwar ist das Sachverständigenwesen nach wie vor weder umfassend europäisch harmonisiert,[522] noch ist eine europäische Harmonisierung dieser Vorschrift in absehbarer Zeit zu erwarten.[523] Etabliert sind aber zumindest

516 *Voßkuhle* in: Hoffmann-Riem/Schmidt-Aßmann (Hrsg), Verwaltungsverfahren und Verwaltungsverfahrensgesetz, 277, 319 f; ebenso *Pünder*, ZHR 170 (2006), 567, 587. AA *Dimitropoulos*, Zertifizierung und Akkreditierung, 75.

517 So muss der Hersteller beim Antrag auf Zertifizierung eine schriftliche Erklärung darüber abgeben, dass er denselben Antrag noch bei keiner anderen Benannten Stelle eingereicht hat, Anhang II Modul B Ziff. 3 Unterpunkt 2 zu Beschluss (EG) Nr. 768/2008. Dazu auch *Röhl*, Akkreditierung und Zertifizierung, 24.

518 *Schmitz* in Stelkens/Bonk/Sachs, VwVfG, § 1 Rn 266: Insofern trete eine Präjudizwirkung im Hinblick auf die Tätigkeit anderer Benannter Stellen ein.

519 Dazu *Holoubek* in: Holoubek/Potacs, Öffentliches Wirtschaftsrecht Bd. II, 503, 517; Kap. 2, C, IV, 2 und Kap. 3, B, I, 2, c).

520 *Böttger* in: Bayerlein, Handbuch des Sachverständigenrechts, § 5 Rn 1. Eine Ausnahme stellt Österreich dar, *ebenda*, Rn 6. Allgemein zum Sachverständigenwesen in Europa *Floter*, DS 2007, 8 ff.

521 *Bleutge*, GewArch 2007, 184, 187 mwN; *Dimitropoulos*, Zertifizierung und Akkreditierung, 71. So die Forderung bei *Niebling*, WiB 1995, 737, 742.

522 Jedoch bestehen teilweise sektorale Regelungen. *Böttger* in: Bayerlein, Handbuch des Sachverständigenrechts, § 5 Rn 6 verweist bspw. auf die BerufsanerkennungsRL für Ingenieure und Architekten.

523 *Böttger* in: Bayerlein, Handbuch des Sachverständigenrechts, § 5 Rn 29.

einige Formen der Kooperation.[524] Eine zunehmende Einbindung der privaten Benannten Stellen ist zu erwarten.[525]

Die Institute der Akkreditierung und der Bestellung zum Sachverständigen laufen grundsätzlich parallel,[526] die Akkreditierung ist ein spezieller Fall der öffentlichen Bestellung, sie geht dieser gem. § 36 V GewO vor.

c) Privatrechtliches Haftungsregime

Es bleibt zu prüfen, ob die Benannten Stellen Amtsträger im Sinne des Amtshaftungsrechts sind – und damit ein Anspruch des Geschädigten nicht nur gegen den Privaten, sondern auch gegen den Staat geltend gemacht werden kann. Benannte Stellen und Staat stünden dann gesamtschuldnerisch nebeneinander.[527] Die Zertifizierungstätigkeit könnte, nach der BGH-Rechtsprechung zur Staatshaftung für selbstständige Werkunternehmer,[528] amtshaftungsrechtliche Ansprüche begründen. Ein privater Unternehmer ist nach dieser Rechtsprechung Amtsträger, „wenn er mit der vom Hoheitsträger wahrzunehmenden Aufgabe in einer so engen Verbindung steht und bei der Ausübung seiner Tätigkeit einen derart begrenzten Entscheidungsspielraum hat, dass diese Einordnung gerechtfertigt ist."[529] Ob ein öffentliches Amt ausgeübt wird, bestimmt sich mit anderen Worten danach, ob die Zielsetzung hoheitlicher Tätigkeit zuzurechnen ist, und ob zwischen dieser Zielsetzung und der schädigenden Handlung ein so enger äußerer und innerer Zusammenhang besteht, dass die Handlung noch zum Bereich hoheitlicher Betätigung gezählt werden muss – wobei nicht auf

---

524 So dient bspw. das von verschiedenen europäischen Mitgliedstaaten 1998 gegründete Forum EuroExpert mit Sitz in Luxemburg als Verbindungsstelle zwischen Sachverständigen und den europäischen Institutionen und pflegt zugleich die Beziehungen zu den Organisationen für Akkreditierung und Zertifizierung. *Floter*, DS 2007, 8, 11: EuroExpert ist ein europäisches Forum, das der Kompatibilisierung des europäischen Sachverständigenwesens diene.

525 Vgl. dazu die Einführung.

526 *Rickert* in: Pielow (Hrsg), BeckOK GewO, § 36 Rn 10 c.

527 Ein Gesamtschuldnerausgleich würde sich nicht nach § 841 BGB richten, da keine der einschlägigen Konstellationen vorliegt, insbesondere erfüllt die Benannte Stelle kein Geschäft des Herstellers, wie bspw. der Vormund oder der Insolvenzverwalter. Ein Ausgleich richtet sich dann nach den allgemeinen Vorschriften der §§ 426, 254 BGB, vgl. dazu *Spindler* in: Bamberger/Roth, BeckOK BGB, § 841 Rn 1 f.

528 *Papier* in: Maunz/Dürig (Begr), Grundgesetz, Art. 34 GG Rn 26 mwN.

529 *Papier* in: Maunz/Dürig (Begr), Grundgesetz, Art. 34 GG Rn 26 mwN.

die Person des Handelnden, sondern auf seine Funktion, d.h. auf die Aufgabe, abzustellen ist.[530]

Voraussetzung für die Zertifizierungstätigkeit ist der Nachweis über eine abgeschlossene Haftpflichtversicherung.[531] Dies ist jedoch für sich genommen allenfalls ein Indiz dafür, dass der Gesetzgeber eine Amtshaftung für die Tätigkeit der Benannten Stellen ablehnt. Die einschlägigen Normen wurden auf europäischer Ebene geschaffen, um überhaupt irgendeinen Haftungsanspruch gegen die Zertifizierungsstellen zu ermöglichen, da nicht in allen mitgliedstaatlichen Rechtsordnungen das Amtshaftungsrecht ähnlich ausgeprägt ist wie beispielsweise in der deutschen.[532] Ein Vergleich zur Erteilung des GS-Zeichens sowie zur Bestätigung durch den Emissionszertifikate-Verifizierer soll darüber Aufschluss geben.

Das GS-Zeichen ist eine freiwillige Kennzeichnung, die ein Hersteller nutzen kann. Sie wird durch GS-Stellen erteilt, die weniger strengen Anforderungen als Benannte Stellen unterliegen.[533] Bei der Erteilung des GS-Zeichens liegt keine Ausübung eines öffentlichen Amtes vor:[534] „Die Prüfstelle [wird] nicht derartig eng in die Tätigkeit der Verwaltung eingeschaltet, als dass man ihr Handeln der Behörde zurechnen könnte."[535] Das Inverkehrbringen der Produkte ist schon nicht von einer staatlichen Erlaubnis abhängig – die betroffenen Wirtschaftskreise haben nach der gesetzlichen Konzeption die Sicherheitsanforderungen vielmehr selbstverantwortlich zu erfüllen.[536] Etwas anderes ergibt sich auch nicht aus dem Wortlaut, der von „Antrag" spricht.[537] Im Ergebnis haftet die GS-Stelle

---

530 BGH, NVwZ 2012, 381, 382 Rn 13. Ähnliche Kriterien legt der österreichische Oberste Gerichtshof (OGH) an, der auf einen „funktionellen Zusammenhang" zur Hoheitsverwaltung abstellt. Dazu *Holoubek* in: Holoubek/Potacs, Öffentliches Wirtschaftsrecht, 503, 519 Fn 60 mwN.

531 § 13 VIII ProdSG.

532 *Pünder*, ZHR 170 (2006), 567, 580 f.

533 §§ 20 ff ProdSG.

534 BGH, Beschluss v. 31.3.2011 – III ZR 339/09 (OLG München), NVwZ-RR 2011, 556. Das GS-Zeichen ist nunmehr geregelt in den §§ 20 ff ProdSG.

535 BGH, Beschluss v. 31.3.2011, NVwZ-RR 2011, 556, 557 Rn 11 unter Verweis auf BGH, NJW 1978, 2548, 2549.

536 BGH, NJW 1978, 2548 f; BGH, Beschluss v. 31.3.2011, NVwZ-RR 2011, 556, 557 Rn 11.

537 BGH, Beschluss v. 31.3.2011, NVwZ-RR 2011, 556, 557 Rn 11: „Dass nach § 7 I 1 GPSG das GSZeichen „auf Antrag des Herstellers" zuerkannt wird, steht […] einer privatrechtlichen Sicht des Rechtsverhältnisses nicht entgegen. Die gesetzliche Formulierung soll lediglich verdeutlichen, dass es sich um kein zwingendes Zeichen

privatrechtlich auf Schadensersatz, eine amtshaftungsrechtliche Überleitung auf den Staat findet nicht statt.[538]

Diese Rechtsprechung lässt sich nicht unmittelbar auf den Fall der hier untersuchten Benannten Stellen übertragen. Zwar ist zur Erteilung eines GS-Zeichens ebenfalls eine Haftpflichtversicherung notwendig.[539] Im Gegensatz zum CE-Zeichen stellt das GS-Zeichen aber nur eine freiwillige Kennzeichnung dar. Das Produkt kann auch ohne das GS-Zeichen auf den Markt gebracht werden. Wird das GS-Zeichen wieder entzogen, führt dies nicht automatisch zu einem Verbot des Inverkehrbringens. Der Kennzeichnung kommt keine Bindungswirkung zu, sie hat keine legalisierende Funktion.[540] Das CE-Zeichen geht damit weiter als das GS-Zeichen: Es ist zwingende Marktzugangsvoraussetzung und mit bestimmten Rechtswirkungen versehen. Das GS-Zeichen ergeht in Selbstregulierung, die Zertifizierung dagegen in regulierter Selbstregulierung.

Die Tätigkeit eines Emissionszertifikate-Verifizierers im Sinne des § 9 II 6 TEHG 2011 (§ 10 I 3 TEHG 2004) qualifiziert der BGH demgegenüber als Ausübung eines öffentlichen Amtes und bejaht einen Amtshaftungsanspruch.[541] Der Emissionszertifikate-Verifizierer ist für die Überprüfung der tatsächlichen Angaben im Zuteilungsantrag zuständig; aufgrund seiner Bestätigung werden dem antragstellenden Anlagenbetreiber durch das Umweltbundesamt kostenlose Berechtigungen (sog. Emissionszertifikate) zugeteilt. Die dem Verifizierer obliegende Aufgabe[542] sei eine mit dem Pflichtenkreis des Umweltbundesamts aufs Engste zusammenhängende Verrichtung. Die Erfüllung dieser Aufgabe könne als Bestandteil der hoheitlichen Tätigkeit des Umweltbundesamts angesehen werden.[543]

---

handelt, es mithin nur auf Wunsch des Herstellers verliehen wird und die „GS-Stellen" nach § 11 II GPSG nicht etwa von sich aus tätig werden."

538 Damit weist der BGH die Nichtzulassungsbeschwerde ab, die Beschwerdeführerin muss gem. § §§ 634 Nr. 4, 633, 280 I BGB Schadensersatz zahlen. Dazu die Vorinstanz OLG München, Urt. v. 30.7.2009 – 23 U 2005/08, NJOZ 2010, 2609 ff.

539 §§ 23 II, 13 VIII ProdSG.

540 BGH, Beschluss v. 31.3.2011, NVwZ-RR 2011, 556 f Rn 8.

541 BGH, Urt. v. 15.9.2011 – III ZR 240/10 (OLG Bremen), NVwZ 2012, 381 Rn 12 mwN. Die BGH-Entscheidung sei mit Blick auf die bisherige Rechtsprechung zur Haftung für fehlerhafte Sachverständigentätigkeiten im Rahmen von Verwaltungsverfahren überzeugend, *Ehrmann/Helmes*, NVwZ 2012, 1152, 1154.

542 Aufgrund der Überprüfung gem. § 14 I 1, III 2 ZuV 2007. Diese ist gem. § 17 S. 1 ZuG 2007 eine originäre Aufgabe des Umweltbundesamts, BGH, NVwZ 2012, 381, 383 Rn 21.

543 BGH, NVwZ 2012, 381, 383 Rn 19.

Dass der Emissionszertifikate-Verifizierer unmittelbar mit dem Antragsteller kontraktiert,[544] dessen Antrag überprüft und auch von diesem vergütet wird, schließe eine Amtshaftung ebenso wenig aus wie der Umstand, dass Regressnormen für mögliche Pflichtverletzungen des Verifizierers zu Gunsten des Staates gänzlich fehlen,[545] oder auch der Umstand, dass der Verifizierer selbst keine zwangsweise durchsetzbaren Maßnahmen gegen die von seiner Prüftätigkeit betroffenen Personen treffen kann.[546] Auch dass dem Umweltbundesamt eigene Prüfungskompetenzen und die Letztentscheidung verbleiben,[547] schließe nicht aus, die Verifizierertätigkeit als Ausübung eines öffentlichen Amtes zu verstehen, da der Verifizierer dennoch maßgeblichen Einfluss auf den Ausgang der Behördenentscheidung hat. Verweigert der Sachverständige sein Testat, scheidet die Zuteilung von Emissionsberechtigungen durch das Umweltbundesamt grundsätzlich aus.[548]

Diese Argumentation ist auf die Benannten Stellen ebenfalls nicht zu übertragen. Die Zertifizierungsstelle steht weder eng mit der vom Hoheitsträger wahrzunehmenden Aufgabe in Verbindung, noch hat sie bei der Ausübung ihrer Tätigkeit einen sehr begrenzten Entscheidungsspielraum. Bei der Zertifizierungstätigkeit handelt es sich gerade nicht nur um einen ausgelagerten Verfahrensschritt im Rahmen der behördlichen Prüftätigkeit. Die Aufgabe der Marktzugangskontrolle kommt der Benannten Stelle alleine zu. Die Zertifizierung unterliegt keiner weiteren behördlichen Kontrolle, an die Zertifizierung sind weitgehende Rechtsfolgen geknüpft. Bei fehlerhafter Zertifizierung kann die Behörde eine Zertifizierung nicht alternativ aussprechen. Die Konstellation der Benannten Stelle ist mit der des Emissionszertifikate-Verifizierers nicht vergleichbar; die Entscheidung muss nicht übertragen werden. Staat und Zertifizierungsstelle haften nicht gesamtschuldnerisch. Die Benannten Stellen werden nicht in Ausübung eines öffentlichen Amtes im Sinne des Amtshaftungsrechts

---

544 Unbeachtlich sei, dass der Sachkundige auf Veranlassung des Antragstellers aktiv (BGH, NVwZ 2012, 381, 384 Rn 28) und auch vom diesem vergütet wird (*ebenda*, Rn 29). Denn wenn Funktion und Aufgabenbereich des Sachverständigen durch öffentlich-rechtliche Normen hinreichend bestimmt sind, ist ein auf den Einzelfall bezogener Auftrag durch die öffentliche Verwaltung entbehrlich. Diese Voraussetzung liegt bei dem Verifizierer vor: Seine Aufgaben und Funktionen ergeben sich im Detail aus dem Gesetz oder aus seinem Bestellungsakt (*ebenda*, Rn 28).

545 BGH, NVwZ 2012, 381, 384 Rn 29.

546 BGH, NVwZ 2012, 381, 382 Rn 13.

547 Vgl. § 9 IV TEHG 2011.

548 BGH, NVwZ 2012, 381, 384 Rn 27.

tätig. Eine Amtshaftung gem. § 839 BGB i.V.m. Art. 34 GG besteht nicht.[549] Es greift das privatrechtliche Haftungsregime.

d) Grundrechtsberechtigung

Gem. Art. 1 III GG binden die Grundrechte die drei Gewalten, unter anderem die Verwaltung als „vollziehende Gewalt". Beliehene sind Grundrechtsgebundene, weil sie Hoheitsgewalt ausüben und der Staat sich dabei nicht seiner Bindung nach Art. 1 III GG entledigen können soll. Die Benannte Stelle ist funktional in die Marktzulassungskontrolle eingebunden, sie wird als Verifikateur tätig. Als solcher könnte sie grundrechtsverpflichtet sein.

Im Gesetzestext lässt sich kein Verweis auf eine solche Bindung finden. Die Benannte Stelle wird privatrechtlich tätig. Sie ist kein Teil der deutschen Verwaltung. Der nationale Verwaltungsbegriff ist auch nicht auf Fälle zu erweitern, in denen Private unionsrechtlich vorgegebene Aufgaben erfüllen und eng an die Verwaltung angebunden sind. Diese Erweiterung ist nicht notwendig. Die Privaten sind ausreichend in Kontrollstrukturen eingebunden.

Eine unmittelbare Grundrechtsbindung ist nicht gegeben; allenfalls kommt eine Bindung durch Drittwirkung der Grundrechte in Betracht. Eine unmittelbare Drittwirkung zwischen Privaten ist aber abzulehnen; sie ist dem Grundgesetz nur in besonders aufgeführten Fällen zu entnehmen.[550] Die Verfassung und speziell die Grundrechte stellen ein objektives Wertesystem auf, welches die Beziehungen zwischen Privaten mittelbar über das Privatrecht beeinflusst.[551] Der Staat ist aufgrund der grundrechtlichen Schutzgebotsfunktion zur Schaffung einer solchen Privatrechtsordnung verpflichtet.[552] Die Regulierung der privaten Sachverständigen gewährleistet hier in ausreichendem Maße, dass diese am öffentlichen Interesse orientiert handeln. Auch sind die Hersteller nicht so schützenswert wie gegenüber einem mächtigen Staat, da die Benannten Stellen gerade nicht hoheitlich tätig werden. Das Zertifizierungsrechtsverhältnis wird nur mittelbar durch entsprechende privatrechtliche Regelungen beeinflusst. Die Benannten Stellen sind keine Grundrechtsadressaten, sondern Grundrechtsberechtigte.

549 Zum gleichen Ergebnis kommt *Pünder*, ZHR 170 (2006), 567, 579.

550 Vgl. z.B. Art. 9 III 2 GG.

551 So das BVerfG seit seinem Lüth-Urteil BVerfGE 7, 198 ff; *Schnapp/Kaltenborn*, JuS 2000, 937, 940.

552 *Schnapp/Kaltenborn*, JuS 2000, 937, 940 mwN.

e) Allgemeines Akkreditierungsgesetz

Die Besonderheiten der Akkreditierung könnten es erfordern, ein Allgemeines Akkreditierungsgesetz zu schaffen, weil der Gesetzesvorbehalt auch dann Beachtung finden muss, wenn zwar keine Beleihung, aber eine Übertragung wichtiger Aufgabenfelder stattfindet.[553] Durch die Akkreditierung wird die Aufgabenträgerschaft der Zertifizierung zwar verändert.[554] Ein Allgemeines Akkreditierungsgesetz muss aber nicht erlassen werden,[555] da die aktuelle gesetzliche Lage die verfassungsrechtlichen Anforderungen des Gesetzesvorbehalts ausreichend wahrt.[556]

Dennoch wäre die Schaffung eines solchen Gesetzes zu begrüßen. Inhaltlich könnte es Vorgaben zum Zusammenwirken von Staat und Benannter Stelle im Rahmen von Aufsicht und Marktüberwachung enthalten, zur Zertifizierung und allgemein zu Begriffsbestimmungen.[557] Das Gesetz könnte auf diese Weise zentrale Elemente des Privatisierungsfolgenrechts kodifizieren und so zu einer breiteren Anerkennung und Ausweitung dieser besonderen Überwachungsstruktur führen.[558] Es könnte der „Bekämpfung der Gefahr einer rechtsstaatlich nicht domestizierten Ausstattung Privater mit verwaltungsähnlichen Entscheidungsbefugnissen",[559] und, indem normwidrige Praktiken verhindert werden, dem Verbraucherschutz nützen.[560] Ein solches Allgemeines

553 Für eine solche fachgesetzliche Übertragung von Prüfkompetenzen durch Fachrecht *Seidel*, Privater Sachverstand, 93; *Appel* in: Hoffmann-Riem/Schmidt-Aßmann/Voßkuhle (Hrsg), GVwR II, § 32 Rn 66 f.

554 Wie Beleihung und Verwaltungshilfe bedarf aus verfassungsrechtlicher Sicht auch die Akkreditierung einer gesetzlichen Grundlage, *Burgi*, Gutachten D zum 67. DJT, 71.

555 Den Erlass eines solchen Gesetzes fordern *Eifert* in: Hoffmann-Riem/Schmidt-Aßmann/Voßkuhle (Hrsg), GVwR I, § 19 Rn 96 f; *Pünder*, ZHR 170 (2006), 567, 596 ff; *Burgi*, Gutachten D zum 67. DJT, 45 Fn 173.

556 *Burgi*, Gutachten D zum 67. DJT, 95 f, 41 f.

557 Vgl. den Inhalt des österreichischen Akkreditierungsgesetzes (Österreichisches Bundesgesetz über die Akkreditierung von Prüf-, Überwachungs- und Zertifizierungsstellen – Akkreditierungsgesetz, BGBl. Nr. 468/1992 zuletzt geändert durch BGBl. I Nr. 85/2002); vgl. auch *Burgi*, Gutachten D zum 67. DJT, 72.

558 Ebenso *Bleutge*, GewArch 2007, 184, 190.

559 So die Hoffnung von *Burgi*, Gutachten D zum 67. DJT, 71.

560 *Bleutge*, GewArch 2007, 184, 190.

Akkreditierungsgesetz wäre auf Art. 74 I Nr. 11 GG zu stützen.[561] Es könnte anschließend in die Verwaltungsverfahrensgesetze übernommen werden.[562]

III. Legitimation der Akkreditierung

Jede verwaltende Tätigkeit muss demokratisch legitimiert sein – also an das Gemeinwohl rückgebunden und kontrollierbar. Dies ergibt sich im deutschen Recht aus Art. 20 II, III GG, im europäischen Recht aus Art. 2 EUV. Umfang und Inhalt des europäischen Demokratieerfordernisses waren zuvor und sind weiterhin umstritten.[563] Dabei ist die Frage der Legitimation horizontaler grenzüberschreitender Rechtsverhältnisse bisher nur vereinzelt in den Blick genommen worden.[564] Dies verwundert, da gerade im verwaltungskooperativen Vollzug Gefahren aufkommen, die mit jeder Mischverwaltung einhergehen. Einzelne Verwaltungsbeiträge im europäischen Verwaltungsverbund könnten möglicherweise nicht mehr ausreichend zugeordnet werden.[565]

Bei der Legitimation von Akkreditierungsakten ist zwischen deutschen und EU-ausländischen Akkreditierungen zu differenzieren. Im deutschen Recht

561 So *Burgi*, Gutachten D zum 67. DJT, 71; *Pünder*, ZHR 170 (2006), 567, 597.

562 So der Vorschlag von *Pünder*, ZHR 170 (2006), 567, 597. Alternativ wurde vorgeschlagen, in das bestehende Verwaltungsverfahrensgesetz einen Teil speziell für den Vollzug von europäischem und internationalem Recht einzufügen. Innerhalb dessen wäre dann ein Teil enthalten zu Kooperationsverwaltung, zu Informationsverwaltung und zu Partizipationsverwaltung, dazu *Kahl*, NVwZ 2011, 449, 457. Dieser Teil könnte ergänzt werden um einen Abschnitt über die europäisch veranlasste Zusammenarbeit von Verwaltung und Privaten.

563 Ausführlich zur demokratischen Legitimation im europäischen Verwaltungsverbund jüngst *Peuker*, Bürokratie und Demokratie in Europa, 133 ff, insbesondere 184 ff. Allgemein zur Demokratie in der EU *Kluth* in: Schulze/Zuleeg/Kadelbach, Europarecht, § 5.

564 *Terhechte* in: Terhechte (Hrsg), Verwaltungsrecht der EU, § 1 Rn 28. *Schmidt-Aßmann* in: Schmidt-Aßmann/Hoffmann-Riem (Hrsg), Strukturen des Europäischen Verwaltungsrechts, 9, 27 mwN: „Weniger durchdacht sind bisher die Legitimationsfrage der horizontalen Verwaltungskooperation und der in ihrem Gefolge auftretenden transnationalen Wirkungen mitgliedstaatlicher Verwaltungsentscheidungen."

565 Die Zurechnung von Verwaltungsvorgängen an die jeweilige Behörde im Sinne einer „normativ-wertende[n] Zuweisung eines bestimmten Sachverhalts in die Verantwortungssphäre eines bestimmten Rechtsträgers" soll „eine der Schlüsselfragen" im Rahmen des internationalen öffentlichen Rechts sein. So *Ohler*, DVBl. 2007, 1083, 1090, der insofern auf die völkerrechtlichen Kriterien der Staatenverantwortlichkeit verweist. Zur Funktionen der Zurechnungsnormen *ebenda*, 1090 f.

sind im Wesentlichen zwei Legitimationsstränge anerkannt: eine personelle Legitimation, bei der der jeweilige Amtsinhaber, gegebenenfalls in einer Kette über Dritte, persönlich legitimiert sein muss, und eine sachliche Legitimation, bei der die Bindung an das Gemeinwohl durch entsprechende Rechtsvorschriften sichergestellt wird. Deutsche Akkreditierungsakte ergehen im Rahmen dieser Legitimationsstrukturen. Die die Akkreditierung aussprechende Deutsche Akkreditierungsstelle (DAkkS) ist eine Beliehene und als solche in Aufsichtsstrukturen eingebunden.[566] Ihre Akkreditierungsverwaltungsakte sind legitimiert.

Zu klären bleibt, wie die Akkreditierungen EU-ausländischer Behörden legitimiert sind. Die transnationale Wirkung von Verwaltungsentscheidungen eines anderen Mitgliedstaates im europäischen Verwaltungsverbund ist aus legitimationsrechtlichen Gesichtspunkten „nicht unproblematisch",[567] da die Verwaltung des Erlassstaates dem Volk des rezipierenden Staates gegenüber nicht verantwortlich ist. Im europäischen Verwaltungsverbund müssen die demokratische und die rechtsstaatliche Verantwortlichkeit durch eine entsprechende Ausgestaltung der Verfahren abgesichert werden.[568] Beiträge der beteiligten Behörden müssen klar erkennbar und voneinander abgrenzbar sein (sog. Gebot der Verantwortungsklarheit). Auch wenn sie grenzüberschreitend wirken, ergehen die Akte im Rahmen des indirekten Vollzugs. Daher müssen die Akte den jeweiligen Legitimationsanforderungen des Erlassorgans entsprechen. Für die Handlungsbeiträge der EU und der einzelnen Mitgliedstaaten sind mit anderen Worten deren jeweilige demokratische Legitimationsanforderungen pro rata anzulegen.[569] Eine zumindest mittelbare persönliche Legitimation kann schließlich in den europäischen Geltungserstreckungsanordnungen gesehen werden. Zum Erlass dieser unionsrechtlichen Regelung hatten die Mitgliedstaaten zuvor im EU-Rat ihre Zustimmung erteilt.[570] Von dieser Legitimation ist derjenige Akt mit umfasst, der schließlich in seiner Geltung auf andere Rechtsordnungen erstreckt wird.

---

566 Dazu schon unter Akkreditierungsaufsicht, Kap. 2, B, I, 3.

567 Zusammenfassend *v. Danwitz*, Europäisches Verwaltungsrecht, 636 f mwN; *Neßler*, Richtlinienrecht, 83 ff.

568 Dazu *Ehlers* in: Erichsen/Ehlers (Hrsg), Allgemeines Verwaltungsrecht, § 5 Rn 63, § 6 Rn 12 ff; *Pache*, VVDStRL 66 (2006), 106, 136 ff.

569 So der Vorschlag von *Ehlers* in: Erichsen/Ehlers (Hrsg), Allgemeines Verwaltungsrecht, § 5 Rn 63; ausführlich auch *Röhl*, DVBl. 2006, 1070, 1073 ff.

570 Ebenso *Neßler*, Richtlinienrecht, 85 f. *Weiß*, Der Europäische Verwaltungsverbund, 166: Die Legitimation eines transnationalen Verwaltungsakts lasse sich formal aus einer entsprechenden sekundärrechtlichen Anordnung ableiten – inhaltlich aber

Eine solche Übernahme der Legitimationsanforderungen und -strukturen anderer Mitgliedstaaten setzt voraus, dass ausreichend Vertrauen[571] zwischen den Beteiligten herrscht. Dies ist die entscheidende Voraussetzung für die Errichtung und das Funktionieren unionsweiter Verwaltungsstrukturen (sog. Legitimation struktureller Art).[572] Es kommt zu einer am Vertrauensgedanken ausgerichteten strukturellen Europäisierung.[573] Teilweise wird sogar vorgeschlagen, die altbekannten Mittel der Verwaltungslegitimation (Weisung, Kontrolle und lückenlose Kette von Ernennungen) als Ganzes durch Maßnahmen zu ersetzen, die eine funktionierende und gemeinwohlkonforme Aufgabenerfüllung ebenso sicherstellen sollen.[574] Dies ist aber zu weitgehend. Die Legitimation kann durch die vertrauensbildenden strukturellen Maßnahmen verstärkt, nicht aber erstmalig aufgebaut werden; eine Legitimation pro rata bleibt notwendig.

---

speise sie sich aus der Gegenseitigkeit der Einflussmöglichkeiten, die im Rahmen des Verwaltungsverbunds eingerichtet und verstetigt würden.

571 Der Grundsatz des gegenseitigen Vertrauens sei „im Ansatz" durch Art. 4 III EUV auch primärrechtlich verankert, *Gundel* in: Schulze/Zuleeg/Kadelbach, Europarecht, § 3 Rn 146. Siehe auch EuGH, Rs. C-124/95, Slg. 1997, I-81 Rn 49 – Centro-Com, wo der EuGH feststellt: Den Behörden anderer Mitgliedstaaten darf die Missachtung des Unionsrechts nicht unterstellt werden. Im rechtlich angeglichenen Bereich besteht eine „Vermutung" dafür, dass sie es beachten.

572 *Röhl* in: Schmidt-Aßmann/Schöndorf-Haubold, Der Europäische Verwaltungsverbund, 153, 172, mit Fn 108. Ein Modell, das auf gegenseitigem Vertrauen aufbaut, ist in der Rechtwissenschaft seit längerem in der Diskussion. Dazu unter anderem *Röhl*, Akkreditierung und Zertifizierung, 48 ff mwN; *Schmidt-Aßmann* in Schmidt-Aßmann/Hoffmann-Riem (Hrsg), Strukturen des Europäischen Verwaltungsrechts, 398, 412, 414. *Franzius*, Gewährleistung, 173 mit Fn 118 mwN: Dieses Modell komme auch bei der Frage einer europäischen Gewährleistungsverantwortung zur Anwendung. Die Idee der strukturellen Legitimation knüpfe an die Forschung zu intermediären Verwaltungseinheiten an, welche dem Demokratieprinzip Gemeinwohlanforderungen der Vollzugseignung, Neutralitätssicherung und gleichmäßigen Interessenberücksichtigung entnehme. Es geht dabei über das Prinzip der gegenseitigen Anerkennung hinaus, *ebenda*, 173.

573 *Röhl*, DVBl. 2006, 1070, 1079 mwN.

574 *Neßler*, Richtlinienrecht, 83; *Röhl*, Akkreditierung und Zertifizierung, 38 ff; *Röhl* in: Schmidt-Aßmann/Schöndorf-Haubold (Hrsg), Der Europäische Verwaltungsverbund, 153, 172: Dieses Prinzip sei in Art. IV Sec. 1 auch in der amerikanischen Verfassung festgeschrieben. *Röhl*, DVBl. 2006, 1070, 1079; *Sydow*, Verwaltungskooperation, 248 ff; *Trute* in: Hoffmann-Riem/Schmidt-Aßmann/Voßkuhle (Hrsg), GVwR I, § 6 Rn 115; *Schmidt-Aßmann* in: Hoffmann-Riem/Schmidt-Aßmann/Voßkuhle (Hrsg), GVwR I, § 5 Rn 62 aE.

Das Produktzulassungsrecht ist ein Beispiel dafür, wie solche vertrauensbildenden Strukturen geschaffen werden. Es regelt einheitliche Voraussetzungen für die Einbindung der Benannten Stellen als europäische Vollzugseinheiten: Anforderungen an Neutralität, Kompetenz, Integrität sowie die finanzielle Unabhängigkeit. Den mitgliedstaatlichen Behörden steht die Möglichkeit zu, die Kompetenz der Benannten Stelle in Frage zu stellen und sie durch die Europäische Kommission überprüfen zu lassen.[575] Als vertrauensbildende Strukturmaßnahmen sind außerdem die neuen Kommunikationsforen zu nennen. Durch europäische Vorschriften sind die mitgliedstaatlichen Aufsichtsbehörden im Rahmen des *peer assessment* zur gegenseitigen Kontrolle ermächtigt. Auch eine enge Bindung der Verwaltung an Sekundärrecht dient der Legitimationssteigerung.[576] Das Legitimationsbedürfnis kann durch sehr detaillierte Vorgaben zu weiten Teilen reduziert werden, da so eine Bindung an Gemeinwohlbelange erreicht wird. In einer solchen Konstellation reduziert sich der Beitrag der Verwaltung auf ein Minimum.[577] Dies wurde im Produktzulassungsrecht in den ersten Jahren versucht. In den europäischen Normen fanden sich sehr detaillierte Regelungen, die unionsweit gelten und so zur Verwirklichung des Binnenmarktes führen sollten. Mit Einführung des Neuen Konzepts wurde die Detailharmonisierung zwar eingestellt. Nach wie vor aber ist die Zertifizierungstätigkeit zu weiten Teilen durch das europäische Recht vorgezeichnet. Die Akkreditierung schafft so Vertrauen und dient der Sicherstellung europäischer Gemeinwohlbelange.

C. Zertifizierung als private Handlungsform

Die Feststellung, dass der Zertifizierungsakt dem Privatrecht unterfällt, charakterisiert ihn noch nicht abschließend. Im Folgenden sollen die Besonderheiten der Zertifizierung als spezifischer „Handlungsform" der Benannten Stellen herausgearbeitet werden.[578] Diese privaten Akte ergehen gesetzlich vorgezeichnet in regulierter Selbstregulierung (I). Vorgaben zu Vertragsschluss und -ausgestaltung sind dem Zertifizierungssonderrecht zu entnehmen (II). Als reguliert wahrgenommene private Tätigkeit unterliegt die Zertifizierungstätigkeit einer mitgliedstaatlichen Aufsicht (III). An die Zertifizierung knüpfen

---

575 Artt. R 26, R 19, R 9 von Anhang I zu Beschluss (EG) Nr. 768/2008; *Scheel*, Privater Sachverstand, 90.

576 *v. Danwitz*, Europäisches Verwaltungsrecht, 637.

577 Vgl. dazu *Röhl*, Akkreditierung und Zertifizierung, 42.

578 So auch *Scholl*, Private Sachverständige, 317.

verschiedene Rechtsfolgen (IV). Die transnationale Natur der Zertifizierung wird im nachfolgenden Kapitel 3 näher behandelt.

I. Zertifizierung in regulierter Selbstregulierung

Nach der Akkreditierung liegt kein staatliches Handeln mehr vor.[579] Die Benannte Stelle erledigt die öffentliche Aufgabe zunächst wie jedes privatrechtliche Handeln als „individuelle oder kollektive Verfolgung von Privatinteressen in Wahrnehmung grundrechtlicher Freiheiten zum legitimen Eigennutz".[580] Jedoch können „Rezeptoren für öffentlich festgelegte Belange in „egoistische" außerstaatliche Systeme" eingebaut werden.[581] Dies ist hier der Fall, die Zertifizierungen ergehen in regulierter Selbstregulierung.[582] Die Idee der regulierten Selbstregulierung geht dabei darüber hinaus, nur ordnungsrechtliche Vorgaben zu beachten.[583] Dem Staat obliegt nach der Einbindung von Privaten eine Gewährleistungsverantwortung im Sinne einer latenten Erfüllungsverantwortung.[584] Er muss durch inhaltliche Vorgaben, Regulierung und Überwachung dafür sorgen, dass die Erfüllung der öffentlichen Aufgabe ordnungsgemäß erfolgt und den verfassungsrechtlichen Anforderungen genügt.[585] Aus organisations- und

---

579 Staatliches Handlen ist typischerweise gemeinwohlorientierten, prinzipiell rechtfertigungsbedürftiges Handeln, welches in Ausübung von Kompetenzen und hoheitlichen Befugnissen ergeht und dabei verfassungsrechtlichen Bindungen unterliegt, *Merten*, Private Entscheidungsträger, 126. Dazu *Schmidt-Preuß*, VVDStRL 56 (1997), 160, 162 f: Staatliche Steuerung ist „jede Gestaltung der Lebensverhältnisse durch einen Träger öffentlicher Gewalt".

580 *Schmidt-Preuß*, VVDStRL 56 (1997), 160, 162 f.

581 *Di Fabio*, VVDStRL 56 (1997), 235, 246. *Burgi*, Funktionale Privatisierung, 87 mwN: Unerheblich ist, ob der Private sich subjektiv von diesem Interesse leiten lässt oder aus eigennützigen Motiven aktiv wird.

582 Ebenso *Scholl*, Private Sachverständige, 285; *Weiß*, Produktsicherheit, 354; *Di Fabio*, Produktharmonisierung, 49. AA, die die Produktzertifizierung nicht zur Selbstregulierung zählt, weil die Benannten Stellen aufgrund zwingenden Rechts und nicht aufgrund privater Initiative zum Einsatz kämen und es ohne sie keinen Marktzugang gäbe, *Röhl* in: Schmidt-Aßmann/Schöndorf-Haubold (Hrsg), Der Europäische Verwaltungsverbund, 153, 163; *Stober*, Allgemeines Wirtschaftsverwaltungsrecht, § 29 IV 2 b.

583 So schon für die reine Selbstregulierung *Burgi*, Funktionale Privatisierung, 87 mwN.

584 *Ruhland*, Dienstleistungskonzession, 107 ff.

585 *Di Fabio*, VVDStRL 56 (1997), 234, 262 f; *Stober* in: Wolff/Bachof/Stober/Kluth, Verwaltungsrecht Bd. II, § 95 Rn 2 ff.

verfahrensrechtlicher Sicht muss er die Anforderungen an Neutralität und Objektivität der Privaten präzisieren und das Verfahren durch gesetzliche Vorgaben so gestalten, dass die Rechte der vorherigen Maßnahmeadressaten gewahrt werden. Gesellschaftliche Kräfte können auf diese Weise für die Erfüllung hoheitlicher Aufgaben genutzt, „induziert“, „mobilisiert“ werden,[586] es kommt zu einer „operative[n] Beeinflussung des Verhaltens Privater zur Durchsetzung von Gemeinwohlzielen“.[587] Der Staat nutzt die gesellschaftlichen Ressourcen von Sachverstand, Eigenverantwortung und Effizienz.[588] Die Rolle der Verwaltung reduziert sich auf einen „Ankerpunkt, der ihre Gemeinwohlausrichtung garantiert“.[589] Mit der vermehrten Einbindung von Privaten ändert sich das Verwaltungsauftreten.[590] Es kommt zur Verantwortungsteilung zwischen Staat und Privaten.[591]

Die privaten Zertifizierungsstellen sind vom Staat unabhängig und stehen untereinander im Wettbewerb.[592] Ihre Einbindung durch Akkreditierung, ihre Vollzugstätigkeit sowie ihre Beaufsichtigung ist gesetzlich vorgezeichnet. Insofern sind die Benannten Stellen von Sachverständigen zu unterscheiden, die in rein selbstregulierter Tätigkeit im Auftrag der privaten Betroffenen handeln.[593] Ein Beispiel dafür ist der Betriebsbeauftragte für Umweltschutz.[594]

---

586 *Burgi* in: Erichsen/Ehlers (Hrsg), Allgemeines Verwaltungsrecht, § 10 Rn 36 ff. *Schmidt-Preuß*, VVDStRL 56 (1997), 160, 170 ff mwN: Die Einbeziehung entspricht dem aus Verfassungs- und Europarecht erwachsenden „Postulat größtmöglicher Aktivierung selbstregulativer Beiträge“. Danach sind, wenn möglich, anstelle von Zwang immer zunächst freiwillige Beiträge der jeweiligen Maßnahmeadressaten zu berücksichtigen.

587 Zum Begriff *Schmidt-Preuß*, VVDStRL 56 (1997), 160, 162 ff mwN; ausführlich auch *Michael* in: Ehlers/Fehling/Pünder (Hrsg), Besonderes Verwaltungsrecht, § 16.

588 *Schmidt-Preuß*, VVDStRL 1997, 160, 165.

589 *Röhl* in: Schmidt-Aßmann/Schöndorf-Haubold (Hrsg), Der europäische Verwaltungsverbund, 153, 154.

590 So auch *Ehlers* in: Erichsen/Ehlers (Hrsg), Allgemeines Verwaltungsrecht, § 1 Rn 85. Dies wird überwiegend begrüßt, *Di Fabio*, VVDStRL 56 (1997), 235, 241: „Die Schaffung von Selbstregulativem dient maßgeblich der Verbesserung und Entlastung des Verwaltungsvollzuges bis hin zu seiner Substituierung.“

591 Kap. 3, A. III.

592 So auch *Di Fabio*, Produktharmonisierung, 64 f; *Di Fabio*, VVDStRL 56 (1997), 173, 244 f; *Schmidt-Preuß*, VVDStRL 56 (1997), 160, 173 Fn 38; *Scholl*, Private Sachverständige, 282 f.

593 *Burgi*, Gutachten D zum 67. DJT, 41 f; *Scholl*, Privater Sachverständiger, 205 ff; *Scherzberg*, NVwZ 2006, 377, 378.

594 Vorgesehen beispielsweise in §§ 53 ff BImSchG, 21 a ff WHG, 54 f KrW-/AbfG.

Dieser ist ein betriebszugehöriger Beauftragter, der mit der Überwachung von Umweltschutzvorschriften betraut wird. Auch der Betriebsbeauftragte erfüllt im öffentlichen Interesse liegende Aufgaben des Umweltschutzes. Die Aufgabenzuweisung erfolgt durch den Betrieb, die Behörde ist bei seiner Auswahl nicht beteiligt.[595] Ihre Befugnisse leitet der Betriebsbeauftragte damit ausschließlich von einem Privaten ab; es liegt keine öffentliche Einbindung vor, der Behörde ist die Bestellung des jeweiligen Betriebsbeauftragten nur anzuzeigen.[596] Er ist damit rein privates Kontrollorgan.[597] Zu keinem Moment bestehen direkte Beziehungen zwischen der Behörde und dem Betriebsbeauftragten.[598]

Die Unterschiede zwischen dem Betriebsbeauftragten und der Benannten Stelle liegen auf der Hand. Der Betriebsbeauftragte ist in den betreffenden Betrieb eingegliedert, er wird in der Eigenüberwachung tätig. Er wird nicht durch die Behörde eingeschaltet und unterliegt keiner behördlichen Aufsicht. Schließlich befreit die Tätigkeit des Beauftragten das Unternehmen zwar von gewissen behördlichen Prüfungen – sie ist jedoch, anders als die Zertifizierung für den Marktzugang des Produkts, nicht zwingende Voraussetzung für die Aufnahme des Betriebs. Der Betriebsbeauftragte ist ein Beispiel für eine *gesellschaftliche* Selbstregulierung.[599] Demgegenüber ergehen die Zertifizierungen in regulierter Selbstregulierung.[600] Im Folgenden wird näher erörtert, wie der Staat seiner Gewährleistungsverantwortung durch Regulierung und Aufsicht entspricht.

595 § 1 I der 5. BImSchVO.

596 § 55 I 2 BImSchG, § 21 c I 2 WHG, § 55 III KrW-/AbfG.

597 Schon kurz nach der Einführung der Betriebsbeauftragten im Jahre 1974 *Tettinger*, DVBl. 1976, 752, 755 f; außerdem *Steiner*, DVBl. 1987, 1133, 1137 ff; *Kaster*, GewArch 1998, 129, 134; *Merten*, Private Entscheidungsträger, 142: Der Betriebsbeauftragte ist ein „in die betriebliche Organisation eingebundenes Hilfsorgan".

598 So unterliegt er beispielsweise keinen Informationspflichten. Dazu *Tettinger*, DVBl. 1976, 752, 756; *Merten*, Private Entscheidungsträger, 142.

599 *Merten*, Private Entscheidungsträger, 138.

600 Ebenso *Scholl*, Private Sachverständige, 285; *Weiß*, Produktsicherheit, 354; *Di Fabio*, Produktharmonisierung, 49. AA, die die Produktzertifizierung nicht zur Selbstregulierung zählt, weil die Benannten Stellen aufgrund zwingenden Rechts und nicht aufgrund privater Initiative zum Einsatz kämen und es ohne sie keinen Marktzugang gäbe, *Röhl* in: Schmidt-Aßmann/Schöndorf-Haubold (Hrsg), Der Europäische Verwaltungsverbund, 153, 163; *Stober*, Allgemeines Wirtschaftsverwaltungsrecht, § 29 IV 2 b.

II. Zertifizierungssonderrecht

Anders als die Akkreditierung ist die Zertifizierung kaum durch europäisches Recht vorgeformt. Daher muss auf das jeweilige nationale Privatrecht zurückgegriffen werden.[601] Privatrecht ist das Recht, das für jedermann gilt.[602] Die Verfahrensgestaltung kann jedoch nicht vollständig der Privatautonomie überlassen bleiben. Dafür spricht, dass das öffentliche Recht auf das private Recht einwirken können muss, wenn private Entscheidungen anschließend Rückwirkungen auf hoheitliche Verwaltungsentscheidungen haben,[603] wie hier im Marktüberwachungsrecht.[604] Bei der Wahrnehmung öffentlicher Aufgaben durch Private müssen die Verfassungs- und Gesetzesbindung,[605] die rechtsstaatlichen und die demokratischen Anforderungen[606] zumindest in den Grundzügen gewahrt werden. Dafür spricht weiterhin, dass dem vormaligen Maßnahmeadressaten, dem Hersteller, nunmehr statt einer öffentlichen Stelle ein Privater gegenübersteht. Soweit mit zivilrechtlichen Instrumenten ein gerechter Interessenausgleich möglicherweise nicht verwirklicht werden kann,[607] werden Schutzmechanismen erforderlich.[608] Die Benannten Stellen sind „in einen umfassenden, ihre Tätigkeit an die öffentliche Verwaltung annähernden Rechtsrahmen einzubinden".[609] Es

---

601 Es muss der „Mantel des Privatvertragsrechts" genutzt werden, *Röhl* in: Schmidt-Aßmann/Schöndorf-Haubold (Hrsg), Der Europäische Verwaltungsverbund, 153, 167. Erstaunlicherweise treffen die einschlägigen Normen nur wenig Vorgaben für das Zertifizierungsverfahren. Dies konstatiert auch *Pünder*, ZHR 170 (2006), 567, der aus den wenigen Beispielen die Richtlinie für Druckgeräte unter anderem zitiert: Anhang I Nr. 9 RL 1999/36/EG. Als Beispiel für eine Vorgabe im Bereich des Entgelts nennt er Anhang II Nr. 2 S. 2 RL 1999/36/EG.

602 So schon die Definition bei *Wolff/Bachof*, Verwaltungsrecht I, 1974, § 22 II c; *Pestalozza*, JZ 1975, 50, 51.

603 *Schmidt-Aßmann* in: Hoffmann-Riem/Schmidt-Aßmann, Wechselseitige Auffangordnungen, 7, 38 f.

604 Kap. 2, C, IV.

605 *Ehlers* in: Erichsen/Ehlers (Hrsg), Allgemeines Verwaltungsrecht, § 1 Rn 87.

606 *Ehlers* in: Erichsen/Ehlers (Hrsg), Allgemeines Verwaltungsrecht, § 5 Rn 66.

607 *Trute* in: Hoffmann-Riem/Schmidt-Aßmann, Wechselseitige Auffangordnungen, 167, 198.

608 *Stober* in: Wolff/Bachof/Stober/Kluth, Verwaltungsrecht Bd. II, § 95 Rn 15: Regulierung als Wirtschaftsüberwachungsrecht. AA *Röhl*, Akkreditierung und Zertifizierung, 28. Vgl. Kap. 2, A, II, 2.

609 *Schmitz* in: Stelkens/Bonk/Sachs, VwVfG, § 1 Rn 266, der daraus aber ableitet, dass sie Beliehene sind.

sind Regelungen zu schaffen, die eine Parallelwertung der im öffentlichen Recht entwickelten Interessengewichtung ermöglichen.[610]

So kommt es zu einem gewissen Grad zum Einfluss des öffentlichen Rechts auf das Privatrecht.[611] Das Zertifizierungsrechtsverhältnis ist ein öffentlich-rechtlich stark „durchwirktes" Rechtsverhältnis zwischen Privaten.[612] Das Verfahren ist „rechtsstaatlich vorkonturiert".[613] Es geht dabei aber gerade „nicht um die Anwendung von Öffentlichem Recht auf Private, sondern um die Übertragung und Anwendung der Rationalität des Verwaltungsrechts auf die nicht hoheitlichen administrativen Akteure und auf ihr Recht."[614] Für diese Privaten gilt eine Art Recht, „das extern privatrechtlicher Natur ist, aber umfassende Verfahrens- und Organisationspflichten vorsieht und strikte Rechtsstaatsgarantien enthält. Der Hintergrund ist privat, seine Ausrichtung ist öffentlich."[615] Dass das öffentliche Recht ergänzend daneben tritt, schließt nicht aus, dass weiterhin Privatrecht vorliegt.[616] Die neuen Akteure entwickeln ihr eigenes Sonderrecht.[617] Es entsteht ein Privatisierungsfolgenrecht.[618] Im Einzelnen ist noch vieles ungeklärt.[619]

---

610 *Appel* in: Hoffmann-Riem/Schmidt-Aßmann/Voßkuhle (Hrsg), GVwR II, § 32 Rn 73 ff.

611 *Pünder* in: Erichsen/Ehlers (Hrsg), Allgemeines Verwaltungsrecht, § 15 Rn 54. Zum „Privatverfahrensrecht" ausführlich *Appel* in: Hoffmann-Riem/Schmidt-Aßmann/Voßkuhle (Hrsg), GVwR II, § 32 Rn 73 ff.

612 *Holoubek* in: Holoubek/Potacs, Öffentliches Wirtschaftsrecht, Bd. II, 503, 522. Teilweise wird das europäische Produktzulassungsrecht sogar als Beispiel für ein Rechtsgebiet mit neuartigen Zwischenebenen von öffentlichem und privatem Recht angeführt, vgl. *Huber*, VVDStRL 53 (1994), 283.

613 *Voßkuhle* in: Hoffmann-Riem/Schmidt-Aßmann (Hrsg), Verwaltungsverfahren und Verwaltungsverfahrensgesetz, 277, 313; *Dimitropoulos*, Zertifizierung und Akkreditierung, 295 f; ausführlich zur Anhörungspflicht und zu den Rechtsfolgen ihrer Verletzung *Merten*, Private Entscheidungsträger, 221, 245; *Pünder*, ZHR 170 (2006), 567, 583; *Pünder* in: Erichsen/Ehlers (Hrsg), Allgemeines Verwaltungsrecht, § 15 Rn 54.

614 *Dimitropoulos*, Zertifizierung und Akkreditierung, 294 f.

615 *Dimitropoulos*, Zertifizierung und Akkreditierung, 294 f.

616 *Pestalozza*, JZ 1975, 50, 51.

617 *Dimitropoulos*, Zertifizierung und Akkreditierung, 294 f.

618 Wie einleitend festgestellt, muss dieses noch strukturiert und ausgebildet werden, *Ehlers* in: Erichsen/Ehlers (Hrsg), Allgemeines Verwaltungsrecht, § 1 Rn 86; *Pünder*, ZHR 170 (2006), 567, 597; ausführlich *Voßkuhle*, VVDStRL 62 (2003), 266, 307 ff.

619 *Weiß*, Produktsicherheit, 355; *Scholl*, Private Sachverständige, 322 f; *Ehlers* in: Schoch/Schmidt-Aßmann/Pietzner, VwGO, 2010, § 40 Rn 443.

Jedenfalls haben „weithin andere" Maßstäbe als beim Handeln von Verwaltungsträgern zu gelten.[620]

Unter privatem Sonderrecht soll hier das Recht verstanden werden, welches eine Situation abstrakt-neutral regelt und sich dabei, unabhängig von dessen organisationsrechtlicher Einordnung, an den jeweiligen Adressaten wendet. Es ist das für die jeweilige vollziehende Stelle anwendbare Recht – ob privatrechtlich oder öffentlich-rechtlich organisiert.[621] Es handelt sich dabei um Normen des Privatrechts: Sie berechtigen oder verpflichten keine Träger von Hoheitsgewalt im Sinne der materiellen Subjektstheorie.

Das Sonderrecht stellt dabei keinen Fall des Gemeinrechts dar,[622] welches alle Normen umfasst, die je nach Sachzusammenhang dem privaten oder dem öffentlichen Recht zuzuordnen sind.[623] Der Rechtssatz „gehört dann beiden

---

620 Die Privaten seien nicht an das Prinzip vom Vorbehalt des Gesetzes oder an die Grundrechte gebunden, *Ehlers* in: Erichsen/Ehlers (Hrsg), Allgemeines Verwaltungsrecht, § 3 Rn 63.

621 Ebenfalls von Sonderrecht spricht *Dimitropoulos*, Zertifizierung und Akkreditierung, 288 im Zusammenhang mit dem internationalen Verwaltungsverbund. Die Ausführungen lassen sich hier aber auf den europäischen Verwaltungsverbund übertragen. „Das Recht der Zertifizierung und Akkreditierung sowie der Normung ist nur schwer in die Zweiteilung Öffentliches Recht und Privatrecht einzuordnen. [...] Im reglementierten Bereich handelt es sich um ein Recht besonderer Art, da seine externen Charakteristika für eine private Natur sprechen, während seine internen Charakteristika auf eine öffentliche Natur deuten." Ebenso *Pestalozza*, JZ 1975, 50, 51 ff, der von Privatverwaltungsrecht spricht. Sich dem anschließend *Fischer-Lescano*, JZ 2008, 373, 375 ff. Von Privatverfahrensrecht sprechen *Merten*, Private Entscheidungsträger, 209 mwN, *Appel* in: Hoffmann-Riem/Schmidt-Aßmann/Voßkuhle (Hrsg), GVwR II, § 32 Rn 73 ff. Noch weitergehend *Hoffmann-Riem* in: Hoffmann-Riem/Schmidt-Aßmann, Wechselseitige Auffangordnungen, 267: Wahrzunehmen sei ein Funktionswandel des öffentlichen Rechts. Dieses sei nicht mehr vorrangig das Sonderrecht zur einseitigen Ausübung von Hoheitsgewalt, sondern staatliches Sonderrecht, das auf vielfältige Konstellationen Anwendung findet, unter anderem durch eine Strukturierung der Problemlösung durch Private. Zu den Vergabestellen, die durch die Vergaberichtlinien eingerichtet wurden *Skouris*, EuR 1998, 111, 120.

622 AA *Weiß*, Produktsicherheit, 546.

623 *Ehlers* in: Erichsen/Ehlers (Hrsg), Allgemeines Verwaltungsrecht, § 3 Rn 25, 29, 53 mwN. Ein Beispiel dafür seien die Grundfreiheiten. Anders genutzt wird der Begriff in der jüngeren Diskussion zum globalen Verwaltungsrecht. Das globalisierungsbedingte Gemeinrecht bilde eine Kategorie neben dem öffentlichem Recht und dem Privatrecht, es liege im Grenzbereich zwischen diesen beiden, *Dimitropoulos*, Zertifizierung und Akkreditierung, 293.

Rechtskreisen gemeinsam an".[624] Das Recht der Zertifizierungen passt sich demgegenüber gerade nicht rechtsregimeneutral dem jeweiligen Organisationsträger an. Vielmehr handelt es sich um Privatrecht, welches einheitlich für alle Stellen, die in den Vollzug eingebunden sind, zur Anwendung kommt. Durch das Sonderrecht wird das Privatrecht modifiziert.[625]

1. *Vorgaben für den Vertragsschluss*

a) Bestimmung der Vertragsart

Das Unionsrecht trifft keine Aussage hinsichtlich der Einordnung des Zertifizierungsrechtsverhältnisses.[626] Die Ausgestaltung bleibt nationalem Privatrecht vorbehalten. In Deutschland richtet sich die Zertifizierung nach dem Bürgerlichen Gesetzbuch. Der Zertifizierungsvertrag ist ein typengemischter Vertrag, also ein aus verschiedenen Teilen zusammengesetzter Vertrag. Das Zertifizierungsverfahren besteht aus einem präventiven (Konformitätsprüfung) und einem repressiven Verfahrensabschnitt (anschließende Überwachung).[627] Schwerpunktmäßig liegt ein Werkvertrag im Sinne des § 631 BGB vor, da die Benannte Stelle nach Überprüfung eines Produkts zur Erstellung eines Gutachtens über die Konformität verpflichtet ist.[628] Ein reiner Dienstvertrag im Sinne

---

624 *Ehlers* in: Erichsen/Ehlers (Hrsg), Allgemeines Verwaltungsrecht, § 3 Rn 25; *Schröder*, Verwaltungsrechtsdogmatik im Wandel, 213 f. Die Kategorie als überflüssig ablehnend *Burgi* in: Hoffmann-Riem/Schmidt-Aßmann/Voßkuhle (Hrsg), GVwR I, § 18 Rn 62.

625 *Dimitropoulos*, Zertifizierung und Akkreditierung, 289: „Die Normen zur Durchführung der Zertifizierung haben eine besondere Natur im Vergleich zu den Normen des klassischen Privatrechts." *Ebenda*: „Die Privatautonomie verwirklicht sich nicht in vollem Umfang im Bereich der Zertifizierung. Der Zweck der Zertifizierungsnormen ist die Ausformung einer gesellschaftlichen (Verwaltungs-)Struktur, die nicht nur den Privatinteressen, sondern auch dem Gemeinwohl dient, und in der Lage ist, nicht nur dem nationalen, sondern auch dem sich ausformenden europäischen und globalen Gemeinwohl zu dienen. […] Es handelt sich um ein Sonderrecht der Zertifizierungstätigkeit."

626 *Thoma*, Regulierte Selbstregulierung, 200.

627 *Scholl*, Private Sachverständige, 322. AA *Thoma*, Regulierte Selbstregulierung, 195, der ohne nähere Erläuterung den Zertifizierungsvertrag als Geschäftsbesorgungsvertrag im Sinne des § 675 BGB qualifiziert.

628 So die wohl hM zur Qualifikation eines Sachverständigenvertrages, wonach die Anfertigung eines Gutachtens ein zu erbringendes Werk im Sinne des § 631 BGB ist (BGH NJW 1967, 719, 720). Dazu mehr bei *Böttger* in: Bayerlein, Handbuch des Sachverständigenrechts, § 2 Rn 12; *Roeßner* in: Bayerlein, Handbuch des

des § 611 BGB (anzunehmen beispielsweise bei einer Pflicht des Sachverständigen zu Beratung oder Betreuung) scheidet daher aus.[629] Geschuldeter Erfolg im Sinne des § 631 BGB ist das Bewertungsergebnis. Das Werk ist ordnungsgemäß, wenn die vorangegangene Konformitätsprüfung rechtmäßig durchgeführt wurde, denn nur dann löst die Zertifizierung die Vermutungswirkung aus. Der Zertifizierungsvertrag muss den Vorgaben des Zertifizierungssonderrechts entsprechen. Weiteres Element des typengemischten Vertrage ist ein Dienstvertrag gem. § 611 BGB, da die Benannte Stelle zur anschließenden Überwachung der von ihr zertifizierten Produkte verpflichtet ist.[630]

b) Kontrahierungszwang

Als private Einheiten unterliegen die Benannten Stellen grundsätzlich keinem Kontrahierungszwang.[631] Ein Kontrahierungszwang könnte aber damit begründet werden, dass die Marktzugangskontrolle bei der obligatorischen Zertifizierung ausschließlich über die Benannten Stellen läuft, die damit behördenähnlich tätig werden.[632] Für einen Kontrahierungszwang spricht weiterhin der Umstand, dass den Herstellern ein Wahlrecht zwischen den Benannten Stellen zusteht, womit eine Pflicht zum Vertragsschluss korrespondieren könnte.[633]

Sachverständigenrechts, § 9 Rn 9; *Scholl*, Private Sachverständige, 102 ff mwN; *Merten*, Private Entscheidungsträger, 214. Die gleiche rechtliche Konstruktion wurde im Rahmen der Wirtschaftsprüfung gem. §§ 316 HGB gewählt, *Seidel*, Privater Sachverstand, 268 mit Fn 64; *Pünder*, ZHR 170 (2006), 567, 581. Ebenfalls ähnlich ist die Kfz-Pflichtversicherung nach § 1 PflVG.

629 Allgemein zu den verschiedenen Vertragstypen im Sachverständigenrecht *Roeßner* in: Bayerlein, Handbuch des Sachverständigenrechts, § 9.

630 Anhang I Art. 27 IV zu Beschluss (EG) Nr. 768/2008; Anhang II Modul B Punkt 4.1 zu Beschluss (EG) Nr. 768/2008: Die Aufgaben der Benannten Stellen umfasst die Prüfung des Produkts.

631 Im Ergebnis ebenso *Scholl*, Private Sachverständige, 316.

632 Für einen Kontrahierungszwang mit dieser Argumentation *Thoma*, Regulierte Selbstregulierung, 221 f. Andererseits nimmt er an, dass in sachlich begründeten Ausnahmefällen eine Ablehnung zulässig sei.

633 Anhang II Modul B Punkt 3 zu Beschluss (EG) Nr. 768/2008: „Der Antrag auf EG-Baumusterprüfung ist vom Hersteller bei einer einzigen notifizierten Stelle seiner Wahl einzureichen." Mit diesem Argument einen Kontrahierungszwang bejahend *Röhl*, Akkreditierung und Zertifizierung, 90, der jedoch auch von einem öffentlich-rechtlichen Tätigwerden der Benannten Stellen ausgeht. Ohne nähere Argumentation folgend *Dimitropoulos*, Zertifizierung und Akkreditierung, 105.

Die Einschränkung der Privatautonomie könnte notwendig sein, um die privat wahrgenommene Aufgabe der Produktzulassung ausreichend zu regulieren.[634]

Diese Argumentation kann nicht überzeugen, ein Kontrahierungszwang ist im Ergebnis abzulehnen. Weder im Gesetz noch in den EU-Richtlinien ist ein solcher Zwang festgeschrieben. Damit ist schon zweifelhaft, ob eine ausreichende Rechtsgrundlage für einen so weitgehenden Eingriff in die Berufsfreiheit der Benannten Stellen aus Art. 12 GG, sowie in ihre gem. Art. 2 I GG garantierte Vertragsfreiheit vorliegt.[635] Die Anordnung eines solchen Zwangs ist regelmäßig nicht erforderlich. Der Hersteller hat die Möglichkeit, die Zertifizierung auch bei allen anderen Zertifizierungsstellen seines Mitgliedstaates sowie bei den Stellen der anderen EU-Mitgliedstaaten zu erwirken.[636] Dies ist dem Hersteller zumutbar und stellt keine unangemessene Bedingung dar.[637] Für den Fall, dass EU-weit keine Benannte Stelle kontraktieren will, kann im deutschen Recht ein Anspruch aus §§ 826, 249 BGB bzw. aus §§ 20, 33 GWB auf Abschluss des Zertifizierungsvertrages hergeleitet[638] und vor den Zivilgerichten eingeklagt werden. Den Herstellern stehen somit solche Instrumente zu, die zum Schutz vor Einrichtungen entwickelt wurden, „die über eine besondere Stellung im Rechtsverkehr insbesondere auf Grund hoheitlicher Rechtsgrundlagen verfügen".[639] Die besondere Stellung der Benannten Stellen ergibt sich hier aus dem Umstand, dass eine negative Bewertung die Anrufung einer anderen Zertifizierungsstelle sperrt.[640]

---

634 *Weiß*, Produktsicherheit, 355.

635 *Merten*, Private Entscheidungsträger, 212 mwN.

636 Sog. Cross border accreditation: vgl. Kap. 2, B, I, 2, a).

637 Unter diesen Umständen einen Kontrahierungszwang ebenfalls verneinend *Holoubek* in: Holoubek/Potacs, Öffentliches Wirtschaftsrecht Bd. II, 503, 522 mit Fn 70; *Merten*, Private Entscheidungsträger, 211.

638 So auch *Pünder*, ZHR 170 (2006), 567, 572 f, der aufgrund dieser Möglichkeit ebenfalls einen Kontrahierungszwang verneint. Eine gesetzgeberische Pflicht zur Schaffung eines Kontrahierungszwangs bestehe nicht. Für das österreichische Recht ebenso *Holoubek* in: Holoubek/Potacs, Öffentliches Wirtschaftsrecht, Bd. II, 503, 522. *Hoffmann-Riem* in: Hoffmann-Riem/Schmidt-Aßmann, Wechselseitige Auffangordnungen, 261, 285: § 826 BGB gehört zu den Einfallstoren des Privatrechts für Wertungen des öffentlichen Rechts.

639 *Holoubek* in: Holoubek/Potacs, Öffentliches Wirtschaftsrecht, Bd. II, 503, 522.

640 Es besteht ein gesetzliches Verbot der Zweitbewertung. Im Ergebnis gleich *Holoubek* in: Holoubek/Potacs, Öffentliches Wirtschaftsrecht, Bd. II, 503, 522.

c) Verbot der Zweitbewertung

Die Ablehnung einer Produktzertifizierung nach einer negativ ausfallenden Konformitätsbewertung könnte ein Verbot der Zweitbewertung nach sich ziehen. Auch diese Frage ist gesetzlich nicht geregelt. Bei einer so weitreichenden Wirkung wie einem gesetzlichen Verbot wäre eine gesetzliche Regelung zwar grundsätzlich zu erwarten gewesen.[641] Ein gesetzliches Verbot im Sinne des § 134 BGB kann sich aber auch nach Auslegung ergeben.[642] Ein Verstoß gegen Unionsrecht stellt regelmäßig einen Verstoß gegen ein gesetzliches Verbot im Sinne des § 134 BGB dar.[643]

Den EU-Vorgaben kann hier in einer Gesamtschau ein solches Verbot entnommen werden. Die Benannten Stellen sind Sachverständige, sie sind für ihre Entscheidung mit einem eigenen Spielraum ausgestattet. Jede Konformitätsbewertung stellt eine eigene Bewertung dar. Den europarechtlichen Vorgaben nach sollen die Benannten Stellen eine abschließende,[644] unionsweit geltende Entscheidung fällen. Sie sollen dafür die einzige Stelle sein.[645] Verweigert die Benannte Stelle eine positive Konformitätserklärung, muss sie dies dem Mitgliedstaat, den übrigen Benannten Stellen und dem Hersteller mitteilen.[646] Bei einer rechtswidrigen Verweigerung der Benannten Stelle ist der Hersteller auf den ordentlichen Rechtsweg verwiesen.[647] Schließlich müssen die Hersteller bei jedem Antrag auf Konformitätsbewertung bestätigen, dass sie bei noch keiner anderen Stelle einen Antrag gestellt haben.[648] Haben sie dies schon getan, ist eine weitere Zertifizierung abzulehnen. Ein negatives Konformitätsergebnis kann daher als gesetzliches Verbot im Sinne des § 134 BGB verstanden werden. Die Nicht-Zertifizierung steht einem erneuten Vertragsschluss mit einer anderen

641 Mit diesem Argument eine Präklusionswirkung verneinend *Scholl*, Private Sachverständige, 329 f; ihm ohne nähere Begründung folgend *Thoma*, Regulierte Selbstregulierung, 216.

642 *Wendtland* in: Bamberger/Roth, BeckOK BGB, § 134 Rn 9.

643 *Ehlers* in: Erichsen/Ehlers (Hrsg), Allgemeines Verwaltungsrecht, § 3 Rn 53.

644 *Schmitz* in Stelkens/Bonk/Sachs, VwVfG, § 1 Rn 266: Insofern trete eine Präjudizwirkung im Hinblick auf die Tätigkeit anderer Benannter Stellen ein.

645 Der Hersteller gibt beim Antrag auf Zertifizierung eine schriftliche Erklärung darüber ab, dass er denselben Antrag noch bei keiner anderen Benannten Stelle eingereicht hat, Anhang II Modul B Punkt 3 Unterpunkt 2 zu Beschluss (EG) Nr. 768/2008.

646 *Pünder*, ZHR 170 (2006), 567, 575 mwN.

647 *Scholl*, Private Sachverständige, 329.

648 Anhang II Modul B Ziff. 3 Unterpunkt 2 zu Beschluss (EG) Nr. 768/2008/EG; *Thoma*, Regulierte Selbstregulierung, 216.

Benannten Stelle entgegen. Ein privatrechtliches Verbot der Zweitbewertung ist zu bejahen. Ohnehin hat das Verbot hier eine begrenzte Reichweite. Es bezieht sich nur auf das jeweilige Produkt in seiner geprüften Zusammensetzung. Der Hersteller ist nicht gehindert, das Produkt in veränderter Zusammensetzung einem neuen Konformitätsbewertungsverfahren unterziehen zu lassen.

2. Vorgaben für die Vertragsausgestaltung

Ebenso wie der Vertragsschluss ist die Vertragsausgestaltung zu Teilen modifiziert. Die Vertragspartner des Zertifizierungsvertrages können über den genauen Vertragsinhalt nicht frei disponieren.

a) Vereinbarungen zum Entgelt

Über das zu zahlende Entgelt lässt sich den einschlägigen Normkomplexen nichts entnehmen.[649] Eine öffentlich-rechtliche Gebührenordnung ist nicht vorgesehen. Die Regelungslücke ist bewusst gelassen worden. Eine analoge Anwendung scheidet damit aus.[650]

Die Zertifizierungen wurden in einen privatrechtlich organisierten Markt entlassen, in dem die Konformitätsbewertung wettbewerblichen Strukturen folgt. Die Benannten Stellen legen die Entgelte für ihre Bewertungs- und Überwachungsleistungen selbst fest. Da jeder Hersteller mit jeder europäischen Benannten Stelle kontraktieren kann, herrscht ein unionsweiter Wettbewerb zwischen den Zertifizierungsleistungen. Sie sind aber der Verhältnismäßigkeit verpflichtet.[651] Da die Hersteller auf den Vertragsschluss mit den Benannten Stellen angewiesen sind, handelt es sich bei der Festlegung quasi um eine einseitige Leistungsbestimmung. Eine Grenze ergibt sich im deutschen Recht aus § 315 BGB, nach dem die Leistung nach billigem Ermessen bestimmt werden soll.

b) Durchführung der Zertifizierung

Bei der Zertifizierungstätigkeit wird die Privatautonomie insofern eingeschränkt, als Begutachtungsmaßstäbe und -durchführung vorgegeben und parteilichen Absprachen nicht zugänglich sind.[652]

---

649 *Pünder*, ZHR 170 (2006), 567, 572.

650 Denn in anderen Vorschriften sind Vorgaben gemacht worden, so unter anderem in Anhang II Nr. 2 S. 2 zu RL 1999/36/EG.

651 § 16 I ProdSG; Anhang I Art. R 27 II zu Beschluss (EG) Nr. 768/2008.

652 *Scholl*, Private Sachverständige, 319 f.

Der inhaltliche Maßstab für die Zertifizierung ergibt sich aus einer Normenkette: aus der Generalklausel des § 3 I ProdSG[653], über die gem. § 8 ProdSG erlassenen Rechtsverordnungen, sowie über die jeweils sektoriell betroffenen, auf Art. 114 AEUV gestützten, europäischen Richtlinien. Nähere Konkretisierung finden die sich daraus ergebenden grundlegenden Sicherheitsanforderungen in den technischen Normen der europäischen Normungsorganisationen, die durch entsprechende Verweise rechtlich Verbindlichkeit erlangen.[654]

Vorgaben für die Durchführung ergeben sich insbesondere aus den Nebenbestimmungen zum Akkreditierungsakt. Den Benannten Stellen obliegen Beratungs-, Anhörungs-, Geheimhaltungs- und Begründungspflichten.[655] Ihre Rechte könnten in naher Zukunft noch erweitert werden.[656] Die Benannte Stelle muss dem Grundsatz der Verhältnismäßigkeit besondere Beachtung schenken.[657] Möchte der Hersteller beispielsweise von den europäischen Normen abweichen, so hat die Benannte Stelle zu prüfen, ob die europäischen Vorgaben dennoch eingehalten sind. Es reicht nämlich aus, wenn die vom Hersteller alternativ gewählte Lösung den „wesentlichen Anforderungen" der Rechtsvorschrift genügt.[658]

---

653 Unterschiedliche Rechtsfolgen werden ausgelöst, je nachdem, ob ein Bereich durch Rechtsvorschriften explizit vorbestimmt ist (§ 3 I ProdSG), oder nicht (§ 3 II ProdSG). Gegenstand der vorliegenden Arbeit ist nur die Marktüberwachung im harmonisierten Bereich. Es soll daher auf § 3 II ProdSG nicht vertieft eingegangen werden. Die Vorschrift des § 3 ProdSG entspricht weitgehend dem bisherigen § 4 GPSG, wurde aber redaktionell angepasst, vgl. dazu Gesetzesbegründung zu § 3 ProdSG, Entwurf eines Gesetzes über die Neuordnung des Geräte- und Produktsicherheitsrechts der Bundesregierung, BT-Drs 17/6276, Gesetzesbegründung S. 41.

654 *Breulmann*, Normung und Rechtsangleichung, 126 ff; *Pünder*, ZHR 170 (2006), 567, 570 f noch zu § 4 I GPSG, § 3 GPSG, Art. 95 EGV.

655 Diese sind aufgrund von Anhang I Art. R 27 III-V zu Beschluss (EG) Nr. 768/2008 Teil des Akkreditierungsakts.

656 So der Vorschlag der EU-Kommission für das Medizinprodukterecht: Verordnungsvorschlag COM(2012) 542 final v. 26.9.2012, S. 8: "At the same time, the position of notified bodies vis-à-vis manufacturers will be significantly strengthened, including their right and duty to carry out unannounced factory inspections and to conduct physical or laboratory tests on devices."

657 § 16 I ProdSG; *Pünder*, ZHR 170 (2006), 567, 583; *Merten*, Private Entscheidungsträger, 224 ff. AA *Thoma*, Regulierte Selbstregulierung, 385, der meint, dass der im Rahmen des Verhältnismäßigkeitsprinzips zu erlangende Schutz ohnehin schon durch die vertraglichen Rücksichtsnahme- und Treuepflichten abgedeckt sei.

658 Anhang II Modul B Ziff. 4.4 zu Beschluss (EG) Nr. 768/2008.

Die Benannten Stellen müssen weiterhin die im Rahmen des Schutzklauselverfahrens ergehenden Entscheidungen der Europäischen Kommission in ihre Zertifizierungspraxis einfließen lassen, sofern diese Entscheidungen Zertifizierungsvoraussetzungen auslegen. Den Benannten Stellen obliegt als vollziehenden Einheiten eine Pflicht zur unionsrechtskonformen Auslegung. Da die Benannten Stellen Private sind, müssen die den Benannten Stellen im Rahmen der Zertifizierung auferlegten Pflichten ihrerseits verfassungsrechtlich vertretbar sein.[659]

c) Private gebundene Entscheidung

Möglicherweise könnten die Benannten Stellen, wenn die entsprechenden Voraussetzungen vorliegen, zur Zertifizierung verpflichtet sein. Dem Hersteller könnte mit anderen Worten ein Anspruch auf Zertifizierung zustehen. Bei der behördlichen Produktzulassung ist dies der Fall.[660] Wird die Zulassung versagt, wird „keine hoheitliche Leistung vorenthalten, sondern der ursprüngliche legislative Eingriff bestätigt"; aus dem Grundrecht der Berufsfreiheit als Abwehrrecht folgt dann ein Anspruch auf Produktzulassung.[661] Eine ungerechtfertigte Versagung verletzt den Produkthersteller in seinen Grundrechten; die Entscheidung ist mit dem Gesetzesvorbehalt unvereinbar.[662]

Ebenso muss bei einer privaten Zertifizierung eine gebundene Entscheidung vorliegen.[663] Entspricht das Produkt den einschlägigen europarechtlichen Anforderungen, ist es zu zertifizieren. Dies ergibt sich regelmäßig aus dem Akkreditierungsakt,[664] der insofern zwingendes Recht für das Verfahren der Konformitätsbewertung schafft. Es liegt eine private gebundene Entscheidung vor. Wie schon ausgeführt, obliegt dem Privaten die Pflicht, die Ablehnung einer positiven Konformitätserklärung dem Mitgliedstaat, den übrigen Benannten Stellen und dem Hersteller mitzuteilen.[665] Ob die Benannte Stelle ihrer Pflicht zur Zertifizierung nachkommt, ist somit überprüfbar.

---

659 *Appel* in: Hoffmann-Riem/Schmidt-Aßmann/Voßkuhle (Hrsg), GVwR II, § 32 Rn 63, 67 ff.

660 *Thoma*, Regulierte Selbstregulierung, 220.

661 So zum behördlichen Produktzulassungsverfahren *Blattner*, Europäisches Produktzulassungsverfahren, 96 f; *Pieroth/Schlink*, Grundrechte, Rn 62 f.

662 *Weiß*, Produktsicherheit, 337.

663 Zum gleichen Ergebnis kommt *Scholl*, Private Sachverständige, 322 mwN.

664 Verwaltungsakte sind Konkretisierungen des Gesetzgeberwillens. Zur Konkretisierungsfunktion *Wolff/Brink* in: Bader/Ronellenfitsch, BeckOK VwVfG, § 35 Rn 45 ff.

665 *Pünder*, ZHR 170 (2006), 567, 575 mwN.

d) Verwaltungsverfahrensgesetz

Die staatliche Gewährleistungsverantwortung umfasst die Pflicht, die Grundrechte desjenigen zu schützen, der sich nach der Privatisierung einem Privaten gegenüber sieht. Grundrechte können durch Organisation und Verfahren gesichert werden.[666] Das Sonderrecht sollte entsprechende Verfahrensregeln enthalten.[667] Möglicherweise könnten sich das Konformitätsbewertungs- und das anschließende Überwachungsverfahren, sofern keine anderweitigen spezielleren Regelungen bestehen, nach den verwaltungsverfahrensrechtlichen Vorschriften im Sinne des VwVfG richten. Eine direkte Anwendung scheidet wegen der privatrechtlichen Tätigkeit der Benannten Stellen aus, in Betracht kommt aber eine analoge Heranziehung. Um das VwVfG analog anzuwenden, müssten eine Regelungslücke und eine Vergleichbarkeit der Situationen vorliegen. Wie schon ausgeführt, existieren zwar einige wenige Vorgaben, jedoch keine weitgehenden gesetzlichen Regelungen zum Zertifizierungsverfahren. Die Benannten Stellen haben auch eine verwaltungsähnliche Stellung, weshalb eine Vergleichbarkeit bejaht werden könnte.

Gegen eine Analogie spricht aber, dass der Gesetzgeber bewusst auf einen Verweis ins VwVfG verzichtet hat.[668] Eine Regelungslücke liegt demnach nicht vor. Der notwendige Schutz ergibt sich auch schon aus den Regelungen des AGB-Rechts sowie über die Grundsätze von Treu und Glauben.[669] So kommt eine Einbeziehung öffentlich-rechtlicher Grundsätze über das „Einfallstor" des § 242 BGB in Betracht. Der im Rahmen des Verhältnismäßigkeitsprinzips zu erlangende Schutz ist

---

666 Zur wechselnden Wahrnehmung des Verwaltungsverfahrensrechts in der Geschichte: *Voßkuhle* in: Burgi/Schönbroicher (Hrsg), Die Zukunft des Verwaltungsverfahrensrechts, 13, 15 ff, insbesondere 16. Zum Grundrechtsschutz durch Verfahren *Pünder* in: Erichsen/Ehlers (Hrsg), Allgemeines Verwaltungsrecht, § 15 Rn 54; *Pünder*, ZHR 170 (2006), 567, 583; *Appel* in: Hoffmann-Riem/Schmidt-Aßmann/Voßkuhle (Hrsg), GVwR II, § 32 Rn 65 Fn 225.

667 *Pünder* in: Erichsen/Ehlers (Hrsg), Allgemeines Verwaltungsrecht, § 15 Rn 54; *Röhl*, Akkreditierung und Zertifizierung, 81. *Fehling* in: Terhechte (Hrsg), Verwaltungsrecht der EU, § 12 Rn 71: „Die (Qualitäts-)Sicherung einer guten Verwaltung darf vor Privaten nicht Halt machen, soweit sie funktional Verwaltungsaufgaben wahrnehmen. Die staatliche Gewährleistungspflicht beinhaltet hier auch eine Verpflichtung zur Schaffung einer grundrechtsschützenden Verfahrensstruktur." Allgemein zum Grundrechtsschutz durch Verfahren *Schmidt-Aßmann* in: Hoffmann-Riem/Schmidt-Aßmann/Voßkuhle (Hrsg), GVwR II, § 27 Rn 33 f.

668 So bspw. im Rahmen vom MPG, *Röhl*, Akkreditierung und Zertifizierung, 24 mit Fn 5.

669 *Scholl*, Private Sachverständige, 324.

schon durch die vertraglichen Rücksichtsnahme- und Treuepflichten abgedeckt.[670] Das Sonderrecht wirkt als zwingendes Privatrecht. Die Nebenbestimmungen im Sinne des § 36 II VwVfG gehen als Allgemeine Geschäftsbedingungen im Sinne der §§ 305 ff BGB in das Privatrechtsverhältnis ein. Zurecht werden sie als das „maßgebliche Instrumentarium zur dauerhaften privatrechtlichen Umsetzung des öffentlich-rechtlichen Normprogramms" bezeichnet.[671]

e) Anschließende Überwachung

Die Zertifizierungsstelle ist nach der Zertifizierung verpfichtet, die Normkonformität des Produkts weiter zu überwachen. Den Benannten Stellen kommen im Rahmen der nachgängigen Überwachung des Produkts weitreichende Befugnisse zu. Genügt ein Produkt den Anforderungen nicht, muss die Zertifizierung von der Benannten Stelle zurückgenommen werden.[672] Bis dahin ist die Zertifizierung rechtswirksam:[673] Sie löst die Vermutungswirkung aus.[674] Da die Benannte Stelle privatrechtlich tätig wird, handelt es sich nicht um eine Rücknahme oder einen Widerruf im Sinne des Verwaltungsverfahrensgesetzes, sondern um die Ausübung von Überwachungsbefugnissen.[675] Sind diese nicht schon im Vertrag vereinbart, ergeben sich diese unabhängig von einer ausdrücklichen vertraglichen Vereinbarung aus dem zwingenden Zertifizierungssonderrecht.[676] Das Prinzip der Verhältnismäßigkeit ist zu beachten.[677] Insofern entsteht für den Hersteller die gleiche Situation wie bei einer inhaltsgleichen gesetzlichen Regelung.[678]

---

670 *Thoma*, Regulierte Selbstregulierung, 385.

671 *Scholl*, Private Sachverständige, 322, 286.

672 § 16 III ProdSG; Anhang I Art. R 27 V zu Beschluss (EG) Nr. 768/2008.

673 Die gleiche Wertung findet sich für Verwaltungsakte in §§ 48, 49 VwVfG. So zum Medizinprodukterecht *Merten*, Private Entscheidungsträger, 218 mit dem Argument, dass es einer Vorschrift wie § 18 MPG nicht bedurft hätte, wenn ohnehin automatisch eine Nichtigkeit eintreten würde.

674 S. näher unter Kap. 3, B, I, 2.

675 Dazu zählen die Befugnis zur Betretung und zur einseitigen Aufhebung der Zertifizierung.

676 So auch die Überlegungen bei *Weiß*, Produktsicherheit, 354 f; *Thoma*, Regulierte Selbstregulierung, 219; *Merten*, Private Entscheidungsträger, 212; für den zugelassenen Umweltgutachter beim Öko-Audit *Lübbe-Wolff*, DVBl. 1994, 361, 368; *Köck*, VerwArch 1996, 644, 662.

677 § 16 I, IV ProdSG; *Pünder*, ZHR 170 (2006), 567, 583; *Merten*, Private Entscheidungsträger, 224 ff.

678 *Röhl*, Akkreditierung und Zertifizierung, 26; *Pünder*, ZHR 170 (2006), 567, 576.

3. *Folgen einer Nichtbeachtung*

Das Zertifizierungssonderrecht ist zwingendes Privatrecht. Werden die sonderrechtlichen Verfahrensvorgaben schon nicht beachtet, tritt keine Vermutungswirkung ein.[679] Der Abschluss eines solchen Vertrags ist ein Verstoß gegen ein gesetzliches Verbot im Sinne des § 134 BGB, ein solcher Vertrag ist ex tunc nichtig, ebenso wie schon erfolgte Zertifizierungen.[680] Halten die Parteien die sonderrechtlichen Vorgaben nicht ein, verhält sich der Hersteller rechtswidrig, da sein Produkt ohne die zulässige Kennzeichnung nicht auf den Markt gebracht werden darf. Zugleich agiert die Benannte Stelle pflichtwidrig, da sie entgegen der im Akkreditierungsakt festgelegten Pflichten handelt. Die mitgliedstaatliche Zertifizierungsaufsicht muss dann entsprechende Maßnahmen ergreifen.

III. Zertifizierungsaufsicht

Um die an die Benannten Stellen gestellten Anforderungen dauerhaft abzusichern, unterliegen die Benannten Stellen einer mitgliedstaatlichen Aufsicht (sog. Zertifizierungsaufsicht).[681] Der Staat überprüft dabei die im Rahmen der Akkreditierung untersuchten Umstände auf ihr Fortbestehen. Damit entspricht er seiner Gewährleistungsverantwortung. An die Aufsicht sind dabei hohe Ansprüche

---

679 *Thoma*, Regulierte Selbstregulierung, 195.

680 *Röhl* in: Schmidt-Aßmann/Schöndorf-Haubold (Hrsg), Der Europäische Verwaltungsverbund, 153, 165 löst dies nicht über § 134 BGB, sondern über § 275 BGB. Der Vertrag an sich existiere. Allerdings sei der Anspruch auf Leistung gem. § 275 I BGB ausgeschlossen, soweit diese für den Schuldner oder für jedermann unmöglich ist. Hier liegt ein Fall der objektiven Unmöglichkeit (§ 275 I 2.Var: „für jedermann unmöglich“) vor – niemand kann die Vermutungswirkung auf diese Weise auslösen.

681 Vgl. Art. 5 III VO (EG) Nr. 765/2008. Zur Notwendigkeit einer Zertifizierungsaufsicht: *Scholl*, Private Sachverständige, 324 f; *Sattler*, EuZW 1992, 764, 768. Der Terminus der „Aufsicht“ soll den Fall betreffen, dass die kontrollierte Stelle staatlich oder zumindest staatsähnlich tätig wird. Von dieser Definition müssen solche privaten Stellen erfasst werden, die beim Vollzug von Unionsrecht eingebunden sind, da sie im indirekten Vollzug dem behördlichen Vollzug ähneln. Dazu allgemein schon *Schmidt-Preuß*, VVDStRL 56 (1997), 160, 197 mwN. Die Kontrolle der Kontrolleure ist abzugrenzen von der Kontrolle der Einhaltung wirtschaftsrelevanter Normen beim Wirtschaftsverkehr und von teilnehmenden Wirtschaftssubjekten, die als Marktüberwachung zu verstehen ist, *Schliesky*, Öffentliches Wirtschaftsrecht, 122. Allgemein zur „Überwachung“ der Sachverständigen durch die Bestellungskörperschaft *Bock* in: Bayerlein, Handbuch des Sachverständigenrechts, § 3 Rn 79 ff.

zu stellen.[682] Die Zertifizierung stellt aufgrund der Akkreditierung eine mittelbare administrative Bestätigung der Produktnormkonformität dar.[683] Mit der Akkreditierung entsteht auch qua Ingerenz die Pflicht zur anschließenden Kontrolle des privaten Vollzugs.[684] Die Zertifizierungsaufsicht gewährleistet, dass den Benannten Stellen „ein ähnliches Vertrauen in Bezug auf eine sachgerechte und neutrale Aufgabenwahrnehmung entgegengebracht werden kann wie einem Hoheitsträger."[685]

Zuständig für die Zertifizierungsaufsicht sind die mitgliedstaatlichen Akkreditierungsstellen. Sie überwachen diejenigen Benannten Stellen, denen sie eine Akkreditierungsurkunde ausgestellt haben.[686] Das Akkreditierungsrechtsverhältnis zwischen Benannter Stelle und zuständiger Behörde unterliegt dem öffentlichen Recht. Verletzt die Benannte Stelle eine ihrer Pflichten[687] gravierend, trifft die nationale Akkreditierungsstelle alle geeigneten Maßnahmen. Die Zertifizierungsaufsicht als „Kontrolle der Kontrolleure"[688] dient der Gefahrenabwehr. Den Aufsichtsstellen stehen differenzierte Instrumente zur Verfügung. Ermächtigungsgrundlagen finden sich insbesondere im ProdSG.[689] Soweit keine

---

682 *Voßkuhle* in: Hoffmann-Riem/Schmidt-Aßmann (Hrsg), Verwaltungsverfahren und Verwaltungsverfahrensgesetz, 277, 328.

683 So *Schmidt-Aßmann*, Ordnungsidee, Kap 3 Rn 55. *Seidel*, Privater Sachverstand, 167: Mit der Akkreditierung entsteht durch Statusverleihung eine einfachgesetzliche Garantenstellung.

684 *Burgi*, Gutachten D zum 67. DJT, 103; so auch *Voßkuhle*, VVDStRL 62 (2003), 266, 297 f.

685 *Pünder*, ZHR 170 (2006), 567, 596; ebenso *Voßkuhle* in: Hoffmann-Riem/Schmidt-Aßmann (Hrsg), Verwaltungsverfahren und Verwaltungsverfahrensgesetz, 277, 318.

686 Art. 5 III der VO (EG) Nr. 765/2008; § 9 III 1 ProdSG.

687 Die Pflichten sind vielfältig: Die Benannte Stelle muss die Konformitätsbewertung im Rahmen ihrer Akkreditierung und Befugnisse vornehmen. Zudem ist zwischen der Behörde und den Benannten Stellen eine enge Zusammenarbeit erforderlich. Dies hat auch die Europäische Kommission im sog. „Blue Guide", dem Leitfaden für die Umsetzung der nach dem Neuen Konzept und dem Gesamtkonzept verfassten Richtlinien, 2000, Nr. 6.3, S. 76, gefordert. So sind die Benannten Stellen gem. § 17 I ProdSG unter anderem zur Meldung bestimmter Ereignisse (Rücknahme/Verweigerung einer Zertifizierung) verpflichtet.

688 So *Schmidt-Preuß*, VVDStRL 56 (1997), 160, 173 Fn 37; speziell zur Sicherung der Sachverständigenanforderungen *Böttger* in: Bayerlein, Handbuch des Sachverständigenrechts, § 1 Rn 36 ff.

689 AA *Burgi*, Gutachten D zum 67. DJT, 42 f, 71: Bei der Zertifizierung komme es zu einer „kaum sichtbaren und nur ausnahmsweise aktualisierten behördlichen

spezielleren Vorgaben gesetzlich festgeschrieben sind, sind gem. §§ 1 I Nr. 2, 9 VwVfG die allgemeinen verwaltungsverfahrensrechtlichen Vorschriften anwendbar. Die Behörde kann Auskünfte und Unterstützung von den Benannten Stellen verlangen und Anordnungen treffen, die von den Benannten Stellen zu dulden sind. Betretungs- und Besichtigungsrechte sind vorgesehen.[690] Die Behörde kann anordnen, dass die von der betreffenden Benannten Stelle bearbeiteten Verfahren auf eine andere Benannte Stelle übergehen sollen.[691] Sie kann die Akkreditierungsurkunde einschränken, aussetzen oder zurückziehen,[692] denn auch eine Rückübertragung der staatlichen Aufgaben ist möglich.[693] Der Entzug der Akkreditierung ist dabei ultima ratio; sie dient dazu, auf europäischer Ebene das Vertrauen der anderen Mitgliedstaaten in das Zertifizierungssystem zu erhalten.[694] Die Aufhebung des Akkreditierungsverwaltungsaktes richtet sich nach § 48 VwVfG. Hinsichtlich der Aufhebungsentscheidung kommt der Behörde kein Ermessen zu: es ist aufgrund unionsrechtskonformer Auslegung auf Null reduziert, denn die EU-Richtlinien schreiben die Aufhebung in der Regel zwingend vor.[695] Da die Zertifizierung nicht für die Verwaltung erlassen wurde, lässt eine fehlerhafte Zertifizierung keine amtshaftungsrechtlichen Ansprüche

---

Begleitung", bei der die Benannten Stellen „nach einmal erfolgter Akkreditierung lediglich unter einer eher schattenhaften staatlichen Begleitkontrolle" agierten. Zum freiwilligen Zwang siehe auch *Voßkuhle* in: Hoffmann-Riem/Schmidt-Aßmann (Hrsg), Verwaltungsverfahren und Verwaltungsverfahrensgesetz, 277, 327.

690 § 11 I ProdSG. Vgl. dazu allgemein *Merten*, Private Entscheidungsträger, 204 ff.

691 § 19 II ProdSG. *Thoma*, Regulierte Selbstregulierung, 182 zählt außerdem die Marktüberwachung zur Aufsicht. Diese sei eine inzidente Kontrolle der Benannten Stellen, da dabei die Behörde feststellen kann, ob die CE-Kennzeichnung korrekt erteilt wurde.

692 Art. 5 IV VO (EG) Nr. 765/2008; § 9 III 2 ProdSG. Ebenso für die Dienstleistungskonzession *Ruhland*, Dienstleistungskonzession, 114. Neben den beschriebenen Maßnahmen kommt auch ein informaler Weg in Betracht. So können die Aufsichtsbehörden die Benannten Stellen auf die aus ihrer Sicht fehlerhafte Zertifizierung hinweisen und ihnen nahelegen, die Zertifizierung zu beseitigen.

693 Kommt die Benannte Stelle ihren Pflichten zur Erfüllung der ihr übertragenen Aufgabe offensichtlich und in größerem Umfang nicht nach, besteht die „Möglichkeit bzw. die Pflicht zur Rückabwicklung." So zur Dienstleistungskonzession *Ruhland*, Dienstleistungskonzession, 114. AA, allerdings ohne nähere Begründung, *Thoma*, Regulierte Selbstregulierung, 361.

694 *Scheel*, DVBl. 1999, 442, 448.

695 *Röhl*, Akkreditierung und Zertifizierung, 77; *Pünder*, ZHR 170 (2006), 567, 588 mit Hinweis auf Art. 9 III 1 RL 98/37/EG (MaschinenRL) und Art. 9 III 1 RL 90/396/EWG (GasverbrauchseinrichtungsRL); *Thoma*, Regulierte Selbstregulierung, 212.

entstehen.[696] Ansprüche gegen den Staat können allenfalls daran anknüpfen, dass der Staat die Akkreditierung einer Benannten Stelle im Rahmen seiner Aufsichtspflichten nicht rechtzeitig aufgehoben hat. Anderen Benannten Stellen steht aber aus Art. 5 V VO (EG) Nr. 765/2008 i.V.m. dem Akkreditierungsakt ein subjektiv-öffentliches Recht auf Aufhebung der fehlerhaften Akkreditierung einer konkurrierenden Stelle zu.[697]

IV. Zertifizierungsrechtsfolgen

Die Zertifizierung löst verschiedene Rechtsfolgen aus. Hinsichtlich des Marktzugangs entfaltet sie eine der Tatbestandswirkung von Verwaltungsakten ähnliche Wirkung, im Marktüberwachungsrecht entfaltet sie eine Vermutungswirkung. Inwiefern diese Wirkungen grenzüberschreitend zu beachten sind, wird im nachfolgenden Kapitel erörtert.

1. Ausschluss behördlicher Marktzugangskontrolle

Die Aufgabe der Marktzugangskontrolle ist auf die privaten Benannten Stellen übergegangen. Der Verzicht auf eine präventive staatliche Kontrolle ist zulässig, weil das zu erfüllende Schutzniveau anderweitig kompensiert wird.[698] Die Wirkung der Zertifizierung ist auf der Ebene des Marktzugangs „ähnlich zu der Bestandskraft eines Verwaltungsaktes".[699] Sie entfaltet tatbestandsähnliche Wirkung.[700] Das privatrechtliche Zertifizierungsrechtsverhältnis kann als funktionales Äquivalent[701] zur verwaltungsbehördlichen Entscheidung gesehen werden.

---

696 *Holoubek* in: Holoubek (Hrsg), Anerkennungs-/ Herkunftslandprinzip in Europa, 33. Dazu ausführlich unter Kap. 2, B, II, 4, c).

697 S. dazu näher unter Kap. 2 B, I, 2, e).

698 *Schmidt-Preuß*, VVDStRL 1997, 160, 172 ff, 194 ff; *Steiner*, DVBl. 1987, 1133, 1136. Die Kompensation erfolgt unter anderem durch einen Grundrechtsschutz durch geeignetes Verfahren. Dazu *Pünder* in: Erichsen/Ehlers (Hrsg), Allgemeines Verwaltungsrecht, § 13 Rn 12 f; *Voßkuhle* in: Hoffmann-Riem/Schmidt-Aßmann (Hrsg), Verwaltungsverfahren und Verwaltungsverfahrensgesetz, 277, 313; *Appel* in: Hoffmann-Riem/Schmidt-Aßmann/Voßkuhle (Hrsg), GVwR Bd. II, § 32 Rn 65; vgl. Kap. 2, A.

699 *Dimitropoulos*, Zertifizierung und Akkreditierung, 109, 237.

700 Ebenso *Kadelbach*, Allgemeines Verwaltungsrecht unter europäischem Einfluss, 330 und *Holoubek* in: Holoubek/Potacs, Öffentliches Wirtschaftsrecht, Bd. II, 503, 521, die von einer Tatbestandswirkung ausgehen.

701 *Thoma*, Regulierte Selbstregulierung, 201; *Holoubek* in: Holoubek (Hrsg), Anerkennungs-/ Herkunftslandprinzip in Europa, 33. Zum internationalen

Die Zertifizierung löst zudem die Vermutung der Normkonformität aus.[702] Diese bedarf dann keines eigenständigen Beweises mehr.[703] Zertifizierte Produkte dürfen nicht überwacht werden. Neben der Konformitätserklärung der Benannten Stelle ist eine weitere behördliche Entscheidung nicht zulässig, eine behördliche Kontrolle darf nicht mehr als Eröffnungskontrolle ausgestaltet sein.[704] Es kommt zu einer Substitution der Behördenentscheidung.[705]

Verwaltungsrecht *Dimitropoulos*, Zertifizierung und Akkreditierung, 237, der von der Zertifizierung als „Quasi-Verwaltungsakt" spricht.

702 Die Vermutung ist ein mögliches Instrument des Gesetzgebers. *Schneider*, Gesetzgebung, Rn 364 spricht von einem „technischen Kunstgriff". *Scholl*, Private Sachverständige, 299 mwN: Abzugrenzen ist der Begriff der Vermutung zunächst von dem der Fiktion. Während die Vermutung einer Sachverständigenbescheinigung eine öffentlich-rechtliche Wirkung zuspricht (nämlich die erhöhte Beweislast), führt die Fiktion zu einer Legalisierung des Normgegenstandes. Diese „materielle Legalitätsfiktion" ist unwiderlegbar. Dazu auch *Schneider*, Gesetzgebung, Rn 367.

Allgemein werden die praesumtio facti und die praesumtio iuris unterschieden, *Huber* in: Musielak, ZPO, § 292 Rn 2 f. Wird durch gesetzliche Anordnung von einer bestimmten Ausgangstatsache auf die vermutete Tatsache geschlossen, so liegt eine Vermutung im Sinne einer praesumtio facti vor. Es ist aber anerkannt, dass die gesetzlichen Tatsachen- und Rechtsvermutungen in Struktur und Wirkung im Wesentlichen gleich sind, *Prütting* in: MüKo, ZPO, § 292 Rn 5. *Di Fabio*, Produktharmonisierung, 21 f mvwN zur Vermutung iRd Normung: Eine praesumtio iuris soll eine rechtserhebliche Vermutung sein, bei der das Gesetz aus einer bestimmten Tatsache eine widerlegbare Rechtsvermutung ableitet.

Im Fall einer europarechtlich angeordneten Vermutungswirkung richte sich die Frage der Widerlegbarkeit nicht nach § 292 ZPO, sondern nach dem betreffenden europäischen Recht. Wird wie hier das europäische Richtlinienrecht zunächst in nationales Recht umgesetzt, findet § 292 ZPO Anwendung, dazu *Bacher* in: Vorwerk/Wolf, Beck'scher OK ZPO, § 292 Rn 3; *Leipold* in: Stein/Jonas, ZPO, § 292 Rn 4.

703 Vgl. dazu *Leipold* in: Stein/Jonas, ZPO, § 292 Rn 8. Unterschieden werden kann außerdem nach widerlegbaren und unwiderlegbaren Vermutungen. Im letzteren Fall ist der Beweis des Gegenteils durch den Gesetzgeber ausgeschlossen (contrariam probationem non admittens), s. dazu *Schneider*, Gesetzgebung, Rn 364 ff.

704 *Weiß*, Produktsicherheit, 349 f; *Schmidt-Preuß*, VVDStRL 56 (1997), 160, 210. Das Zertifizierungsverfahren stellt damit eine Alternative zu der herkömmlichen Eröffnungskontrolle dar, dazu *Häfner*, Verantwortungsteilung, 109.

705 *Thoma*, Regulierte Selbstregulierung, 358.

2. *Modifikationen behördlicher Marktüberwachung*

Von der privatisierten präventiven Marktzugangskontrolle zu unterscheiden ist die repressive behördliche Marktüberwachung (sog. *post market surveillance*), die durch die Zertifizierung nicht per se ausgeschlossen wird.[706] Die Marktüberwachung hat zum Ziel, dass keine Produkte auf den Markt kommen bzw. dort verbleiben, die eine Gefahr für die Gesundheit oder Sicherheit der Verwender darstellen.[707] Maßnahmen richten sich gegen den jeweils betroffenen Wirtschaftsakteur.[708] Dabei sollen insbesondere nachträglich bekannt gewordene Informationen über Risiken verarbeitet werden. Das Marktüberwachungsrecht dient der Sicherung staatlicher Auffangverantwortung.[709] Insofern steht einem staatlichen Tätigwerden nicht entgegen, dass die zertifizierten Produkte auch schon einer vertraglichen Kontrolle unterliegen; die behördliche Produktüberwachung läuft parallel, sie wirkt ergänzend und absichernd.[710]

Die behördliche nachgängige Marktüberwachung wird als indirekter Vollzug durch zahlreiche europäische Vorgaben vorgeformt.[711] Rechtliche Vorgaben finden sich insbesondere in der VO (EG) Nr. 765/2008. Das New Legislative Framework ist darauf gerichtet, dass auf Unionsebene eine wirksame Politik unter anderem im Bereich der Marktüberwachung ausgebaut wird.[712] Es liegt

---

706 So auch *Thoma*, Regulierte Selbstregulierung, 360. Laut *Schmidt-Preuß*, VVDStRL 56 (1997), 160, 197 müsse der Verwaltung das repressive Eingriffsinstrumentarium „als flankierendes Korrektiv jederzeit ungeschmälert zur Verfügung stehen", „um dem materiellen Recht effektiv zum Durchbruch zu verhelfen."

707 *Langner/Klindt* in: Dauses, Hdb. EU-Wirtschaftsrecht, Bd. 1, C VI Rn 34.

708 § 27 I 1 ProdSG.

709 *Stober*, Besonderes Wirtschaftsverwaltungsrecht, § 55, I. mwN.

710 *Weiß*, Produktsicherheit, 374.

711 Die Mitgliedstaaten sind nach Art. 18 VO (EG) Nr. 765/2008 zur Einrichtung geeigneter Verfahren verpflichtet. Ihre Marktüberwachungsbehörden müssen mit den erforderlichen Befugnissen, Ressourcen und Kenntnissen zur ordnungsgemäßen Wahrnehmung ihrer Aufgaben ausgestattet sein und ihre Befugnisse unter Wahrung des Grundsatzes der Verhältnismäßigkeit ausüben. Um einen wirksamen Gesetzesvollzug zu bewirken, und auch um unnötige Doppelarbeit zu vermeiden, müssen die Mitgliedstaaten Marktüberwachungsprogramme durchführen sowie regelmäßig ihre Marktüberwachungsaktivitäten überprüfen, wobei die Ergebnisse dieser Bewertung der Europäischen Kommission und den anderen Mitgliedstaaten zugänglich gemacht werden müssen.

712 Europäische Kommission, Generaldirektion Unternehmen und Industrie, Stand der Umsetzung des Neuen Rechtsrahmens v. 14.9.2010. Durch die Verordnung wurden zum ersten Mal rechtlich verbindliche Regelungen zu Organisation und

erstmals „eine Art ordnungspolitischer Überbau der hoheitlichen Marktüberwachung“ vor.[713] So enthält die Verordnung „engmaschige Rahmenbestimmungen“ für die nationalen Behörden.[714] Als Teil der Gefahrenabwehr fällt die Marktüberwachung in die Landeskompetenz.[715] Die Länder haben überwiegend die staatlichen Gewerbeaufsichtsämter und die Ämter für Arbeitsschutz damit beauftragt.[716]

Die repressive Überwachung besteht weder aus einer Korrektur der ursprünglichen Zertifizierung, noch aus einer Ersatzvornahme.[717] Marktzugang und Marktüberwachung sind nicht als gestuftes Verfahren ausgestaltet. Die einzelne Zertifizierung unterliegt keiner Nachprüfung. Die Behörde ist demnach keine Widerspruchsinstanz, bei der bei Verweigerung der Benannten Stelle dennoch eine Zertifizierung erlangt werden könnte; die Behörde nimmt keine Korrektur der Zertifizierung vor.[718] Bei einer rechtswidrigen Verweigerung der Benannten Stelle ist der Hersteller auf den ordentlichen Rechtsweg verwiesen.[719] Die Behörden haben vielmehr ein originäres Betätigungsfeld. Sie prüfen, ob das Produkt normkonform ist. Der Behörde obliegt damit nicht der Nachweis, dass

---

Durchführung der Akkreditierung von Konformitätsbewertungsstellen, sowie zu zwingend einzurichtenden, behördlichen Aufgaben und Befugnissen getroffen.

713 *Langner/Klindt*, in: Dauses, Hdb. EU-Wirtschaftsrecht, Bd. 1, C VI Rn 5.

714 Dazu allgemein *Kapoor/Klindt*, EuZW 2008, 649, 652 ff.

715 Das ProdSG ist zum Wirtschaftsverwaltungsrecht zu zählen, wofür der Bund zwar eine Gesetzgebungs-, aber keine Vollzugskompetenz hat. Explizit zu den Zuständigkeiten siehe § 24 I 1 ProdSG. Vgl. auch die Gesetzesbegründung zu Abschnitt 6 des ProdSG, Entwurf eines Gesetzes über die Neuordnung des Geräte- und Produktsicherheitsrechts der Bundesregierung, BT-Drs 17/6276, Gesetzesbegründung S. 48. Noch zum Vorgängergesetz GPSG *Peine* in: Schulte/Schröder, Technikrecht, 440; jüngst auch *Klindt/Schucht* in: Ehlers/Fehling/Pünder (Hrsg), Besonderes Verwaltungsrecht, § 36 Rn 227. Dies wird oftmals kritisch gesehen, vgl. *Klindt/Schucht* in: Ehlers/Fehling/Pünder (Hrsg), Besonderes Verwaltungsrecht, § 36 Rn 227. Krit schon *Klindt*, ZRP 2009, 51 ff. Denn auch wenn in manchen Sektoren eine länderübergreifende Koordinierung eingeführt wurde, sind doch über achtzig verschiedene Behörden für den Vollzug des Produktsicherheitsrechts zuständig, was das Verwaltungsverfahren unübersichtlicher macht.

716 *Klindt/Schucht* in: Ehlers/Fehling/Pünder (Hrsg), Besonderes Verwaltungsrecht, § 36 Rn 272; zu Gewerbeaufsichtsämtern *Peine* in: Schulte/Schröder, Technikrecht, 440; *ebenda*, 451 ff findet sich eine Übersicht über die landesrechtlichen Regelungen.

717 Ebenso *Thoma*, Regulierte Selbstregulierung, 361.

718 *Thoma*, Regulierte Selbstregulierung, 361.

719 Ebenso *Scholl*, Private Sachverständige, 329.

die Zertifizierung zuvor fehlerhaft erteilt wurde,[720] sondern sie muss nachweisen, dass aktuell von dem Produkt Gefahren ausgehen. Wie beim Marktzugang ist ausschließlich die jeweils sachlich einschlägige EU-Richtlinie, ausgefüllt durch technische Normen, Maßstab bei der Prüfung des zugrunde liegenden Sachverhalts.[721]

Marktüberwachungsmaßnahmen können getroffen werden, wenn ein Produkt produktrechtliche Anforderungen nicht (mehr) erfüllt.[722] Die Behörde prüft mithin, ob die Produkte weiterhin den materiellen Anforderungen genügen. Da die Zulassung nur noch durch die Benannten Stellen erfolgt, besteht auf Seiten der Behörde ein Informationsdefizit.[723] Der staatliche Rückzug aus der Überwachungstätigkeit ist mit Blick auf diese „Verarmung" der behördlichen Informationsquellen nicht unproblematisch.[724] Dem Hersteller obliegen daher weitgehende Informationspflichten: Er muss alle notwendigen Informationen bereitstellen. Die Marktüberwachung ist im deutschen Verwaltungsrecht als polizeirechtliche Tätigkeit einzuordnen.[725] Die auf die Sachverhaltsermittlung gerichteten Maßnahmen richten sich nach den allgemeinen Grundsätzen der Gefahrerforschung.[726] Zur Erforschung des Gefahrenpotenzials können zudem Stichproben genommen werden,[727] die im Überwachungskonzept[728] vorgesehen sein müssen. Das Überwachungskonzept hält die Behörden zu einem systematischen Vorgehen an.[729]

---

720 Dies wird allenfalls im Rahmen der Akkreditierungsaufsicht geprüft.

721 *Weiß*, Produktsicherheit, 346.

722 § 26 II ProdSG; zur Möglichkeit eines öffentlich-rechtlichen Vertrags zwischen Unternehmen und Behörden als Instrument der Marktüberwachung *Klindt*, NVwZ 2003, 307 ff.

723 *Röhl* in: Schmidt-Aßmann/Schöndorf-Haubold (Hrsg), Der Europäische Verwaltungsverbund, 153, 179. Dieses entsteht bei jedem Rückzug aus der präventiven Kontrolle. Kritisch zu der „nachermittelnden Aufsichtsverwaltung" *Scholl*, Private Sachverständige, 288 mwN.

724 *Scholl*, Private Sachverständige, 288.

725 *Dimitropoulos*, Zertifizierung und Akkreditierung, 118; *Stober*, Besonderes Wirtschaftsverwaltungsrecht, § 55, I. mwN.

726 *Scheel*, Privater Sachverstand, 90 mwN.

727 § 26 I ProdSG. Möglich sind Überprüfungen der Unterlagen und technischen Dokumentationen, sowie Laborprüfungen.

728 § 25 I ProdSG; *Pünder*, ZHR 170 (2006), 567, 576.

729 *Weiß*, Produktsicherheit, 377; Begründung der Bundesregierung in BT-Drs 15/1620, S. 30.

Kommt die Behörde zu dem Ergebnis, dass marktüberwachungsrechtliche Maßnahmen notwendig sind, stehen ihr verschiedene Instrumente zur Verfügung:[730] nachträgliche Kennzeichnungsanordnungen, hoheitliche Warnungen,[731] zeitweilige Vertriebsverbote, Rückrufanordnungen, Vernichtungsanordnungen. Die Behörde kann dem Hersteller ein Bußgeld auferlegen,[732] beispielsweise wenn dieser ein Produkt ohne die CE-Kennzeichnung auf dem Markt bereitstellt, obwohl eine Rechtsvorschrift die Kennzeichnung vorschreibt.[733] Die im Rahmen der Marktüberwachung ergehenden Maßnahmen sind in der Regel Verwaltungsakte im Sinne des § 35 VwVfG, die Verfahrensvorschriften der §§ 37, 39 VwVfG finden mangels speziellerer produktsicherheitsrechtlicher Vorgaben Anwendung. Die Pflicht zur Anhörung des Adressaten ergibt sich aus § 27 ProdSG und entspricht § 28 VwVfG. Das Verwaltungsverfahren folgt den allgemeinen Anforderungen.

Teilweise wird angenommen, dass neben der subsidiären Nachmarktkontrolle die Möglichkeit besteht, eine Maßnahme auf die allgemeinen gefahrenabwehrrechtlichen Ermächtigungsgrundlagen zu stützen. Dies sei schließlich auch in einigen anderen Gesetzen normiert.[734] Mangels eines ausdrücklichen Verweises ist ein Rückgriff auf die allgemeinen Vorschriften vorliegend jedoch nicht möglich.

Fraglich ist, ob den mitgliedstaatlichen Behörden bei ihrer Entscheidung Ermessen zusteht. Gem. § 26 II 1 ProdSG „treffen" die Behörden die erforderlichen Maßnahmen. Dieser Wortlaut spricht dafür, dass ihnen hinsichtlich der Maßnahmen kein Entschließungsermessen zukommt.[735] Dieses Verständnis entspricht dem Gedanken der verfassungsrechtlichen Gewährleistungspflicht. Die Behörde ist der Produktsicherheit verpflichtet. Sie muss gegen gefahrenträchtige Produkte vorgehen. Der Behörde kommt aber ein Auswahlermessen zu.[736] Auch wenn zahlreiche Vorgaben für die Risikoanalyse in den RAPEX-Leitlinien[737]

---

730 Art. 20 I VO (EG) Nr. 765/2008; § 26 II, IV ProdSG.

731 Zu behördlichen öffentlichen Warnungen und damit im Zusammenhang stehenden Haftungsfragen *Schieble*, VuR 2007, 401 ff.

732 § 39 I Nr. 6 ProdSG.

733 § 7 II Nr. 2 ProdSG. Rechtsvorschriften können unter anderem produktsicherheitsrechtliche Rechtsverordnungen im Sinne des § 8 I ProdSG sein.

734 *Scholl*, Private Sachverständige, 326.

735 Ebenso *Scheel*, Privater Sachverstand, 90 f.

736 *Klindt/Schucht* in: Ehlers/Fehling/Pünder (Hrsg), Besonderes Verwaltungsrecht, § 36 Rn 231.

737 Anhang II zu Richtlinie 2001/95/EG; Leitlinien für die Verwaltung des gemeinschaftlichen Systems zum raschen Informationsaustausch „RAPEX" gemäß Art. 12 und des Meldeverfahrens gemäß Art. 11 der Richtlinie 2001/95/EG, die sich im Anhang der Entscheidung 2010/15/EU finden lassen. Vorgänger war die Entscheidung

festgeschrieben sind, haben die Mitgliedstaaten einen gewissen Spielraum. Ihr Auswahlermessen muss die mitgliedstaatliche Behörde rechtmäßig ausüben. Vertraulichkeit und Wahrung der Geschäftsgeheimnisse sind zu beachten.[738] Insbesondere muss jede Maßnahme verhältnismäßig sein.[739] Bei eingriffsintensiven Maßnahmen, wie beispielsweise einer Rücknahme der Zertifizierung oder einer Rückrufsanordnung, muss ein Verstoß gegen produktrechtliche Vorschriften eindeutig belegt sein, damit die Maßnahme verhältnismäßig ist.[740] Schließlich ist der richtige Adressat auszuwählen. Dies ist im Gefahrenabwehrrecht typischerweise der Störer. Maßnahmen sind daher auch nicht mehr vorrangig gegen den Hersteller, sondern gegen den jeweils betroffenen Wirtschaftsakteur zu richten.[741]

Die Zertifizierung entfaltet nicht nur auf der Ebene des Marktzugangs Wirkung. Auch die Marktüberwachung wird modifiziert. Die gesetzliche Vermutung ist nämlich nur durch Gegenbeweis widerlegbar.[742] Möchte die Behörde gegen das Produkt vorgehen, muss sie einen Gegenbeweis dafür erbringen, dass das betreffende Produkt tatsächlich nicht den produktrechtlichen Anforderungen genügt.[743] Es kommt zu einer Umkehr der Beweislast.[744] Die Behörde muss einen qualifizierten Nachweis von bestehenden Defiziten erbringen.[745] Bei einem Vorgehen gegen zertifizierte Produkte bestehen insofern erhöhte Begründungs- und Verfahrenspflichten.

2004/418/EG. Zur Risikoanalyse in diesen Leitlinien insbesondere Teil 4, Abschnitt 5. Für die Bewertung von Produktrisiken sind Verletzungsszenarien zu entwickeln, *Klindt/Wende*, NVwZ 2011, 602 ff.

738 Erwägungsgrund 31 der VO (EG) Nr. 765/2008.

739 Art. 18 Abs. 4 der VO (EG) Nr. 765/2008.

740 *Klindt*, GPSG, § 8 Rn 40; ihm folgend *Haak/Klöck*, EuZW 2010, 53, 56.

741 § 27 I 1 ProdSG; Gesetzesbegründung zu § 27 I ProdSG, Entwurf eines Gesetzes über die Neuordnung des Geräte- und Produktsicherheitsrechts der Bundesregierung, BT-Drs 17/6276, Gesetzesbegründung S. 49.

742 Eine Widerlegung setzt den Beweis des Gegenteils voraus, es genügt nicht, das Vorliegen der vermuteten Tatsache nur zu erschüttern, *Bacher* in: Vorwerk/Wolf, BeckOK ZPO, § 292 Rn 10.

743 *Thoma*, Regulierte Selbstregulierung, 192.

744 So auch *Klindt*, GPSG § 6 Rn 14; *Peine* in: Schulte/Schröder, Technikrecht, 433.

745 *Peine* in: Schulte/Schröder, Technikrecht, 433. So jetzt auch Art. 7 I VO (EG) 764/2008. Dazu auch *Haak/Klöck*, EuZW 2010, 53, 57 mit Fn 23. Siehe zu den – in diesem Sinnen rein deklaratorischen – Gleichwertigkeitsklauseln *v. Borries/Petschke*, DVBl. 1996, 1343 ff, 1348 ff.

Die Zertifizierung entfaltet noch eine weitere Wirkung. Mitgliedstaatliche Maßnahmen müssen zu ihrer Wirksamkeit nämlich eine Art europäisches Vorverfahren durchlaufen, das sog. Schutzklauselverfahren.[746] Dieses kann zum Marktüberwachungsverwaltungsverfahren gezählt werden.[747]

D. Ergebnis

Mit Übertragung einer Aufgabe auf Private wandelt sich die staatliche Erfüllungsverantwortung in eine Gewährleistungsverantwortung. Der Staat trägt in den untersuchten Fällen dafür Sorge, dass eine sichere Produktzulassung und ein faires und fachkundiges Zulassungsverfahren stattfinden. Im deutschen Recht muss der private Vollzug verfassungskonform ausgestaltet sein. Relevante Grundrechtsnormen stellen insbesondere Artt. 12, 2 II GG dar. Der Gesetzgeber entspricht seiner Pflicht durch den Erlass eines Zertifizierungssonderrechts, durch die Beaufsichtigung der Akkreditierungen und Zertifizierungen, sowie durch die subsidiäre behördliche Marktüberwachung.

Die Privaten werden durch mitgliedstaatliche Akkreditierung in den Vollzug des Produktzulassungsrechts eingebunden. Die Voraussetzungen zur Akkreditierung ergeben sich in weiten Teilen aus den unionsrechtlichen Normen. Die genaue Ausgestaltung der Akkreditierungsakte, beispielsweise durch Nebenbestimmungen, obliegt den mitgliedstaatlichen Akkreditierungsbehörden. Die Akkreditierung wird erst mit Notifizierung an die Europäische Kommission wirksam. Sie wirkt dann als transnationaler Verwaltungsakt europaweit. Wie bei jedem Vollzug des Unionsrechts muss den europarechtlichen Normen zur größtmöglichen Wirkung verholfen werden, der effet utile muss beachtet werden. Den zertifizierungsrechtlichen Normen lässt sich die europäische Entscheidung dafür entnehmen, dass die Benannten Stellen eine unionsweite Vollzugsstruktur darstellen. Vertrauen in die Rechtmäßigkeit der Akkreditierungen ist ein wichtiges Gut für sie. Den Benannten Stellen muss daher ein subjektiv-öffentliches Recht darauf zustehen, dass Akkreditierungen rechtmäßig vorgenommen werden. Ihnen steht die Möglichkeit eines gerichtlichen Rechtsschutzes offen, sie können auf Aufhebung einer fehlerhaften Akkreditierung Dritter klagen.

Das nationale Organisationsrecht kommt dabei in dem Umfang zur Anwendung, in dem europäisches Recht keine vorrangigen Aussagen trifft. Der

---

746 Art. 20 I VO (EG) Nr. 765/2008; Anhang I R 32 I, R 31 IV zu Beschluss (EG) Nr. 768/2008. Dazu näher unter Kap. 3, B, I, 2, b).

747 *Klindt/Schucht* in: Ehlers/Fehling/Pünder (Hrsg), Besonderes Verwaltungsrecht, § 36 Rn 161.

Mitgliedstaat kann nicht entscheiden, ob er eine bestimmte Stelle überhaupt einrichtet. In der Regel obliegt ihm aber ein Umsetzungsspielraum dahingehend, wie die jeweilige Stelle tätig wird. Auch das Unionsrecht unterscheidet mitgliedstaatliche und private Sphären. Im europäischen Produktzulassungsrecht ordnen die unionsrechtlichen Normen den privaten Vollzug an.

Die Akkreditierung ist eine Form der Privatisierung. Sie lässt sich aber unter keine der bekannten Formen fassen: Gegenüber der Beleihung ist sie ein Weniger, da der Benannten Stelle keine Hoheitsgewalt übertragen wird. Zugleich ist sie gegenüber der funktionalen Privatisierung ein Mehr, da die Benannte Stelle nicht ähnlich eng durch die einschaltende Behörde geführt wird. Auch andere Arten der Einbindung in eine hoheitliche Tätigkeit liegen nicht vor. Die Benannte Stelle ist kein Teil der nationalen Verwaltung. Der nationale Verwaltungsbegriff ist auch nicht auf Fälle zu erweitern, in denen Private unionsrechtlich vorgegebene Aufgaben erfüllen und eng an die Verwaltung angebunden sind. Amtshaftungsrecht kommt nicht zur Anwendung. Sie sind keine Grundrechtsverpflichteten. Die Benannte Stelle wird vielmehr privat tätig. Sie erbringt sachverständige Leistungen auf privatrechtlicher Basis; sie ist die europäische Variante eines Verifikateurs. Die Voraussetzungen entsprechen im Wesentlichen den Vorgaben des § 36 GewO, dem die Akkreditierung als spezielleres Recht vorgeht.

Handlungsform im privaten Vollzug ist die Zertifizierung, die in regulierter Selbstregulierung ergeht. Gesetzliche Vorgaben lassen sich dem Zertifizierungssonderrecht entnehmen, welches Regelungen sowohl zum Vertragsschluss als auch zur Vertragsgestaltung enthält. Es handelt sich dabei um ein modifiziertes Privatrecht, das sich an die jeweilige Vollzugseinheit richtet, egal ob privat oder hoheitlich organisiert. Wird das Zertifizierungssonderrecht nicht eingehalten, verstößt der betreffende Zertifizierungsvertrag gegen ein gesetzliches Verbot im Sinne des § 134 BGB. Die Vermutungswirkung tritt dann nicht ein. Der private Vollzug wird im Rahmen einer mitgliedstaatlichen Zertifizierungsaufsicht kontrolliert. Bei der Akkreditierung handelt es sich um ein verwaltungsrechtliches Rechtsverhältnis. Aufsichtsrechtliche Maßnahmen richten sich nach dem Produktsicherheitsgesetz und dem Verwaltungsverfahrensgesetz.

Entspricht die Zertifizierung den Anforderungen des Zertifizierungssonderrechts, wird jede andere Form von behördlicher Eröffnungskontrolle unzulässig. Ihr kommt auf der Ebene des Marktzugangs eine tatbestandsähnliche Wirkung zu. Sie löst die Vermutung aus, dass das zertifizierte Produkt den einschlägigen Normen entspricht. So ist die Widerlegung im Rahmen der Marktüberwachung nur durch Gegenbeweis möglich. Die Marktüberwachung stellt eine zusätzliche Marktkontrolle dar. Prüfungsgegenstand der Marktüberwachung ist nicht, ob die Zertifizierung korrekt, sondern ob das Produkt normkonform ist. Es erfolgt keine Überprüfung der Zertifizierung. Die Marktüberwachung ist zum Gefahrenabwehrrecht zu zählen. Neben den besonderen Vorschriften des ProdSG können allgemeine gefahrabwehrrechtliche Vorschriften nicht angewendet werden. Den Mitgliedstaaten steht zwar kein Entschließungsermessen, dafür aber ein Auswahlermessen hinsichtlich der Maßnahme zu. Vor Erlass einer ordnungsrechtlichen Maßnahme muss der Mitgliedstaat eine Art europäisches Vorverfahren durchlaufen, das Schutzklauselverfahren.

Kapitel 3: Private im indirekten Vollzug als funktionale europäische Verwaltung

Auch Private vollziehen Unionsrecht.[748] Der EU obliegt aufgrund der unmittelbaren Einbindung der Privaten eine Gewährleistungsverantwortung (A). Die Zertifizierungen ergehen als transnationale Akte (B, I). Aufgrund ihrer Vollzugstätigkeit sind die Privaten als Teil der europäischen Verwaltung im funktionalen Sinne zu verstehen. Der Begriff der europäischen Verwaltung muss daher auch Private einbeziehen (B, II). Als Teil der europäischen Verwaltung unterliegen die Privaten verschiedenen Bindungen (C).

A. Unionsrechtliche Gewährleistung privaten Vollzugs

I. Unionsverfassungsrechtlicher Hintergrund

Die Idee eines Gewährleistungskonzepts auf europäischer Ebene ist noch relativ neu,[749] sie wurde vorrangig im warenverkehrsrechtlichen Schrifttum entwickelt.[750] Den Unionsgrundrechten wird eine Schutzpflichtendimension jedenfalls ausdrücklich zugesprochen.[751] Daneben finden sich Vorgaben im Primär- und im Sekundärrecht.

II. Gewährleistungsverantwortung im Produktzulassungsrecht

Die Verantwortung für die Gewährleistung von Produktsicherheit ist zwischen den Mitgliedstaaten und der EU aufgeteilt.[752] Im Produktzulassungsrecht von Interesse sind insbesondere die Vorgaben von Art. 114 AEUV und der Artt. 169, 12 AEUV. Zunächst muss die EU einen binnenmarktbezogenen Verbraucherschutz gewährleisten, um ein bestimmtes Schutzniveau zu erhalten.[753] Art. 114 III AEUV schreibt vor, dass die EU in den Bereichen Gesundheit, Sicherheit, Umweltschutz und Verbraucherschutz von einem hohen Schutzniveau ausgehen

748 *Ehlers* in: Erichsen/Ehlers (Hrsg), Allgemeines Verwaltungsrecht, § 5 Rn 31, 64 ff.

749 *Terhechte* in: Terhechte (Hrsg), Verwaltungsrecht der EU, § 1 Rn 8 mwN.

750 So auch schon bei *Franzius*, Gewährleistung, 172: Wie schon auf anderen Gebieten hat sich die Warenverkehrsfreiheit mit ihrer großen Innovationskraft als besonders ergiebiges Forschungsfeld gezeigt.

751 *Suerbaum*, EuR 2003, 390 ff.

752 *Schumann*, Bauelemente, 76.

753 *Schumann*, Bauelemente, 74 f.

soll. Dabei sind die Schutzgüter von Art. 114 III AEUV mit den anderen Vertragszielen ins Verhältnis zu setzen.[754] Beim Erlass binnenmarktrechtlicher Vorschriften muss die EU eine Abwägung treffen. Ihr kommt ein eigener Gestaltungsspielraum hinsichtlich der unionsrechtlichen Schutzebene zu, der gerichtlich nur beschränkt überprüfbar ist.[755]

Daneben tritt der Aspekt des selbstständigen, von den Binnenmarktfreiheiten losgelösten, Verbraucherschutzes im Sinne des Art. 169 AEUV.[756] Diese Kompetenz ist inhaltlich darauf beschränkt, mitgliedstaatliche Regelungen zu flankieren.[757] Auch aus Art. 4 II lit. k) sowie Art. 9 AEUV ergibt sich die Pflicht der EU, die Gesundheit und Sicherheit der Bürger zu schützen.[758] Konkretisiert werden diese primärrechtlichen Vorgaben durch Sekundärrecht. So wird aus der europäischen Produktsicherheitsrichtlinie ein subjektives Recht des Bürgers auf Produktsicherheit abgeleitet.[759] Die EU ist verpflichtet, ein hohes Maß an Sicherheit für die europäischen Verbraucher zu gewährleisten.[760]

In den hier untersuchten Fällen obliegt der EU eine Gewährleistungspflicht, da sie die Privaten unmittelbar einbindet. Den Mitgliedstaaten obliegt keine Wahl, ob sie Benannte Stellen einrichten. Es besteht die Gefahr, dass bei der Einbindung der Privaten die Anforderungen aufgrund des Wettbewerbsdrucks immer weiter heruntergeschraubt werden.[761] Die EU muss daher gewährleisten, dass Aufgaben der Produktzulassung ordnungsgemäß wahrgenommen werden. Die mit der VO (EG) Nr. 765/2008 eingeführten Vorschriften zur Akkreditierung und Zertifizierung sichern zunächst, dass die Benannten Stellen bestimmten Anforderungen an Kompetenz, Neutralität und Haftungsvermögen

---

754 *v. Danwitz* in: Dauses, Hdb. EU-Wirtschaftsrecht, B II Rn 125.

755 *v. Danwitz* in: Dauses, Hdb. EU-Wirtschaftsrecht, B II Rn 125.

756 *Schieble*, ProdSG und europäisches Gemeinschaftsrecht, 39 spricht von einem binnenmarktunabhängigen Verbraucherschutz.

757 Noch zur Vorgängernorm des Art. 153 I i.V.m. III lit. b) EGV aF *Schieble*, ProdSG und europäisches Gemeinschaftsrecht, 40.

758 *Dimitropoulos*, Zertifizierung und Akkreditierung, 91.

759 So unter anderem aus Art. 16 II VO (EG) Nr. 765/2008. Dazu auch *Thoma*, Regulierte Selbstregulierung, 190. Darum für den Fall der Nichtumsetzung einer Richtlinie einen Staatshaftungsanspruch diskutierend *Reich*, EuZW 1996, 709, 711; *Schieble*, ProdSG und europäisches Gemeinschaftsrecht, 109.

760 Vgl. Art. 114, 169 AEUV.

761 So mit ähnlicher Argumentation auch *Pünder*, ZHR 170 (2006), 567, 595; bezogen auf das prognostische Verhalten der Hersteller iRd GPSG: *Klindt*, NJW 2004, 465, 470.

genügen. Die EU kommt ihrer Gewährleistungsverantwortung insofern ausreichend nach.

Allenfalls könnte sie verpflichtet sein, auf europäischer Ebene außerdem eine Aufsichtsstruktur einzuführen. Als funktionaler Teil der europäischen Verwaltungsstruktur würden die Benannten Stellen dann einer direkten EU-Aufsicht unterstehen. Dies ist derzeit, anders als beispielsweise in den USA, wo es die sog. *Consumer Product Safety Commission* gibt,[762] nur in wenigen Ausnahmen der Fall. So wurden im Bereich der Arznei- und der Lebensmittel die europäische Agentur EMA und die Behörde EFSA eingerichtet.[763] Eine Diskussion zur Ausweitung unionsrechtlicher Aufsichtsbefugnisse ist jüngst auch im Medizinprodukterecht wieder aufgekommen, wird jedoch von der EU-Kommission noch nicht für notwendig gehalten.[764] Wie die Strukturen dabei im Einzelnen

762 www.cpsc.gov, abgerufen am 29.10.2012.

763 European Medicines Agency EMA (VO (EG) Nr. 726/2004); European Food Safety Authority EFSA (VO (EG) Nr. 178/2002); dazu *Schumann*, Bauelemente, 166; *Micklitz* in: Reich/Micklitz, Europäisches Verbraucherrecht, 903.

764 So formuliert die EU-Kommission in ihrem Verordnungsvorschlag COM(2012) 542 final v. 26.9.2012 zu den Benannten Stellen im Medizinprodukterecht, S. 7 f: "Proper functioning of notified bodies is crucial for ensuring a high level of health and safety protection and citizens' confidence in the system which has come under severe criticism in recent years due to significant differences as regards, on the one hand, the designation and monitoring of notified bodies and, on the other, the quality and depth of the conformity assessment performed by them, [...]. *In line with the New Legislative Framework for the Marketing of Products, the proposal sets out requirements for national authorities responsible for notified bodies.* It leaves the ultimate responsibility for designating and monitoring notified bodies, based on *stricter and detailed* criteria laid down in Annex VI, with the individual Member State. *The proposal thus builds on existing structures already available in most Member States instead of lifting the responsibility to the Union level which might have caused concerns in terms of subsidiarity. But any new designation and, in regular intervals, the monitoring of notified bodies are made subject to 'joint assessments' with experts from other Member States and the Commission, thus ensuring an effective control at Union level.* At the same time, the position of notified bodies vis-à-vis manufacturers will be significantly strengthened, including their right and duty to carry out unannounced factory inspections and to conduct physical or laboratory tests on devices. The proposal also requires rotation of the notified body's personnel involved in the assessment of medical devices at appropriate intervals to strike a reasonable balance between the knowledge and experience required to carry out thorough assessments and the need to ensure continuous objectivity and neutrality in relation to the manufacturer subject to those assessments." (Hervorhebung durch

auszugestalten sind, kann hier nicht näher erläutert werden und bleibt zu untersuchen.[765] Jedenfalls lässt sich festhalten, dass auch der EU eine Gewährleistungsverantwortung obliegt. Sie ist eine „Gewährleistungsunion“.[766]

III. Verantwortungsteilung zwischen den verschiedenen Akteuren

Die bisherigen Erkenntnisse zur Verantwortungsverteilung im Produktzertifizierungsrecht sind noch zu ergänzen. Auch den Benannten Stellen kommt Verantwortung zu.[767] Nach der Akkreditierung dienen ihre Zertifizierungen der Erfüllung einer öffentlichen Aufgabe und müssen öffentliche Interessen wahren. Private Rechtssubjekte entscheiden nach diesem Verzicht an Stelle des Staates autonom.[768] Sie tragen in ihrer Eigenschaft als Konformitätsbewertungsstellen in dem Umfang Verantwortung, in dem der Staat mit der Akkreditierung Verantwortung übertragen hat. Die Vollzugsverantwortung liegt damit auch bei den Zertifizierungsstellen. Die Benannten Stellen stehen zumindest auch im Lager des Staates.[769]

Im Ergebnis kommt es so zu einer qualitativ anderen Art der Verantwortungswahrnehmung.[770] Im Bereich der Abwehr von Produktgefahren wird die Verantwortung zwischen den eingeschalteten Privaten, den Mitgliedstaaten und der EU geteilt.[771] Die Benannten Stellen nehmen die öffentlich-rechtliche Verantwortung dabei privatrechtlich wahr. Die Produktzertifizierung ist ein Beispiel dafür, dass das europäische Recht wesentlichen Einfluss auf die im Rahmen der gesellschaftlichen Selbstregulierung einhergehende Verantwortungsteilung hat.[772]

Verf.) Für die Einrichtung einer Aufsichtsstruktur *Schieble*, ProdSG und Europäisches Gemeinschaftsrecht, 110 ff.

765 Zu Aufsichtsstrukturen im EU-Recht allgemein unter anderem *Eekhoff*, Die Verbundaufsicht, passim.

766 So in Anlehnung an *Franzius*, Gewährleistung, 151, der von einer Gewährleistungsgemeinschaft spricht.

767 Ebenso *Dimitropoulos*, Zertifizierung und Akkreditierung, 101.

768 *Merten*, Private Entscheidungsträger, 209.

769 Die Benannten Stellen ausschließlich dem Lager der Hersteller zuordnend *Seidel*, Privater Sachverstand, 270; ihm folgend *Schmidt-Aßmann*, Ordnungsidee, Kap 3 Rn 57; *Pünder*, ZHR 170 (2006), 567, 581.

770 *Häfner*, Verantwortungsteilung, 108.

771 *Schumann*, Bauelemente, 80 f Fn 309 mvwN zum Begriff der Verantwortungsteilung.

772 *Ehlers* in: Erichsen/Ehlers (Hrsg), Allgemeines Verwaltungsrecht, § 1 Rn 83.

B. Private als funktionale europäische Verwaltung

Im ersten Kapitel der Arbeit wurde festgehalten, dass der EU die Kompetenz zur Schaffung (verwaltungs-)organisationsrechtlicher Vorgaben zusteht.[773] Bei der Pflicht zur Einbindung und Kontrolle von Privaten handelt sich aus Sicht der EU um Vorgaben der Verwaltungsorganisation.[774] Zu erörtern bleiben die Zertifizierung als transnationale Handlungsform (I), sowie der europäische Verwaltungsbegriff (II).

I. Zertifizierung als transnationale Handlungsform

Die Zertifizierung ist das spezifische Instrumentarium im privaten Vollzug. Sie ist die einzige Handlungsform der Benannten Stelle. Die nationalen Rechtswirkungen sind schon beschrieben worden, hier soll die These belegt werden, dass die Zertifizierung außerdem als transnationaler Akt zu verstehen ist.[775] Sie

---

773 Kap. 1, A, I, 3.

774 *v. Danwitz*, Europäisches Verwaltungsrecht, 500; *Augsberg* in: Terhechte (Hrsg), Verwaltungsrecht der EU, § 6 Rn 28.

775 In der Literatur ist dies vereinzelt angedeutet worden. Dem System der Zertifizierungen sei ein „Koordinationsmechanismus“ zuzusprechen, der dem Transnationalitätsmodell ähnele. So *Weiß*, Produktsicherheit, 365 f, der der von *Sydow* vorgenommenen Unterscheidung zwischen dem Transnationalitäts-, dem Referenzentscheidungs- und dem Direktvollzugsmodell im Rahmen von behördlichen Produktzulassungen folgt. Angedeutet auch bei *Merten*, Private Entscheidungsträger, 158, wenn auch nicht näher behandelt; ebenso *Schmidt-Aßmann*, EuR 1996, 270, 282. Auch *Röhl* in: Schmidt-Aßmann/Schöndorf-Haubold (Hrsg), Der Europäische Verwaltungsverbund, 153, 167 spricht von einer unionsweiten „Ausübung von Regelungsbefugnissen durch die Benannte Stelle, wie sie vergleichbar an anderer Stelle mit dem Phänomen des transnationalen Verwaltungsaktes anzutreffen [sei]“. Vorauszuschicken ist, dass die Übertragbarkeit des Modells nur bezogen auf die sog. wirkungsbezogene Transnationalität geprüft werden soll. Die anderen, im Rahmen einer „Typologie transnationaler Verwaltungsakte“ entwickelten Formen des transnationalen Verwaltungsakts erfassen nicht die hier vorliegende Konstellation. Dazu ausführlich *Ruffert*, DV 34 (2001), 453, 457 ff, der wirkungsbezogene, adressatenbezogene und behördenbezogene Transnationalität unterscheidet. Den adressatenbezogenen transnationalen Verwaltungsakt charakterisiere, dass der Adressat nicht in dem gleichen Hoheitsgebiet sei wie die erlassende Behörde. Eine behördenbezogene Transnationalität erfasse den Fall, dass eine Behörde sich auf ein anderes Hoheitsgebiet begibt und dort hoheitlich tätig wird. Zu dieser von *Ruffert* ausgearbeiteten Trias auch *Fischer-Lescano*, JZ 2008, 373, 374. Zum transnationalen Verwaltungsakt auch schon unter Kap. 1, C, III, 3, c).

entspricht insofern in weiten Teilen dem transnationalen Verwaltungsakt, dem Bestandskraft, Tatbestands-,[776] Bindungs-[777], Legalisierungs-[778] und Feststellungswirkung zukommen[779].

1. Unmittelbare Geltung

Die Zertifizierung könnte unmittelbar in die mitgliedstaatlichen Rechtsordnungen Eingang erhalten. Ihre Geltung könnte wie die eines transnationalen Verwaltungsaktes zu begründen sein. Diesem kommt unmittelbare Geltung zu. Unmittelbare Geltung bedeutet, dass der Akt überhaupt Eingang in die betreffende Rechtsordnung erhält. Davon zu unterscheiden ist die Pflicht zur Beachtung im Einzelfall (sog. Wirkung eines Rechtsaktes). Da der Geltungsbereich von Gesetzen dem jeweiligen Hoheitsgebiet entspricht,[780] gelten Hoheitsakte zunächst nur in dem betreffenden Staat. Auch ausländische Akte können in einem anderen Staat Geltung erlangen, wenn ihre Geltung durch eine Norm explizit auf dessen Hoheitsgebiet erstreckt wird (sog. Geltungserstreckungsanordnung). Dies geschieht in der EU regelmäßig durch europäische, bzw. nach Umsetzung, durch nationale Normen.[781] Eine solche Geltungserstreckung eines ausländischen Hoheitsaktes ist verfassungsrechtlich zulässig. Art. 23 I 2 GG ermöglicht eine Übertragung von Hoheitsrechten auf die EU – und damit auch den Erlass von Geltungserstreckungsanordnungen.[782] Um den Grundsatz des Vorrangs des

---

776 *Schmidt-Aßmann*, EuR 1996, 270, 301; *Ohler* in: Terhechte (Hrsg), Verwaltungsrecht der EU, § 9 Rn 24.

777 *Weiß*, Produktsicherheit, 367.

778 *Ruffert*, DV 34 (2001), 453, 472. *Ebenda*, 474.

779 *Ruffert*, DV 34 (2001), 453, 454; *Schmidt-Aßmann*, EuR 1996, 270, 299 ff.

780 *Ohler*, DVBl. 2007, 1083, 1088 mwN; *Vitzthum*, Völkerrecht, 5. Abschnitt Rn 16; *Schneider*, Gesetzgebung, Rn 574; *Groß*, JZ 1994, 596, 599 f.

781 *Ruffert*, DV 34 (2001), 453, 461 mwN. AA *Fastenrath*, DV 31 (1998), 277, 301 f.

782 Diesen Begriff nutzend *Ehlers* in: Erichsen/Ehlers (Hrsg), Allgemeines Verwaltungsrecht, § 5 Rn 50; *Schneider*, Gesetzgebung, Rn 579 ff. AA *Gundel* in: Schulze/Zuleeg/Kadelbach, Europarecht, § 3 Rn 161: Solche transnationalen Wirkungen ergeben sich nicht schon aus dem Primärrecht, können aber durch Sekundärrecht angeordnet werden. Laut *Ruffert*, DV 34 (2001), 453, 462 mvwN seien die im Rahmen primärrechtlicher Anerkennungspflichten ergehenden Rechtsakte *keine* transnationalen Verwaltungsakte. Dazu auch BVerfGE 52, 187, 199; *Ehlers* in: Ehlers (Hrsg), Europäische Grundrechte, § 7 Rn 7. Eine Ausnahme von dem Grundsatz, dass Akte auf das jeweilige Hoheitsgebiet beschränkt sind, betrifft den Fall, dass innerstaatlich Rechtsfolgen an einen im Ausland stattfindenden Tatbestand geknüpft werden, *Schneider*, Gesetzgebung, Rn 587; *Weiß*, Produktsicherheit, 341, 353. Das fremde

Unionsrechts zu wahren und zudem zu sichern, dass das Recht des Erlassstaates weiterhin zur Anwendung kommt, haben transnationale Verwaltungsakte Vorrang vor der gesamten nationalen Rechtsordnung, also auch vor nationalen Verwaltungsakten.[783]

Diese Überlegungen lassen sich auf die Zertifizierung als transnationalem Akt übertragen. Auch der Zertifizierung kommt unmittelbare Geltung zu. Wie beim transnationalen Verwaltungsakt ergibt sich die unionsweite Geltung aus dem Sekundärrecht: Das CE-Kennzeichen löst die Vermutung der Normkonformität aus, durch die Umsetzung der EU-Richtlinie findet diese Vorgabe Eingang in das mitgliedstaatliche Recht.[784] Die sekundärrechtliche und die umsetzende Norm erstrecken die Geltung ausländischer Zertifizierungen. Die Frage nach der Geltung von Privatrechtsakten außerhalb der eigenen Rechtsordnung wird zwar grundsätzlich durch das jeweilige Internationale Privatrecht (IPR) geregelt. Jedoch unterscheidet die Zertifizierung von einem herkömmlichen Privatrechtsakt, dass sie in der besonderen Konstellation der Konformitätsbewertung erlassen wird. Die Benannte Stelle wird als Sachverständiger tätig, als Verifikateur. Sie handelt dabei nach dem Privatrecht, welches in dem Mitgliedstaat ihrer Akkreditierung gilt. Die Zertifizierung findet nicht über das IPR Eingang in die EU-ausländischen Rechtsordnungen, sondern aufgrund unionsrechtlicher Anordnung als europäische sachverständige Bescheinigung. Daher werden bei der Zertifizierung nicht nur Tatsachen anerkannt, sondern auch die durch das

---

Recht kommt zur Anwendung, es wird aber nicht in die Rechtsordnung übernommen, *Ohler*, DVBl. 2007, 1083, 1088. Eine Geltung könnte aber nach einer Hoheitsübertragung denkbar sein, also nach der Befugniserteilung an einen fremden Staat, auch im Inland verbindlich Recht zu setzen. Dazu *Ohler*, DVBl. 2007, 1083, 1088. *Ohler*, DVBl. 2007, 1083, 1089 mwN: Dabei steht es vom Rang auf einer Stufe mit dem es zur Anwendung berufenden Kollisionsrecht, also in der Regel mit einem einfachen Gesetz. AA noch zu Art. 10 EGV aF *v. Bogdandy* in: Grabitz/Hilf, Das Recht der EU, 2002, Art. 10 EGV Rn 52: Auch ohne eine die Richtlinie explizit umsetzende mitgliedstaatliche Norm ergebe sich eine Pflicht zur Anerkennung eines ausländischen transnationalen Verwaltungsakts schon aus dem primärrechtlichen Loyalitätsgebot des Art. 4 III AEUV.

783 Mit dieser Argumentation ebenso *Neßler*, Richtlinienrecht, 95, der von einem „ungeschriebenen" Vorrang des transnationalen Verwaltungsakts spricht.

784 Vgl. die Konformitätsvermutungen in Art. 9 I RL 2009/125/EG (ÖkodesignRL); Art. 7 I RL 2006/42/EG (MaschinenRL). Umgesetzt werden sie im deutschen Recht vor allem durch Rechtsverordnungen zum ProdSG, zum Beispiel in § 4 IV der 6. ProdSV (DruckbehälterVO), § 5 IV der 8. ProdSV (SchutzausrüstungsVO) und § 5 IV der 11. ProdSV (ExplosionsschutzVO); *Polly/Lach*, BB 2012, 71, 72.

ausländische Recht zuerkannten Rechtsfolgen zugesprochen. So kommt es zu einer mittelbaren Übernahme des ausländischen Sachrechts.[785] Die Zertifizierung wird durch das nationale öffentliche Recht normativ rezipiert,[786] unabhängig davon, wo sie ausgestellt wurde; jedes der innerhalb der EU erteilten Zertifikate ist gleichwertig.[787] Nationales IPR darf dies nicht verhindern.[788] Die Geltung der Zertifizierung richtet sich nicht nach nationalem IPR. Die europäischen Vorgaben sind gegenüber dem nationalen IPR die spezielleren kollisionsrechtlichen Vorschriften. Ihre transnationale Geltung beruht auf der europäischen Geltungserstreckungsanordnung, die zum europäischen öffentlichen Kollisionsrecht zu zählen ist.[789]

2. *Unmittelbare Wirkung*

Ein Akt entfaltet unmittelbare Wirkung, wenn er von seinem Adressaten ohne weiteren Umsetzungsakt beachtet werden muss.[790] Die Zertifizierung entfaltet ihre Wirkung grenzüberschreitend.

a) Grenzüberschreitender Ausschluss behördlicher Marktzugangskontrolle

Die Zertifizierung entfaltet tatbestandsähnliche Wirkung hinsichtlich des Marktzugangs. Sie löst die gesetzliche Vermutung dafür aus, dass das Produkt mit den einschlägigen Produktvorgaben übereinstimmt – und die Normkonformität des Produkts daher behördlich nicht mehr geprüft werden muss.[791] Die Zertifizierung wirkt dabei transnational auf die Marktzulassungskontrolle ein. CE-gekennzeichnete Produkte sind als normkonform zu betrachten und sollen grundsätzlich ungehindert EU-weit verkehren können.[792] Diese Wirkung knüpft an jede Zertifizierung, unabhängig davon, woher diese stammt.[793] Mit dem

---

785 *Ehlers* in: Erichsen/Ehlers (Hrsg), Allgemeines Verwaltungsrecht, § 4 Rn 4 aE.

786 *Scholl*, Private Sachverständige, 280 spricht von einer „normativen Gutachtenrezeption".

787 *Kadelbach*, Allgemeines Verwaltungsrecht unter europäischem Einfluss, 329.

788 In Betracht käme beispielsweise, dass das nationale IPR an ein anderes Kriterium anknüpft und so auf ein anderes Rechts verweist, dazu *Rauscher*, IPR, Rn 187.

789 *Ehlers* in: Erichsen/Ehlers (Hrsg), Allgemeines Verwaltungsrecht, § 4 Rn 4 Fn 10.

790 *Ehlers* in: Erichsen/Ehlers (Hrsg), Allgemeines Verwaltungsrecht, § 5 Rn 11; *ders.* in: Ehlers (Hrsg), Europäische Grundrechte, § 7 Rn 7.

791 S. dazu unter Kap. 3, B, I, 2, b).

792 *Schumann*, Bauelemente, 137.

793 *Kadelbach*, Allgemeines Verwaltungsrecht unter europäischem Einfluss, 329.

privaten Vollzugsakt wird die betreffende Vollzugssituation damit europaweit abschließend bearbeitet. Weitere Entscheidungen werden in den Mitgliedstaaten nicht getroffen. Aufgrund dieser grenzüberschreitenden Wirkung der Zertifizierung kann die Benannte Stelle als besondere Variante des Vollzugs pro communitate[794] verstanden werden.

b) Grenzüberschreitende Modifikation behördlicher Marktüberwachung

Neben Marktzugangskontrollen stellen insbesondere auch Maßnahmen der Marktüberwachung Eingriffe in die Warenverkehrsfreiheit dar.[795] Die Zertifizierung muss daher auch in der Marktüberwachung unmittelbare Wirkung entfalten. Ihre Vermutungswirkung ist von den mitgliedstaatlichen Behörden verpflichtend zu beachten.[796] Damit ähnelt die Zertifizierung dem transnationalen Verwaltungsakt.[797] Es gilt der Vorrang des Unionsrechts. Insofern erklärt sich auch, weshalb die Mitgliedstaaten bei Maßnahmen der Marktüberwachung an die Zertifizierungen gebunden sind. Die Zertifizierung gilt damit unmittelbar

---

794 S. dazu unter Kap. 1, C, III, 3, b).

795 So auch schon *Di Fabio*, Produktharmonisierung, 47 f, der darauf verweist, dass diese Eingriffe aus unionsrechtlicher Sicht als „vorläufig und exemtorisch" zu verstehen sind. Laut EuGH habe die Vermutungswirkung für die Mitgliedstaaten insofern Bindungswirkung, als es sie daran hindert, warenverkehrsrechtswidrige Maßnahmen durchzuführen. Der „Beurteilungsspielraum" der Mitgliedstaaten sei so eingeschränkt, dass auch im künftigen Verwaltungsvollzug keine neuen Handelshemmnisse entstehen, EuGH v. 2.12.1980, Rs. 815/79, Slg. 1980, 3583, 3607 Rn 6 - Cremonini und Vrankovich.

796 Die gesetzlich festgeschriebene Vermutungswirkung des CE-Zeichens in § 8 II 3 GPSG aF wurde im ProdSG zwar nicht mehr übernommen, entsprechende Regelungen finden sich aber in den Verordnungen zum ProdSG, unter anderem § 4 IV der 6. ProdSV (DruckbehälterVO), § 5 IV der 8. ProdSV (SchutzausrüstungsVO), § 5 IV der 11. ProdSV (ExplosionsschutzVO). Vgl. dazu jüngst *Polly/Lach*, BB 2012, 71, 72. Zwar knüpft die Vermutungswirkung nach dem Gesetz nicht explizit an die Zertifizierung, sondern an die Herstellererklärung an. Voraussetzung dafür ist aber das positive Ergebnis der Konformitätsbewertung. Da der Hersteller gerade zu diesem Zwecke ja den Zertifizierungsvertrag geschlossen hat, wird er das Zeichen regelmäßig auch anbringen. So auch *Pünder*, ZHR 170 (2006), 567, 580.

797 Manche sprechen insofern von einer „erweiterten Bindungswirkung", da diese nicht nur die Zugangsebene, sondern auch die Überwachungsebene betrifft, dazu *Weiß*, Produktsicherheit, 367 ff.

in der Rechtsordnung der anderen Mitgliedstaaten,[798] sie ist „unmittelbar rechtserheblich".[799]

c) Bindungswirkung

Die Zertifizierung entfaltet schließlich eine unionsrechtliche Bindungswirkung.[800] Möchte ein Mitgliedstaat gegen ein CE-gekennzeichnetes Produkt vorgehen, so kann er zwar Maßnahmen dagegen erlassen.[801] Diese müssen aber das sog. Schutzklauselverfahren[802] wahren. Schutzklauseln sind Ausnahmen von dem Grundsatz, dass die Mitgliedstaaten keine Maßnahmen gegen CE-gekennzeichnete Produkte vornehmen dürfen. In den Schutzklauseln werden die Mitgliedstaaten durch die EU ermächtigt, aus einem oder mehreren der in Art. 36 AEUV genannten Gründen gem. Art. 114 X AEUV vorläufige Maßnahmen zu treffen. Der genaue Ablauf des Schutzklauselverfahrens wird dabei unionsrechtlich vorgegeben. Über die vorläufige Maßnahme informiert der Mitgliedstaat die Europäische Kommission sowie die anderen Mitgliedstaaten.[803] Die EU prüft die vorläufigen Maßnahmen in einem Kontrollverfahren.

---

798 *Röhl*, Akkreditierung und Zertifizierung, 29 formuliert zutreffend, dass die Zertifizierung „kraft der Richtlinie zusammen mit dem sie umsetzenden Gesetz" gilt. Ein besonderer Anerkennungsakt tritt nicht dazwischen. *Röhl* in: Schmidt-Aßmann/Schöndorf-Haubold (Hrsg), Der Europäische Verwaltungsverbund, 153, 168 Fn 82 mwN verweist auf die Parallele im deutschen Recht, dass das Bundesgesetz Grundlage für eine überregionale Wirkung von Verwaltungsakten der Länder sei. Allgemein zur „echten Transnationalität" *Schmidt-Aßmann*, EuR 1996, 270, 301.

799 *Röhl*, Akkreditierung und Zertifizierung, 29.

800 Wie hier *Holoubek* in: Holoubek/Potacs, Öffentliches Wirtschaftsrecht, Bd. II, 503, 517: Die Zertifizierungsentscheidung binde sowohl mitgliedstaatliche als auch EU-Stellen. Es kann auch nicht durch andere Sachverständigengutachten in Frage gestellt werden. AA *Pünder*, ZHR 170 (2006), 567, 579.

801 In Deutschland ergeht diese in Form eines Verwaltungsaktes.

802 Vgl. dazu z.B. in Art. 8 I RL 93/42/EG (Medizinprodukte). *Di Fabio*, Produktharmonisierung, 49: Das CE-Zeichen entfalte eine „vertikale Derogationswirkung", da mitgliedstaatliche Schutzvorschriften jedenfalls so lange nicht angewendet werden können, wie kein Schutzklauselverfahren beschritten wird. Im Produktzulassungsrecht ergibt sich eine solche Schutzklausel aus Art. 11 f der Richtlinie 2001/95/EG.

803 Die Marktüberwachungsbehörde informiert die Bundesanstalt für Arbeitsschutz und Arbeitsmedizin (BAuA) sowie die zertifizierende Benannte Stelle über eine die Vertreibung des Produkts einschränkende Maßnahme und begründet sie. Die BAuA kontrolliert die Meldung auf Vollständigkeit und Schlüssigkeit und leitet sie sodann an die Europäische Kommission und die übrigen Mitgliedstaaten weiter, § 29 II, III ProdSG. Liegt eine ernstes Risiko vor, ist bei der Meldung das

Sie kann dabei eigene Untersuchungen zur Bewertung der Produktsicherheit vornehmen.[804] Die anschließende Entscheidung der EU-Kommission ist für alle Mitgliedstaaten bindend.[805] Die mitgliedstaatliche Maßnahme bleibt in Kraft, wenn die Europäische Kommission sie als gerechtfertigt ansieht. In diesem Fall müssen auch die anderen Mitgliedstaaten entsprechende Maßnahmen ergreifen. Hält die Europäische Kommission die Maßnahme dagegen für nicht gerechtfertigt, muss der Mitgliedstaat die Maßnahme zurücknehmen.[806] Ansonsten droht ihm ein Vertragsverletzungsverfahren.

Das Schutzklauselverfahren ist notwendig, da der transnationale Zertifizierungsakt, wie der transnationale Verwaltungsakt, der Koordination dient.[807] Könnte ein Mitgliedstaat die Wirkung des transnationalen Akts nach mitgliedstaatlichen Kriterien aussetzen oder einschränken, ginge die Koordinationsfunktion des Modells verloren. Die Anforderungen an Überwachungsmaßnahmen werden daher unionsrechtlich formuliert, koordiniert und kontrolliert. Das Schutzklauselverfahren wahrt so die warenverkehrsrechtliche Natur der transnationalen Zulassungsentscheidung.

Die mitgliedstaatliche Pflicht, ein Schutzklauselverfahren durchzuführen, an dessen Ergebnis der Mitgliedstaat gebunden ist, entsteht mit der Zertifizierung.[808] Die Zertifizierung löst mithin ein automatisiertes Verfahren aus. Der Mitgliedstaat kann diesen Automatismus nicht umgehen, ohne gegen Unionsrecht zu verstoßen. Die mitgliedstaatlichen Behörden sind bei ihren

---

Schnellinformationssystem RAPEX zu nutzen, § 30 IV, 26 IV ProdSG, Art. 12 RL 2001/95/EG. Die für den Empfang der Information zuständigen Marktüberwachungsbehörden sind gem. Art. 17 I VO (EG) Nr. 765/2008 der EU-Kommission (und durch diese den anderen Mitgliedstaaten) bekanntzugeben. *Langner/Klindt* in: Dauses, Hdb. EU-Wirtschaftsrecht, Bd. 1, C VI Rn 53. Auffallend ist das hohe Maß an Informationspflichten: *Weiß*, Produktsicherheit, 371 spricht von qualifizierten Informationspflichten.

804 Punkt 3.4.4 der Entscheidung 2010/15/EU; Anhang I Art. R 32 I zu Beschluss (EG) Nr. 768/2008.

805 Anhang I Art. R 32 I zu Beschluss (EG) Nr. 768/2008. Für das Bauproduktenrecht *Jarass*, NZBau 2008, 145, 147 mwN; *Weller*, GewArch 2005, 107, 108. Dies sei umstritten, *Thoma*, Regulierte Selbstregulierung, 192.

806 Anhang I Art. R 32 II zu Beschluss (EG) Nr. 768/2008.

807 *Weiß*, Produktsicherheit, 365 f, 368.

808 Ebenso *Dimitropoulos*, Zertifizierung und Akkreditierung, 120: „Die Widerlegung der Vermutungen wird nicht den Mitgliedstaaten überlassen. Nach Abschluss eines erfolglosen Schutzklauselverfahrens wird die Konformitätsvermutung für ein normgerecht hergestelltes Produkt unwiderlegbar."

Marktüberwachungsmaßnahmen mithin „nicht frei".[809] Die Zertifizierung entfaltet Bindungswirkung.

Die Zertifizierung ist den Benannten Stellen als spezifische Handlungsform an die Hand gegeben. Die Zertifizierung entfaltet beim Marktzugang Bestandskraft[810] und Tatbestandswirkung[811], im Marktüberwachungsrecht Bindungs- und (eine widerlegbare) Feststellungswirkung.[812] Der transnationale Akt ergänzt das Konzept des transnationalen Verwaltungsaktes und soll es nicht ersetzen; zwischen dem behördlichen und dem privaten Vollzug ist weiter zu differenzieren.

II. Europäischer Verwaltungsbegriff

Bislang ist nicht definiert, was unter dem Begriff der europäischen Verwaltung zu verstehen ist. Dass der Begriff vom deutschen Verständnis abweicht, ist wahrscheinlich:[813] Das Europarecht nimmt regelmäßig eine autonome Auslegung unionsrechtlicher Begriffe vor.[814] Diese Auslegung ist bei der mitgliedstaatlichen

---

809 *Pünder*, ZHR 170 (2006), 567, 577.

810 *Dimitropoulos*, Zertifizierung und Akkreditierung, 109, 237.

811 *Kadelbach*, Allgemeines Verwaltungsrecht unter europäischem Einfluss, 330; *Holoubek* in: Holoubek/Potacs, Öffentliches Wirtschaftsrecht, Bd. II, 503, 521.

812 *Leipold* in: Stein/Jonas, ZPO, § 292 Rn 8; *Scholl*, Private Sachverständige, 298 f.

813 Auch über eine Definition des *europäischen Verwaltungsrechts* an sich herrscht wenig Klarheit, *v. Arnauld* in: Terhechte (Hrsg), Verwaltungsrecht der EU, § 2 Rn 4: „Wenn es ein Charakteristikum gibt, das dem derzeitigen Zustand des europäischen Verwaltungsrechts eigen ist, so ist es dessen Vielgestaltigkeit". *Rengeling*, VVDStRL 53 (1994) 202, 206 f: Europäisches Verwaltungsrecht ist als „die Summe aller geschriebenen oder ungeschriebenen Normen des Unionsrechts zu verstehen, welche die Verwaltung im Unionsraum regeln." Zu den Charakteristika des europäischen Verwaltungsrechts werden unter anderem das Zusammenwirken verschiedener Verwaltungsträger, sowie die Einbeziehung Privater gezählt, dazu *v. Arnauld* in: Terhechte (Hrsg), Verwaltungsrecht der EU, § 2 Rn 11, 33; *Schmidt-Aßmann* in: Schmidt-Aßmann/Hoffmann-Riem, Strukturen des Europäischen Verwaltungsrechts, 30 f; *Hofmann/Türk*, ELJ 13 (2007), 253, 262; *Kahl*, DV 29 (1996), 341, 373; *Schwarze*, Europäisches Verwaltungsrecht, CII Fn 222 mwN.

814 EuGH v. 19.11.1991, Rs. C-6-9/90, Slg. 1991, I-5357 Rn 32 – Francovich: „Nach ständiger Rechtsprechung müssen die nationalen Gerichte, die im Rahmen ihrer Zuständigkeiten die Bestimmungen des Gemeinschaftsrechts anzuwenden haben, die volle Wirkung dieser Bestimmungen gewährleisten […]." Dazu *Lutter*, JZ 1992, 593, 599; *Frenz*, Hdb. Europarecht, Bd. 5, Rn 359; *Röhl* in: Schmidt-Aßmann/Schöndorf-Haubold (Hrsg), Der Europäische Verwaltungsverbund, 153, 167.

Interpretation zu beachten.[815] Nur so können unionsrechtliche Ziele ausreichend berücksichtigt und effektiv umgesetzt werden.[816]

Der Begriff findet nur in Art. 45 IV AEUV Erwähnung; eine Definition wurde auch in den Vertrag von Lissabon nicht aufgenommen. Der EuGH stellt lakonisch fest, der Begriff der öffentlichen Verwaltung sei schwer zu definieren.[817] Auf die Vorschläge der Literatur kann hier nur verwiesen werden.[818] Eine „Verwaltungsblindheit des Primärrechts" liegt nicht vor.[819] Betrachtet man das sich entwickelnde EU-Eigenverwaltungsrecht[820] und das immer dichter werdende sekundärrechtliche Regelwerk, kann der EU eine Verwaltungsdimension durchaus bescheinigt werden.[821] Diese Zurückhaltung in der Literatur wird damit erklärt, dass die EU historisch als Rechtsetzungsgemeinschaft konzipiert war, und sich die supranationale Tätigkeit auf die Ebene des Gesetzes beschränken sollte.[822] Häufig unterscheidet das Primärrecht daher nicht einmal zwischen administrativen und legislativen Handlungsformen, sondern stellt ein Mischsystem aus sachlichen und finalen Kompetenzzuweisungen auf.[823] Anders

---

815 *Hatje*, Gemeinschaftsrechtliche Steuerung, 64 ff, insbesondere 65.

816 So z.B. EuGH, Rs. 157/80, Slg. 1981, 1391 Rn 11 – Rinkau; *Frenz*, Hdb Europarecht, Bd. 5, Rn 359.

817 So die EuGH-Rechtsprechung zu Art. 48 IV EGV aF, dazu *v. Danwitz*, Verwaltungsrechtliches System, 194 f mwN.

818 *Kment*, JuS 2011, 211; *Brenner*, Gestaltungsauftrag, 224: Die EU sei als gouvernemental-politische Verwaltungsgemeinschaft zu verstehen, wegen des technisch-rechtvereinheitlichenden und rechtsharmonisierenden Charakters der europäischen Integration.

819 So aber *Weiß*, Der Europäische Verwaltungsverbund, 14 f.

820 Dies soll nicht Gegenstand dieser Arbeit sein, vgl. dazu aber unter anderem *Gärditz*, DÖV 2010, 453, 454 ff.

821 *Gärditz*, DÖV 2010, 453 mwN. Zudem entwickelt und verändert sich das Unionsrecht sehr schnell. *Hofmann/Türk*, ELJ 2007, 253, 262: "EU administrative structures and administrative law is evolutionary in nature."

822 *Sydow*, DÖV 2006, 66, 67 mwN; *Weiß*, DV 38 (2005), 517, 519, 530 mwN dafür, dass die Grundlagen der Verwaltungskompetenzen nach wie vor nicht unstrittig sind.

823 In der Literatur war daher auch die Rede von Gesetzgebung und Verwaltung als „zwei miteinander verschmolzene[n] Gewalten": *Stettner* in: Dauses, Hdb. EU-Wirtschaftsrecht, B III Rn 1. *Gärditz*, DÖV 2010, 453, 454 stellt dagegen, jedenfalls für den Bereich der EU-Eigenverwaltung, eine stärkere Differenzierung zwischen Legislativ- und Exekutivaufgaben fest. Zu den sachlich-finalen Kompetenzen *Sydow*, VerwArch 97 (2006), 1, 12 f; *Remien* in: Schulze/Zuleeg/Kadelbach, Europarecht, § 14 Rn 19; *Jarass*, AöR 121 (1996), 173, 178, 180. Der EuGH begegnet dieser „Vermischung" mit dem Konzept des institutionellen Gleichgewichts, nach dem

als beispielsweise in der deutschen Rechtsordnung (Art. 20 III GG) findet sich im europäischen Recht auch kein ausdrückliches Bekenntnis zum Grundsatz der Gewaltenteilung. Eine Definition des Begriffs kann insofern nicht in Abgrenzung zu den anderen Gewalten vorgenommen werden.[824] Fest steht: da das Unionsrecht selbst nicht eindeutig zwischen den Gewalten trennt, ist eine weite Definition grundsätzlich möglich. Ähnlich großzügig verfährt der EuGH, der auch die Wahrnehmung von Aufgaben außerhalb typisch hoheitlicher Befugnisse zur Verwaltung zählt.[825]

Eine parallele Begriffsdiskussion wird im Völkerverwaltungsrecht geführt. Mit fortschreitender Entwicklung des internationalen Verwaltungsrechts kommt es zunehmend zu Überschneidungen der Rechtsgebiete des öffentlichen und des privaten Rechts.[826] Verwaltungsrelevante Befugnisse werden von privatrechtlich organisierten Akteuren der Gesellschaft wahrgenommen.[827] Im internationalen Verbund sind Private in Teilbereichen „sogar der einzige administrative Akteur."[828] Der Begriff der internationalen Verwaltung wird daher weit gefasst: Verwaltung sei nicht nur staatliche, sondern auch (private) zwischenstaatliche Verwaltung.[829] Zwar kann dieses im Völkerrecht entwickelte Verständnis nicht unmittelbar auf die Europäische Union als supranationaler Gemeinschaft übertragen werden. Im europäischen Recht besteht zudem weniger Notwendigkeit Private einzuschalten, da auf verfestigte Strukturen zurückgegriffen werden

---

die verschiedenen Gewalten zur gegenseitigen Kontrolle angehalten sind, *Schmidt-Aßmann* in: Schmidt-Aßmann/Schöndorf-Haubold (Hrsg), Der Europäische Verwaltungsverbund, 1, 12.

824 *Mager*, DV 2010 Beiheft, 11, 13; *v. Arnauld* in: Terhechte (Hrsg), Verwaltungsrecht der EU, § 2 Rn 1.

825 So die EuGH-Rechtsprechung zu Art. 48 IV EGV aF, *v. Danwitz*, Verwaltungsrechtliches System, 194 f mwN; *Magiera*, DÖV 1998, 173, 177. Dies gilt vor allem beim effet utile. Daneben nutzt er insbesondere die systematische Auslegung, *Pechstein*, Entscheidungen des EuGH, S. 210 Rn 74. *Langenbucher* in: Langenbucher, Europarechtliche Bezüge des Privatrechts, § 1 Rn 15: Zur Anwendung kommt außerdem die teleologische Auslegung, wobei insbesondere Präambeln und Erwägungsgründe herangezogen werden können. Kritisch gegenüber dieser primär teleologisch orientierten Auslegung *Augsberg* in: Terhechte (Hrsg), Verwaltungsrecht der EU, § 4 Rn 23.

826 *Ohler*, DVBl. 2007, 1083, 1085.

827 *Dimitropoulos*, Zertifizierung und Akkreditierung, 269 mwN.

828 *Dimitropoulos*, Zertifizierung und Akkreditierung, 358.

829 *Dimitropoulos*, Zertifizierung und Akkreditierung, 263.

kann. Da das europäische Recht völkerrechtlichen Ursprungs ist, sind ähnliche Entwicklungen aber möglich.

Die Kompetenzordnung im Unionsrecht ist regelmäßig funktional-zielgerichtet. Der Begriff der europäischen Verwaltung soll daher ebenfalls nach einem funktionalen Ansatz definiert werden.[830] Unter europäischer Verwaltung ist die „Implementierung europäischer Gesetzgebung", der Vollzug unionsrechtlicher Vorschriften in konkreten Situationen zu verstehen.[831] Entscheidend ist danach, wie die betreffende Tätigkeit wirkt, weniger, wer sie wahrnimmt. Die Ausübung hoheitlicher Gewalt wie nach der deutschen Definition, ist nicht Voraussetzung. Auch privates Handeln kann Wirkung entfalten.[832] Ob gegenüber den Privaten Weisungs- oder Kontrollmöglichkeiten bestehen, ist dagegen nicht entscheidend,[833] solange ein Funktionszusammenhang zwischen der Tätigkeit und der zu erfüllenden Aufgabe besteht. So kommt es zu einer Funktionalisierung des Verwaltungsbegriffs.[834] Verwaltende Stellen sind daher, neben unionsrechtlichen und mitgliedstaatlichen Einrichtungen, die damit betraut sind, Unionsrecht anzuwenden,[835] auch private Stellen, wenn diese in den jeweiligen Vollzug eingeschaltet sind.

Nach der hier bevorzugten funktionalen Definition sind die Benannten Stellen zur europäischen Verwaltung zu zählen,[836] da die Tätigkeit der Benannten

---

830 So im Ergebnis auch *Streinz* in: Schweitzer (Hrsg), Europäisches Verwaltungsrecht, 241, 242 spricht von einer „funktionalen positiven Definition".

831 *Everling*, DVBl. 1983, 649; ihm folgend *Mager*, DV 2010 Beiheft, 11, 14; *Streinz* in: Schweitzer (Hrsg), Europäisches Verwaltungsrecht, 241, 242.

832 So allgemeiner für die transnationalen Administrativordnungen *Fischer-Lescano*, JZ 2008, 373, 375.

833 So die herkömmliche Ansicht in Rechtsprechung und Literatur bspw. im Staatshaftungsrecht. S. dazu auch *Fischer-Lescano*, JZ 2008, 373, 376 mwN.

834 *Fischer-Lescano*, JZ 2008, 373, 376. *Pestalozza*, JZ 1975, 50, 52 spricht davon, dass Leitmotiv einer verwaltungsrechtlichen Qualifikation die „Vorstellung einer gewissen Nähe des Sachverhaltes zum Staat" sei. Teilweise wird aus dieser Erweiterung des funktionalen Behördenbegriffs auf Private die Notwendigkeit einer weiteren Entwicklung der modifizierten Subjektstheorie abgeleitet. Dann wäre im Ergebnis von einer Modifikationstheorie zu sprechen, dazu *Fischer-Lescano*, JZ 2008, 373, 376, 377.

835 *Mager* in: Trute/Groß/Röhl/Möllers, Allgemeines Verwaltungsrecht, 369, 371. Zur europäischen Verwaltung zu zählen sind damit die Europäische Kommission und die anderen vertraglich eingerichteten Organe und europäischen Einrichtungen.

836 So auch *Hoffmann-Riem* in: Hoffmann-Riem/Schmidt-Aßmann/Voßkuhle (Hrsg), GVwR I, § 10 Rn 53, 41; *Dimitropoulos*, Zertifizierung und Akkreditierung, 272; *Schulze-Fielitz* in: Erbguth/Masing (Hrsg), Verwaltung unter dem Einfluss

Stellen im Funktionszusammenhang mit der öffentlichen Aufgabe der sicheren Produktzulassung steht. Die Benannten Stellen sind die einzigen zur Produktzertifizierung berufenen Stellen. Sie handeln behördenähnlich. Durch das Zertifizierungssonderrecht wird ihre Tätigkeit zu weitem Maße vorgezeichnet, sie sind zur Berücksichtigung des europäischen öffentlichen Interesses verpflichtet und sie stehen unter Aufsicht. Die Benannten Stellen sind ihrer ganzen Funktion nach darauf ausgerichtet, europäisches Recht zu vollziehen. Sie sind „private Vollzugsinstanzen im Dienste des unionsrechtlichen Verwaltungsrechts".[837] Die Privaten sind daher wie die mitgliedstaatlichen Behörden unter den europäischen Verwaltungsbegriff zu fassen. Die Benannten Stellen sind ein Beispiel für die Diversifizierung der beteiligten Akteure im europäischen Verwaltungsverbund. Sie sind europäische Verwaltungsstellen.[838] Sie sind zur materiellen, „funktionalen" Verwaltung zu zählen. Es entwickelt sich eine unionsweite Vollzugsstruktur.[839]

C. Bindungen der funktionalen europäischen Verwaltung

Mit der Einordnung der Benannten Stellen als funktionaler europäischer Verwaltung gehen besondere Bindungen einher. Wird das europäische Recht durch Private vollzogen, muss „den der Unionsrechtsordnung innewohnenden demokratischen und rechtsstaatlichen Anforderungen Rechnung" getragen werden.[840]

---

des Europarechts, 91, 116: „Die Benannten Stellen sind damit ungeachtet ihrer rechtlichen Qualifikation im Detail Bestandteil einer neuartigen europäischen Verwaltungsstruktur, mögen ihre Maßnahmen solche der mitgliedstaatlichen Rechtsverfahren bleiben."

837 *Ehlers* in: Erichsen/Ehlers (Hrsg), Allgemeines Verwaltungsrecht, § 5 Rn 65; ebenso *Merten*, DVBl. 2004, 121; *Schmidt-Aßmann*, Ordnungsidee, Kap 3 Rn 57.

838 *Holoubek* in: Holoubek (Hrsg), Anerkennungs-/ Herkunftslandprinzip in Europa, 69. Zum gleichen Ergebnis kommt *Schmidt-Aßmann*, Ordnungsidee, Kap 1 Rn 63: Die Benannten Stellen seien organisatorisch zur gesellschaftlichen Selbstregulierung, funktionell aber zur europäischen Verwaltung zu zählen. Denn diese sei „stärker als die meisten nationalen Verwaltungen an ihren Rändern zum gesellschaftlichen Bereich hin offen".

839 *Röhl*, Akkreditierung und Zertifizierung, 25; *Schmidt-Aßmann*, Ordnungsidee, Kap 3 Rn 55; *Dimitropoulos*, Zertifizierung und Akkreditierung, 122; dem folgend *Mager* in: Trute/Groß/Röhl/Möllers, Allgemeines Verwaltungsrecht, 369, 380. AA, die eine Eigen- bzw. Fremdüberwachung annimmt *Peine*, GSG, § 9 Rn 21; so auch *Di Fabio*, VVDStRL 56 (1997), 235, 244; *Schmidt-Preuß*, VVDStRL 56 (1997), 160, 167 (Fn. 18).

840 *Ehlers* in: Erichsen/Ehlers (Hrsg), Allgemeines Verwaltungsrecht, § 5 Rn 66.

Als „Vollzugsapparate [sind sie] Verpflichtete des Gemeinschaftsrechts".[841] Bindungen ergeben sich aus dem Rechtsstaatsprinzip (I), und dem Demokratieprinzip (II).

I. Bindungen aus dem Rechtsstaatsprinzip

Bindungen aus dem Rechtsstaatsprinzip umfassen unter anderem solche aus Grundrechten und aus Grundfreiheiten.

1. Unionsgrundrechte

Die Benannten Stellen sind, da sie kein organisatorischer, sondern nur funktionaler Teil der europäischen Verwaltung sind, anders als beispielsweise europäische Agenturen, nicht schon als „Einrichtungen der Union" gem. Art. 51 I 1 Var. 2 EU-GRCh Adressaten der Unionsgrundrechte.[842]

Die Benannten Stellen könnten aber als mitgliedstaatliche Stellen im Sinne des Art. 51 I 1 Var. 4 EU-GRCh grundrechtverpflichtet sein. Danach sind die Mitgliedstaaten bei der „Durchführung" von Unionsrecht an die Grundrechte der Europäischen Grundrechte-Charta gebunden. Einigkeit herrscht darüber, dass die Mitgliedstaaten jedenfalls im unmittelbaren indirekten Vollzug an die Unionsgrundrechte gebunden sind (sog. *agency situation*).[843] Soweit EU-Vorgaben existieren, richtet sich das mitgliedstaatliche Tätigwerden nach europäischem Recht. Die Mitgliedstaaten dürfen in diesem Fall nur Maßnahmen vornehmen, die auch die europäischen Vollzugsstellen im Rahmen ihrer Unionsgrundrechtsbindung hätten vornehmen können.[844] Ebenso ist beim mittelbaren Vollzug, also wenn ein Umsetzungsspielraum vorliegt, eine doppelte Grundrechtsbindung anzunehmen.[845] Zum einen differenziert der Wortlaut nicht zwischen diesen beiden Arten des indirekten Vollzugs. Zum anderen hätte es die EU sonst in der

---

841 *Möllers* in: Schmidt-Aßmann/Schöndorf-Haubold (Hrsg), Der Europäische Verwaltungsverbund, 293, 305.

842 *Borowsky* in: Meyer, Charta der Grundrechte der EU, Art. 51 Rn 19.

843 EuGH, Rs. 5/88, Slg. 1989, 2609, Rn 19 – Wachauf; *Kühling* in: v. Bogdandy (Hrsg), Europäisches Verfassungsrecht, 680 mwN; zusammenfassend: *Craig/De Búrca*, EU law, 382 ff; *Schweitzer/Hummer/Obwexer*, Europarecht, 10. Kap Rn 1123 ff; *Sydow*, JuS 2005, 97, 100.

844 Umstritten ist die Lage demgegenüber weiterhin bezüglich der Umsetzung von EU-Richtlinien, also beim mittelbaren Vollzug, *Kühling* in: v. Bogdandy (Hrsg), Europäisches Verfassungsrecht, 682 mwN; allgemein und mwN *Kingreen* in: Calliess/Ruffert (Hrsg), EUV/AEUV, Art. 51 EU-GRCh Rn 10.

845 *Ehlers* in: Ehlers (Hrsg), Europäische Grundrechte, § 14 Rn 51.

Hand, mit der Wahl ihres Rechtsetzungsinstruments (Verordnung oder Richtlinie) über die Grundrechtsbindung der Mitgliedstaaten zu entscheiden. Somit besteht die Bindung nicht nur bei der normativen Vollziehung, sondern auch beim unmittelbaren und beim mittelbaren administrativen Vollzug.[846]

Die Privaten könnten hier in einer besonderen Beziehung zum Staat stehen und aus diesem Grund an die europäischen Grundrechte gebunden sein.[847] Eine solche besondere Beziehung zum Staat wäre zu bejahen, wenn das Verhalten der Benannten Stelle dem Staat funktional zuzurechnen wäre.[848] Der bisher im Bereich der Unionsgrundrechte ergangenen Rechtsprechung ist diesbezüglich keine Aussage zu entnehmen.[849] Gegen eine Grundrechtsbindung der Benannten Stellen spricht der Wortlaut. Während aufseiten der EU „Einrichtungen und sonstige[…] Stellen" explizit zu den Verpflichteten gezählt werden, bezieht sich der Wortlaut hinsichtlich der Mitgliedstaaten nur auf den Staat an sich. Dies verdeutlicht, dass nach der Konzeption des europäischen Unionsgrundrechtsschutzes Private nicht unmittelbar in die Pflicht genommen werden sollen. Private sind keine Verpflichteten der Unionsgrundrechte.[850]

Der Verifikateur bleibt damit Grundrechtsberechtigter. Er wird zwar hoheitlich eingebunden, handelt aber privatrechtlich. Er wird dem Staat nicht zugerechnet. Nicht die private Ebene ist gebunden, sondern die höhere Ebene, der eine Regelungsverantwortung zukommt. Der den Privaten einbindende staatliche Träger muss dafür Sorge tragen, dass ein Mindestmaß an grundrechtlichen Anforderungen gewahrt wird.

---

846 *Jarass*, Charta der EU-Grundrechte Art. 51 Rn 17; *Jarass*, NVwZ 2012, 457, 459; dazu auch *Kingreen* in: Calliess/Ruffert (Hrsg), EUV/AEUV, Art. 51 EU-GRCh Rn 8: Durchführen sei der Überbegriff für die legislative Umsetzung sowie den administrativen Vollzug.

847 Eine solche Bindung wird für den Fall diskutiert, dass die Privaten „de facto eine staatsähnliche Stellung besitzen", wenn ihnen einseitige Regelungsmöglichkeiten zustehen oder wenn zwingende Gründe dafür sprechen, *Jarass*, Charta der EU-Grundrechte, Art. 51 Rn 24 f; ebenso *Schmitz*, JZ 2001, 833, 840.

848 *Kingreen* in: Calliess/Ruffert (Hrsg), EUV/AEUV, Art. 36 EUV Rn 111.

849 Zu einer Privatwirkung bei Grundrechten aus allgemeinen Rechtsgrundsätzen habe sich der EuGH noch nicht geäußert, die Rechtsprechung zu Art. 141 EGV aF könne jedenfalls aufgrund seiner begrenzten Regelungswirkung kaum übertragen werden und die Rechtsprechung zu den Grundfreiheiten sei zu wenig konsistent, *Jarass*, Charta der EU-Grundrechte, Art. 51 Rn 24; *Ehlers* in: Ehlers (Hrsg), Europäische Grundrechte, § 14 Rn 54.

850 *Ehlers* in: Ehlers (Hrsg), Europäische Grundrechte, § 14 Rn 54.

Gem. Art. 34 AEUV sind mengenmäßige Einfuhrbeschränkungen sowie alle Maßnahmen gleicher Wirkung zwischen den Mitgliedstaaten verboten. Die Norm bindet unzweifelhaft die Mitgliedstaaten selbst, sowie die für sie hoheitlich handelnden Stellen.[851] Den Mitgliedstaaten obliegt als Grundfreiheitsadressaten unter anderem die Pflicht zu gewährleisten, dass Private die Grundfreiheitsausübung Dritter nicht behindern.[852] Die Benannten Stellen könnten außerhalb des staatlichen Schutzpflichtenkonzepts aber auch selbst grundfreiheitsverpflichtet sein.

Dem Wortlaut nach sind privatrechtlich handelnde Stellen keine Grundfreiheitsadressaten. Der EuGH bejaht eine unmittelbare Anwendung aber in Privatrechtsverhältnissen, bei denen Organisationen beteiligt sind, die „trotz ihrer nicht öffentlich-rechtlichen Natur im Kontext ihrer Regelungstätigkeit die Grundfreiheiten einhalten müssen, soweit diese Tätigkeit die Ausübung der Grundfreiheiten berührt."[853] Bisher bejahte der EuGH eine Grundfreiheitspflicht für Private in besonderer Stellung jedenfalls im Bereich der Arbeitnehmerfreizügigkeit, der Dienstleistungs-, und der Niederlassungsfreiheit.[854] Der EuGH argumentiert insofern mit dem effet utile.[855] Dabei wird die Norm so ausgelegt, dass sie die größtmögliche Wirkung im Sinne des Unionsrechts

851 Eine Zurechnung erfolgt insbesondere bei der Ausstattung nicht-staatlicher Stellen mit hoheitsähnlichen Befugnissen, oder wenn solche mittelbar oder unmittelbar staatlich kontrolliert werden, im Überblick dazu GA *Trstenjak*, Schlussanträge v. 28.3.2012 zu EuGH, Rs. C-171/11 Rn 32 – DVGW.

852 GA *Trstenjak*, Schlussanträge v. 28.3.2012 zu EuGH, Rs. C-171/11 Rn 30 f – DVGW. Allgemein zur Privatwirkung der Grundfreiheiten und zur dogmatisch saubereren Alternative eines Rechts auf hoheitliche Schutzgewähr *Kingreen* in: v. Bogdandy (Hrsg), Europäisches Verfassungsrecht, 746.

853 GA *Trstenjak*, Schlussanträge v. 28.3.2012 zu EuGH, Rs. C-171/11 Rn 34 mwN – DVGW.

854 EuGH, Rs. C-94/07, Slg. 2008, I-5939 Rn 42 – Raccanelli; EuGH, Rs. C-281/98, Slg. 2000, I-4139 Rn 36 – Angonese; EuGH, Slg. 1995, I-4921 Rn 84 – Bosman; EuGH, Rs. C-36/74, Slg. 1974, 1405 Rn 16 ff – Walrave. Zur Entwicklung GA *Trstenjak*, Schlussanträge v. 28.3.2012 zu EuGH, Rs. C-171/11 Rn 44 – DVGW. Kritisch gegenüber dem Einbezug von Privaten in die Grundfreiheitspflichten unter anderem *Epiney* in: Ehlers (Hrsg), Europäische Grundrechte, § 8 Rn 20 f; *Hailbronner/Jochum*, Europarecht II, Rn 324; *Langenbucher* in: Langenbucher, Europarechtliche Bezüge des Privatrechts, § 1 Rn 32 ff; *Ehlers* in: Ehlers (Hrsg), Europäische Grundrechte, § 7 Rn 53 mwN. Allgemein *Schepel*, European Law Journal 2012, Vol. 18, 177 ff.

855 *Kingreen* in: Calliess/Ruffert (Hrsg), EUV/AEUV, Art. 36 EUV Rn 114.

entfalten kann.[856] Entscheidend ist auf den Zweck der Rechtsgrundlage abzustellen.[857] Die Grundfreiheiten haben gem. Art. 26 II AEUV den Zweck, einen Binnenmarkt zu verwirklichen und sein Funktionieren zu gewährleisten. Es muss verhindert werden, dass die staatliche Bindung an die Grundfreiheiten durch Einbindung Privater umgangen wird.[858] Es sind daher die Wirkungen des privaten Handelns im konkreten Kontext zu untersuchen.[859] Könne die private Tätigkeit die Ausübung von Grundfreiheiten berühren, liege die gleiche Gefährdungslage vor, wie bei einem staatlichen Tätigwerden. Da zudem der Wortlaut nicht ausschließe, dass Private in den Kreis der Adressaten einbezogen werden, seien auch sie von der Grundfreiheitsbindung als umfasst anzusehen.[860]

Dieses Ergebnis lässt sich in einer Analogie auf den Fall der Warenverkehrsfreiheit übertragen. Ist eine private Aktivität warenverkehrsrechtlich relevant, kann es also durch sie zu einer Grundfreiheitsbeschränkung kommen, muss der Private als Adressat verpflichtet sein. Die vom EuGH im Rahmen der anderen Grundfreiheiten entwickelte Argumentation lässt sich im Analogieschluss übertragen.[861]

Dies wird teilweise mit dem Argument abgelehnt, dass Zweck der Grundfreiheiten die Abwehr von staatlichem Handeln sei – private marktbehindernde Aktivitäten seien ausreichend durch die wettbewerbsrechtlichen Vorschriften des AEUV reguliert.[862] Die Systematik der Vorschriften verdeutliche, dass sich die Grundfreiheiten auf mitgliedstaatliches, nicht auf privates Tätigwerden bezögen. Die Kritik trifft in dieser Verallgemeinerung nicht zu. Es ist zwischen Privaten im Allgemeinen und solchen Privaten in besonderer Stellung zu unterscheiden. So ist nicht jeder Private automatisch Grundfreiheitsverpflichteter, sondern nur derjenige, der in einem binnenmarktrelevanten Rechtsverhältnis

---

856 *Lutter*, JZ 1992, 593, 603; *Götz*, EuR 1986, 29, 46 f.

857 *Lutter*, JZ 1992, 593, 603.

858 EuGH v. 17.7.2008, Rs. C-94/07, Slg. 2008, I-5939 Rn 44 – Raccanelli; *Birkemeyer*, EuR 2010, 662, 666 f.

859 EuGH v. 17.7.2008, Rs. C-94/07, Slg. 2008, I-5939 Rn 44 f – Raccanelli; dazu *Repasi*, EuZW 2008, 529 ff.

860 EuGH v. 17.7.2008, Rs. C-94/07, Slg. 2008, I-5939 Rn 41 f – Raccanelli; *Birkemeyer*, EuR 2010, 662, 666.

861 So der Vorschlag von GA *Trstenjak*, Schlussanträge v. 28.3.2012 zu EuGH, Rs. C-171/11 Rn 43 – DVGW.

862 So stellvertretend *Birkemeyer*, EuR 2010, 662, 668 ff; *Kingreen* in: Calliess/Ruffert (Hrsg), EUV/AEUV, Art. 36 EUV Rn 115.

steht.[863] Dass den Mitgliedstaaten im Rahmen ihrer Grundfreiheitsverpflichtung eine Schutzpflicht zusteht, schließt nicht aus, dass parallel dazu auch Private Adressaten der Grundfreiheiten sind. Die unmittelbare Privatwirkung würde die Privaten direkt binden. Nicht überzeugend ist insofern die Aussage, es bestehe keine dogmatische Notwendigkeit einer Verpflichtung der Privaten, da schon eine staatliche Schutzpflicht geltend gemacht werden könne.[864] Staatliches Versagen hätte keine Auswirkung auf die Geltendmachung der Ansprüche.

Auch der EuGH übertrug jüngst in der Entscheidung *DVGW*, dem Vorschlag der Generalanwältin folgend, die bisherige Rechtsprechung auf den Bereich der Warenverkehrsfreiheit.[865] Art. 34 AEUV ist demnach auch auf die Zertifizierungstätigkeit einer privaten Einrichtung anzuwenden, sofern an die Zertifizierung eine gesetzliche Vermutung knüpft und dadurch der Vertrieb von solchen Erzeugnissen erschwert wird, die nicht von dieser Einrichtung zertifiziert wurden.[866] Dies laufe im Ergebnis auf eine „Befugnis" hinaus, „den Zugang

---

863 Ähnlich EuGH v. 6.6.2000, Rs C-281/98, Slg. 2000, I-4919 Rn 31 f – Angonese: Jedenfalls sei eine unmittelbare Drittwirkung zu bejahen, wenn dem einen Vertragspartner eine besondere Machtstellung zukommt. Dies diskutieren selbst Kritiker der Privatwirkung, wie *Burgi*, EWS 1999, 327, 329 f. Eine Bindung könne bei solchen privaten Trägern anzuerkennen sein, die im Rahmen gesellschaftlicher Selbstregulierung „auf Veranlassung des Staates im Gemeinwohlinteresse" tätig werden. Dazu sollen Normungsgremien und Auditorganisationen gehören. Richtigerweise sind auch Benannte Stellen zum Adressatenkreis zu zählen. Anders *ebenda*, 331: „Fast scheint es so, als habe der jeweilige Mitgliedstaat dafür, dass er statt seiner eigenen Organe Träger privater Autonomie agieren lässt, den Preis der unmittelbaren Drittwirkung zu bezahlen." In den Grundfreiheitsvorschriften seien keine Aussagen dazu zu finden, dass für sog. intermediäre Gewalten (unter anderem für Sport- und Berufsverbände sowie für Tarifvertragsparteien) eine Ausnahme gemacht werden sollte und auch Private einzubeziehen seien.

864 *Kingreen* in: Calliess/Ruffert (Hrsg), EUV/AEUV, Art. 36 EUV Rn 115.

865 EuGH v. 12.7.2012, Rs. C-171/11 – Fra.bo/DVGW. Diese Erweiterung sei bemerkenswert, wenn auch im Ergebnis nicht überraschend, *Nowak*, Frankfurter Newsletter zum Recht der EU, S. 2, 4 f; *Kubicki/Obajtek*, DeLuxe Europarecht 04/2012. Dazu auch aus eher zivilrechtlicher Perspektive *Schweitzer*, EuZW 2012, 765 ff. Aus Sicht von *Streinz*, JuS 2013, 182, 184 soll die Frage der Drittwirkung der Warenverkehrsfreiheit durch die Entscheidung demgegenüber noch nicht entschieden sein.

866 EuGH v. 12.7.2012, Rs. C-171/11 Rn 14 – DVGW: Im Fall berief sich der DVGW darauf, dass nicht er als privatrechtlich organisierte Vereinigung an die Vorschriften über die Warenverkehrsfreiheit gebunden sei, sondern Deutschland als

von Erzeugnissen […] zum deutschen Markt zu regeln."[867] Laut der gesetzlichen Vermutung im entschiedenen Fall durften nämlich nur Erzeugnisse verwendet werden, deren normkonforme Beschaffenheit durch ein Zeichen der besagten privaten Zertifizierungsstelle bestätigt wurde, womit die gesetzliche Vermutungswirkung de facto auf die Zertifizierungen nur weniger Stellen beschränkt wurde, darunter die der DVGW.[868] Die Möglichkeit, die Vermutung mit der Bescheinigung eines anderen Sachverständigen auszulösen, stellte sich aufgrund der „administrativen Schwierigkeiten", der zusätzlichen Kosten und der Marktverhältnisse (andere Zertifizierungen wurden vom Kunden nicht als gleichwertig wahrgenommen) als wenig oder gar nicht praktikabel dar.[869] Ein Marktzugang für EU-ausländische Produkte war so kaum möglich. Im Vergleich zum behördlichen Vollzug in anderen Mitgliedstaaten kam es zu einer Ungleichbehandlung, da die Behörden der anderen Mitgliedstaaten zweifellos an die Grundfreiheiten gebunden sind.[870] Deswegen, und weil den Zertifizierungsstellen eine so weitgehende „Befugnis" zukommt,[871] sind auch diese als Grundfreiheitsadressaten anzusehen.

Der EuGH hielt sich bei der Entscheidung *DVGW* an sein bewährtes Argumentationsmuster. Die Entscheidung belebt insofern die Diskussion über die

---

Mitgliedstaat und allenfalls Deutschland mit dem Erlass der gesetzlichen Vorschrift des § 12 IV AVBWasserV gegen Art. 34 AEUV verstoßen habe. § 12 IV AVBWasserV in der Fassung bis zum 27.1.2010 enthält die gesetzliche Vermutungsregelung: „Es dürfen nur Materialien und Geräte verwendet werden, die entsprechend den anerkannten Regeln der Technik beschaffen sind. Das Zeichen einer anerkannten Prüfstelle (zum Beispiel DIN-DVGW, DVGW- oder GS-Zeichen) bekundet, dass diese Voraussetzungen erfüllt sind." Wie dies auch die Generalanwältin in ihren Schlussanträgen ausgeführt hatte, stellt der EuGH auch in diesem Fall auf die Wirkungen ab, Rn 26: Es sei zu prüfen, ob die Tätigkeit einer privatrechtlichen Einrichtung insbesondere unter Berücksichtigung des rechtlichen Kontextes, in dem sie ausgeübt wird, wie staatliche Maßnahmen Behinderungen des freien Warenverkehrs zur Folge hat. AA *Kingreen* in: Calliess/Ruffert (Hrsg), EUV/EGV, Art. 28 EGV Rn 114 ff; *Birkemeyer*, EuR 2010, 662 ff, 674: Aufgrund des Wortlauts („zwischen den Mitgliedstaaten") und den spezielleren Wettbewerbsvorschriften, geht die wohl hM davon aus, dass die Warenverkehrsfreiheit keine unmittelbare Drittwirkung zwischen Privaten entfaltet.

867 EuGH v. 12.7.2012, Rs. C-171/11 Rn 31, 46 f – DVGW.

868 In dem Fall war die DVGW die einzig zuständige Stelle sowohl für die Normung als auch für die Konformitätsbewertung.

869 EuGH v. 12.7.2012, Rs. C-171/11 Rn 29 f – DVGW.

870 EuGH v. 12.7.2012, Rs. C-171/11 Rn 48 f – DVGW.

871 EuGH v. 12.7.2012, Rs. C-171/11 Rn 31, 46 f – DVGW.

sog. Konvergenz der Grundfreiheiten.[872] Es überrascht, dass der EuGH nicht auf den Wortlaut des Art. 34 AEUV eingeht, der sich explizit auf eine zwischenstaatliche Konstellation bezieht („zwischen den Mitgliedstaaten") – im Gegensatz zu dem Wortlaut der anderen Grundfreiheiten (in den Artt. 45, 49, 56, 64 AEUV). Jedoch kann in dieser Formulierung auch nur ein Hinweis auf die Voraussetzung einer grenzüberschreitenden Komponente gesehen werden. Rein innerstaatliche Sachverhalte sollen von der Grundfreiheitspflicht der Warenverkehrsfreiheit ausgeschlossen werden. Eine Beschränkung ausschließlich auf hoheitlich tätige Maßnahmen kann dem Wortlaut jedenfalls nicht eindeutig entnommen werden.

Die vorliegende Untersuchung bezieht sich auf den harmonisierten Bereich. Grundsätzlich ist eine Berufung auf die Grundfreiheiten ausgeschlossen, sofern spezielleres Sekundärrecht einen Bereich abschließend regelt. Diese „Verdrängung" erfolgt jedoch nur im jeweils vom Sekundärrecht tatsächlich betroffenen Sachbereich. Für sekundärrechtlich nicht erfasste Konstellationen ist eine Bindung durch die Grundfreiheiten dagegen möglich; zwischen diesen Konstellationen und dem nicht-harmonisierten Bereich besteht kein Unterschied. Die Entscheidung ist daher auf den hier untersuchten, harmonisierten Bereich anwendbar, auch wenn sie im nicht-harmonisierten Bereich erging, die Zertifizierungen sich also nicht nach europäischen, sondern nach mitgliedstaatlichen Normen richteten.

Im Ergebnis müssen auch die Benannten Stellen an die Grundfreiheiten gebunden sein. Der Verifikateur steht in einem binnenmarktrelevanten Verhältnis zu dem Hersteller: Endet die Konformitätsprüfung mit einem negativen Ergebnis, kann keine weitere Zertifizierung mehr erhalten werden (sog. Verbot der Zweitbewertung).[873] Die Zertifizierung entfaltet für den Marktzugang tatbestandsähnliche Wirkung, für die Marktüberwachung Vermutungs- und Bindungswirkung. Das Produkt des Herstellers kann nur mit Zertifizierung in den Verkehr gebracht werden. Zutreffend kann die Anwendbarkeit der Grundfreiheiten nicht davon abhängen, ob eine Aufgabe durch die öffentliche Hand oder privat erledigt wird.[874]

Für dieses Verständnis spricht zudem folgende Überlegung. Die Grundfreiheiten dienen der Verwirklichung des Binnenmarktes. Der Binnenmarkt ist operatives Hauptverfassungsziel der EU.[875] Den Verfassungszielen kommen

---

872 Zur neuen Entscheidung *Nowak*, Frankfurter Newsletter zum Recht der EU, S. 2; allgemein zur Konvergenz *Ehlers* in: Ehlers (Hrsg), Europäische Grundrechte, § 7 Rn 19.

873 Dazu unter Kap. 2, C, II, 1, c).

874 *Langenbucher* in: Langenbucher, Europarechtliche Bezüge des Privatrechts, § 1 Rn 33 ff.

875 *Müller-Graff* in: Dauses, Hdb. EU-Wirtschaftsrecht, A I Rn 117 ff.

verschiedene Rechtswirkungen und -funktionen zu. Unter anderem sollen sie die Auslegung beeinflussen, sowie eine rechtspolitische Orientierung geben.[876] Dies bedeutet, dass auch die produktzulassungsrechtlichen Normen im Kontext des Binnenmarktes verstanden werden müssen. Die Einbindung der Benannten Stellen ist ein Mittel zur Herstellung eines Binnenmarktes. Sie sind Teil der funktionalen europäischen Verwaltung und nehmen ihre Tätigkeit „im Interesse des Binnenmarktes wahr."[877] Wie die Verwaltung, die ohnehin an das europäische öffentliche Interesse gebunden ist,[878] müssen auch private Vollzugsinstanzen dem europäischen Gemeinwohl zur Beachtung verhelfen. Wie der transnationale Verwaltungsakt ist daher auch die Zertifizierung auf die Verwirklichung des europäischen öffentlichen Interesses gerichtet. Mitgliedstaatliche Belange dürfen nicht in die Zertifizierungstätigkeit einfließen. Die Benannten Stellen müssen durch die Grundfreiheiten gebunden sein. Eine Privatwirkung ist zu bejahen.[879]

Die teilweise vorgebrachte Kritik, eine Grundfreiheitsverpflichtung lasse sich kaum mit den Konzepten der Privatautonomie und der Vertragsfreiheit verbinden,[880] greift insofern ebenfalls nicht. Das anwendbare Privatrecht wird ohnehin in diesem Umfang modifiziert. Die Zertifizierung richtet sich nach Zertifizierungssonderrecht. Schon der Vertragsschluss hat eine rechtmäßige Akkreditierung der Benannten Stelle zur Voraussetzung, Privatautonomie und Vertragsfreiheit sind zu weiten Teilen eingeschränkt. In dieser Konstellation ist eine Grundfreiheitsbindung nur konsequent.

Für Hoheitsträger und Benannte Stellen gelten die gleichen Rechtfertigungsgründe.[881] Für private Grundfreiheitsadressaten besteht laut EuGH außerdem

---

876 Zu den Wirkungen und Funktionen gezählt werden außerdem die Verpflichtungswirkung (Verpflichtung der EU und der Mitgliedstaaten), die Beschränkungswirkung (im Sinne des Art. 5 EUV), die Ermächtigungskonkretisierung, die Prinzipienbildung und die primärrechtsakzessorische Radialwirkung, *Müller-Graff* in: Dauses, Hdb. EU-Wirtschaftsrecht, A I Rn 177 ff. Speziell zu den Vertragszielen als Grundlage teleologischer Auslegung EuGH, Rs. 15/81, Slg. 1982, 1409 Rn 33 – Gaston Schul; *Müller-Graff* in: Dauses, Hdb. EU-Wirtschaftsrecht, A I Rn 181; *Hatje* in: Schwarze, EU, Art. 3 EUV Rn 7; *Terhechte* in: Grabitz/Hilf/Nettesheim, Das Recht der EU, Art. 3 EUV Rn 12.

877 *Dimitropoulos*, Zertifizierung und Akkreditierung, 125.

878 Dazu bei Kap. 1, C, III, 2.

879 *Kingreen* in: Calliess/Ruffert (Hrsg), EUV/AEUV, Art. 36 EUV Rn 112.

880 *Epiney* in: Ehlers (Hrsg), Europäische Grundrechte, § 8 Rn 20 f.

881 So lakonisch in EuGH v. 14.12.1995, Rs. C-415/93, Slg. 1995, I-4921 Rn 86 – Bosman: „Dieses Vorbringen beruht auf einer unzutreffenden Prämisse. Nichts spricht

die Besonderheit, dass sie sich nicht nur auf die in Art. 36 AEUV genannten und auf die ungeschriebenen Rechtfertigungsgründe zwingender Erfordernisse und Gründe des Allgemeinwohls berufen können, sondern außerdem auf „besondere Gründe von privatem Interesse", auf verhältnismäßige „sachliche Erwägungen",[882] sowie auf Unionsgrundrechte.[883]

Dass eine Bindung an die Unionsgrundrechte abgelehnt wurde, steht der Annahme einer Grundfreiheitsverpflichtung schließlich nicht entgegen. Die Struktur einer funktionalen europäischen Verwaltung ist auf die Verwirklichung des Binnenmarktes gerichtet, dieses Ziel ist – unabhängig von der jeweiligen Vollzugsinstanz – Grundlage und Maßstab für den Vollzug. Von den Grundrechten unterscheiden sich die Grundfreiheiten aber nicht nur durch ihr Ziel, sondern auch durch ihre räumliche Anwendbarkeit: Sie sind auf grenzüberschreitende Sachverhalte beschränkt.[884] Anwendung und Ausdehnung von Grundfreiheiten und -rechten müssen also nicht parallel laufen.[885] Als Benannte Stellen sind die Privaten an die Grundfreiheiten gebunden.

II. Bindungen aus dem Demokratieprinzip

Schließlich ist die Frage nach einer Legitimation des Handelns im privaten indirekten Vollzug aufgeworfen.[886] Jede verwaltende Tätigkeit bedarf der demokratischen Legitimation. Die Benannten Stellen als funktionale europäische

---

nämlich dagegen, dass die Rechtfertigungsgründe in Bezug auf die öffentliche Ordnung, Sicherheit und Gesundheit von Privatpersonen geltend gemacht werden. Der öffentliche oder private Charakter der betreffenden Regelung hat keinen Einfluß auf die Tragweite oder den Inhalt dieser Rechtfertigungsgründe."

882 Mit Beispielen aus der Rechtsprechung GA *Trstenjak*, Schlussanträge v. 28.3.2012 zu EuGH, Rs. C-171/11 Rn 38 f – DVGW.

883 Unionsgrundrechte wie Art. 15 f EU-GRCh, GA *Trstenjak*, Schlussanträge v. 28.3.2012 zu EuGH, Rs. C-171/11 Rn 38 – DVGW; *Nowak*, Frankfurter Newsletter zum Recht der EU, S. 5 f. In der Literatur wurde kritisiert, diese würden nicht zu der Konstellation eines privaten Tätigwerdens passen, dazu stellvertretend *Birkemeyer*, EuR 2010, 662, 668 ff.

884 *Ehlers* in: Ehlers (Hrsg), Europäische Grundrechte, § 14 Rn 13.

885 Unter anderem *Kingreen* in: Calliess/Ruffert (Hrsg), EGV/EUV, Art. 28 EGV Rn 114 ff.

886 Zu den verschiedenen Legitimationsmodellen des Parliamentary Model, des Regulatory Model und zum Deliberative Supranationalism: *Hofmann/Türk*, ELJ 13 (2007), 253, 263 ff.

Verwaltung müssen nicht nur den rechtsstaatlichen, sondern auch den Demokratieanforderungen des Unionsrechts genügen.[887]

Die Benannten Stellen sind ausreichend legitimiert. Zum einen sind sie Teil der indirekten Vollzugsstruktur und werden damit aus personeller Sicht über die sie einbindenden mitgliedstaatlichen Stellen legitimiert. Dieser Legitimationsstrang verläuft also über die Akkreditierung. Die Benannten Stellen werden zudem auf Legitimationsbasis des Unionsrechts tätig.[888] Die Mitgliedstaaten haben im EU-Rat für die Regelung der unmittelbaren europaweiten Wirkung der Zertifizierungen gestimmt.[889] Die Legitimationskette verläuft von dieser Zustimmung im EU-Rat über die Akkreditierung durch nationale Behörden hin zur Zertifizierung durch die Benannte Stelle. Daneben existieren weitere Instrumente zur strukturellen Legitimation wie die Aufsicht und die Marktüberwachung. Die Kontrolle des privaten Vollzugs ist ein Beitrag zur personellen und sachlichen demokratischen Legitimation der Zertifizierungsstellen.[890]

D. Ergebnis

Die Benannten Stellen sind ein Beispiel für eine private Vollzugsstruktur, die im indirekten Vollzug entsteht. Sie sind funktional Teil der europäischen Verwaltung. Die ihnen zugeordnete Handlungsform ist die Zertifizierung. Die Zertifizierung entfaltet wie ein transnationaler Verwaltungsakt über entsprechende gesetzliche Anordnung in den mitgliedstaatlichen Rechtsordnungen Geltung und unmittelbare Wirkung. Unabhängig davon, wo die Zertifizierung erteilt wurde entfaltet sie europaweit beim Marktzugang eine tatbestandsähnliche Wirkung, in der Marktüberwachung eine Vermutungs- sowie eine Bindungswirkung. Aufgrund der grenzüberschreitenden Wirkung der Zertifizierung kann die Benannte Stelle als besondere Variante des Vollzugs pro communitate verstanden werden. Insofern sind die Benannten Stellen ein Beispiel für die Diversifizierung der beteiligten Akteure im europäischen Verwaltungsverbund.

---

887 So zu den privaten Normungsorganisationen im Produktrecht *Ehlers* in: Erichsen/Ehlers (Hrsg), Allgemeines Verwaltungsrecht, § 5 Rn 66; für das Völkerverwaltungsrecht *Dimitropoulos*, Zertifizierung und Akkreditierung, 270.

888 So noch zum Gemeinschaftsrecht *Hoffmann-Riem* in: Hoffmann-Riem/Schmidt-Aßmann/Voßkuhle (Hrsg), GVwR I, § 10 Rn 53.

889 Ein Beispiel für eine Geltungserstreckungsanordnung durch Vermutung ist Art. 7 I der RL 2006/42/EG.

890 *Pünder*, ZHR 170 (2006), 567, 596.

Das europäische Produktzulassungsrecht veranschaulicht das sich auch auf europäischer Ebene entwickelnde Gewährleistungsrecht. Dem Unionsverfassungsrecht lässt sich die Pflicht der EU entnehmen, für einen sicheren und europaweiten Binnenmarkt zu sorgen. Weiterhin obliegt nicht nur den Mitgliedstaaten und der EU, sondern auch den privaten Vollzugseinheiten eine Verantwortung bezüglich des Zertifizierungsergebnisses. Es kommt zur Verantwortungsteilung.

Die Definition des Begriffs der europäischen Verwaltung ist aufgrund der Einbindung der Privaten in den europäischen Vollzug in einem funktionalen Sinne zu fassen. Sind Private ihrer Funktion nach darauf gerichtet, europäisches Recht zu vollziehen, sind sie als Teil der europäischen Verwaltung zu begreifen; dies ist bei den Benannten Stellen der Fall.

Die Benannten Stellen stehen in einem binnenmarktrelevanten Verhältnis und somit in einer „doppelten Loyalitätsbeziehung“:[891] Sie sind nicht nur an mitgliedstaatliche, sondern auch an europäische Vorgaben gebunden. Die Privaten können Grundfreiheitsverpflichtete sein.[892] Demgegenüber ergeben sich keine Bindungen aus den Grundrechten. Europäische und nationale Grundrechte sind mangels hoheitlicher Tätigkeit nicht einschlägig. Schließlich sind sie über die Akkreditierungen ausreichend legitimiert.

---

891 Dazu mit Blick auf Behörden Kap. 1, C, I.

892 EuGH v. 12.7.2012, Rs. C-171/11 – Fra.bo/DVGW.

Kapitel 4: Zusammenfassung

Im Folgenden werden die Ergebnisse der Arbeit zusammengefasst und es wird eine abschließende Bewertung des privaten Vollzugs vorgenommen. Insgesamt wird deutlich, dass es sich um eine eigenständige Variante des indirekten Vollzugs handelt.

A. Varianten privaten Vollzugs im Unionsrecht

Es kommen grundsätzlich drei Varianten der Einbindung Privater in den Unionsrechtsvollzug in Betracht. Die EU kann die Privaten als europäische Verwaltungseinheiten aufgrund der ihr zustehenden Verwaltungskompetenz im direkten Vollzug einschalten, oder mit ihrer organisationsrechtlichen Kompetenz eine private Verwaltungsstruktur sui generis neben direktem und indirektem Vollzug einführen. Beide Varianten werden jedoch regelmäßig am Grundsatz der Subsidiarität des Art. 5 III EUV scheitern. Private können schließlich im indirekten Vollzug eingebunden werden, solange die Kompetenzausübungsschranken der Subsidiarität und der Verhältnismäßigkeit gewahrt werden. Europäische Produktzulassungen erfolgen in so großer Anzahl, dass der Vollzug auf mitgliedstaatlicher Ebene besser durchgeführt werden kann.[893] Die vorliegende Untersuchung analysiert, wie sich die Akkreditierung als Teil des indirekten Vollzugs in die deutsche Verwaltungsrechtsdogmatik zur Einbindung von Privaten einfügt.

B. Indirekter Vollzug durch Private

Aufgrund ihrer verwaltungsorganisationsrechtlichen Kompetenz aus Art. 114 AEUV kann die EU Regelungen bezüglich des anwendbaren Rechtsregimes treffen, sofern diese Vorgaben zur Erreichung bestimmter gesetzgeberischer Ziele notwendig sind und damit der Eingriff in die institutionelle Vollzugsautonomie der Mitgliedstaaten gerechtfertigt ist. Die genaue Ausgestaltung kann sich auch erst nach Auslegung ergeben. Bei zulässiger Rechtsregimewahl kommt es zu einer Einschränkung des mitgliedstaatlichen Organisationsrechts.[894] Im Produktzulassungsrecht sehen die europäischen Normen eine solche

893 Kap. 1, D, I und II.
894 Kap. 2, B, II, 1.

verpflichtende Einbindung privater Zertifizierungsstellen im Rahmen des indirekten Vollzugs vor.[895]

Die Akkreditierung stellt im deutschen Verwaltungsrecht eine neue Art der Privatisierung dar. Weder Beleihung noch Verwaltungshelferschaft erfassen die Besonderheiten der Akkreditierung, bei der zwar die öffentliche Aufgabe der Produktzulassung zur selbstständigen Wahrnehmung, aber keine Hoheitsgewalt übertragen wird.[896] Die Benannte Stelle ist als europarechtliche Variante des Verifikateurs zu verstehen.[897] Dies ist ein sachverständiger Privater, der durch den Hersteller verpflichtend einzuschalten ist und an dessen Prüfergebnisse per Gesetz Rechtswirkungen knüpfen. Die Zertifizierung ergeht in einem privaten Rechtsverhältnis. Sie wird sodann normativ in die jeweilige Regelungsstruktur eingebunden, indem das Gesetz an die Zertifizierung eine Vermutungswirkung knüpft. Da der private Vollzug grenzüberschreitend erfolgt, ergeben sich für die Akkreditierung gegenüber einer herkömmlichen Betätigungszulassung einige Besonderheiten. Die Akkreditierung steht unter der auflösenden Bedingung der ordnungsgemäßen Notifizierung an die Europäische Kommission. Diese und die anderen Mitgliedstaaten können gegen die Akkreditierung als transnationalen Akt Einspruch erheben. Liegen die Voraussetzungen vor, hat die beantragende Stelle aus Art. 12 GG einen gebundenen Anspruch auf Akkreditierung. Ihr steht zudem ein subjektiv-öffentliches Recht auf rechtmäßige Akkreditierung zu, so dass sie im Wege gerichtlichen Rechtsschutzes gegen eine fehlerhafte Akkreditierung Dritter vorgehen kann.

Verfassungsrechtliche Anforderungen an eine Privatisierung der öffentlichen Aufgabe der Marktzugangskontrolle ergeben sich aus Art. 2 II, 12 GG. Mit der Aufgabenübertragung wandelt sich die Erfüllungs- in eine Gewährleistungsverantwortung.[898] Dem Staat obliegt die Pflicht zur Regulierung, Aufsicht und subsidiären Marktüberwachung. Die Tätigkeit der Benannten Stellen wird zum einen durch die jeweilige Akkreditierungsstelle im Rahmen einer Zertifizierungsaufsicht kontrolliert. Ihnen stehen verschiedene Instrumente zur Verfügung, einschließlich der Aufhebung der Akkreditierung als ultima ratio.[899] Die akkreditierende Behörde steht zum anderen ihrerseits unter mitgliedstaatlicher und unter europäischer Aufsicht. Die Akkreditierung als transnationaler Akt ist

---

895 Kap. 1, D, III; Kap. 2.
896 Kap. 2, B, II, 3.
897 Kap. 2, B, II, 4, a).
898 Kap. 2, A.
899 Kap. 2, C, III.

dabei ausreichend legitimiert.[900] Neben den Anforderungen, die sich aus dem jeweiligen nationalen Recht ergeben und die pro rata anzuwenden sind, kommt eine strukturelle Legitimation zum Tragen.

Die gesetzlich vorgesehene Handlungsform im privaten Vollzug ist die Zertifizierung. Die Zertifizierungstätigkeit der Benannten Stellen kann als Fall der regulierten Selbstregulierung verstanden werden.[901] Zahlreiche Vorgaben finden sich im Zertifizierungssonderrecht. Dabei handelt es sich um Privatrecht, welches unions- und verfassungsrechtliche Anforderungen an die Zertifizierung formuliert und das sich an die jeweilige Vollzugseinheit wendet, unabhängig von deren Rechtsnatur.[902] Die Vorgaben des Sonderrechts ermöglichen so, öffentlich-rechtliche Wertungen in das private Zertifizierungsrechtsverhältnis einfließen zu lassen. Das Zertifizierungssonderrecht sieht unter anderem vor, dass ein negatives Prüfergebnis aufgrund der unionsrechtlichen Vorschriften als gesetzliches Verbot im Sinne des § 134 BGB zu verstehen ist, an das ein Verbot der Zweitbewertung knüpft. Liegen die Voraussetzungen für eine Zertifizierung vor, ist die Benannte Stelle zu deren Ausstellung verpflichtet. Es handelt sich dabei aufgrund des zwingenden Zertifizierungssonderrechts um einen privaten gebundenen Anspruch. Ein Kontrahierungszwang ist aber nur im Ausnahmefall begründet. Werden die Vorgaben des Zertifizierungssonderrechts nicht eingehalten, ist der Zertifizierungsvertrag gem. § 134 BGB nichtig. Eine wirksame Zertifizierung liegt dann nicht vor, die Vermutungswirkung tritt nicht ein.

Da die Privaten kein Teil der nationalen Verwaltungsstruktur sind, sind sie nicht an mitgliedstaatliche Grundrechte gebunden.[903] Das Verwaltungsverfahrensgesetz ist weder direkt noch analog anwendbar. Der private Vollzug löst auch keine amtshaftungsrechtlichen Ansprüche aus; die Rechtsprechung zur Haftung für selbstständige Unternehmer ist nicht übertragbar. Vielmehr besteht ein privates Haftungsregime.

Mit erfolgter Zertifizierung wird die parallel zum privaten Vollzug verlaufende behördliche Marktüberwachung modifiziert. Eine präventive behördliche Marktzugangskontrolle wird unzulässig. Im repressiven Marktüberwachungsverfahren entfaltet die Zertifizierung eine Vermutungs- und Bindungswirkung.[904] Die Marktüberwachungsbehörde kontrolliert dabei nicht die Zertifizierungen auf ihre Rechtmäßigkeit, sondern nimmt eine eigenständige Bewertung der

---

900 Kap. 2, B, III.
901 Kap. 2, C, I.
902 Kap. 2, C, II.
903 Kap. 2, B, II, 3, d) und 4, e).
904 Kap. 2, C, IV.

Normkonformität des Produkts vor. Der Erlass einer Maßnahme setzt voraus, dass ein unionsrechtliches Schutzklauselverfahren beschritten wurde und dass die Behörde einen Gegenbeweis dafür erbringt, dass das Produkt nicht normkonform ist.

C. Funktionale europäische Verwaltung

Der private Vollzug wird im dritten Kapitel dieser Arbeit aus unionsrechtlicher Sicht untersucht. Nicht nur die Mitgliedstaaten sind verfassungsrechtlich zur Gewährleistung von Produktsicherheit verpflichtet. Auch das Unionsverfassungsrecht sieht eine entsprechende Bindung der EU vor,[905] insbesondere, wenn diese den privaten Vollzug unmittelbar und verpflichtend vorgibt. Nach ihrer Akkreditierung sind zudem auch die Benannten Stellen als private Vollzugsstruktur in der Verantwortung. Sie müssen ebenso für einen ordnungsgemäßen Vollzug sorgen. Es kommt zur Verantwortungsteilung zwischen EU, Mitgliedstaaten und privaten Vollzugsstellen.[906]

Als ein Ergebnis der Analyse ist festzuhalten, dass die Zertifizierung grenzüberschreitend Rechtswirkungen entfaltet; sie ist als ein transnationaler Akt zu verstehen.[907] Der private transnationale Akt entspricht in den Grundzügen dem behördlichen transnationalen Akt. Die Geltung der Zertifizierung beruht auf einer europäischen Geltungserstreckungsanordnung als besonderem öffentlichen Kollisionsrecht, sie entfaltet grenzüberschreitend Wirkungen. Geltung und Wirkung laufen parallel.[908] Der transnationale Akt ergänzt dabei das Konzept des transnationalen Verwaltungsakts und soll es nicht ersetzen.

Der Begriff der europäischen Verwaltung ist funktional zu definieren, da das Unionsrecht auch sonst final zugeschnitten ist. Die Erkenntnisse zum privaten Vollzug erfordern es, den Begriff anlässlich des privaten Vollzuges um eine privatrechtliche Dimension zu erweitern. Die Privaten vollziehen die Marktzugangskontrolle selbstständig und pro communitate und sind dabei zugleich durch das Zertifizierungssonderrecht, die Pflicht zur Beachtung des europäischen öffentlichen Interesses und die dafür eingerichtete Aufsicht an das Gemeinwohl rückgekoppelt. Es kommt zu einer Diversifizierung der europäischen Akteure, ein europäischer Verwaltungsverbund entsteht. Die Privaten sind Teil

905 Kap. 3, A, I und II.
906 Kap. 3, A, III.
907 Kap. 3, B, I.
908 Kap. 3, B, I, 1 und 2.

der europäischen Verwaltung.[909] Da sie aber weder europäische noch mitgliedstaatliche Hoheitsgewalt ausüben, sind europäische Grundrechte im Sinne des Art. 51 I 1 EU-GRCh nicht anwendbar.[910] Jedoch sind die Privaten ihrem ganzen Wesen nach auf die Herstellung des Binnenmarktes gerichtet. Als Teil der europäischen Verwaltung sind sie darum den Grundfreiheiten verpflichtet.[911] Die Benannten Stellen können sich auf die für Hoheitsträger geltenden Rechtfertigungsgründe berufen.

D. Abschließende Bewertung des privaten Vollzugs

Die Arbeit unterzieht den privaten Vollzug des Unionsrechts am Beispiel des Systems von Akkreditierung und Zertifizierung im europäischen Produktzulassungsrecht einer eingehenden Analyse. Im Hinblick auf die Ausgangsthese lässt sich feststellen, dass der private indirekte Vollzug dem Muster des behördlichen indirekten Vollzugs folgt. Die Privaten sind organisatorisch zum mitgliedstaatlichen Vollzug zu zählen, während sie funktional Teil der europäischen Verwaltung sind. Der private Vollzug kann als Alternative zum behördlichen Vollzug genutzt werden.

Analysiert man den privaten Vollzug im Vergleich zu anderen Vollzugsarten, sind sowohl Vor- als auch Nachteile auszumachen.[912] Ein Nachteil ist, dass die Beteiligung Privater zu staatlichen Kontrollverlusten führt und dadurch Risiken birgt. Es besteht weiterhin die Gefahr eines Preiswettbewerbs zulasten der Qualität, sowie der Kollusion oder Korruption. Zudem ist noch ungeklärt, ob die Kosten des privaten Vollzugs nicht vergleichbar oder sogar höher sind, als bei staatlicher Erledigung.[913]

Ein privater Vollzug hat den Vorteil, dass staatliche Ressourcen geschont werden, indem der Sachverstand privat generiert wird. Weder ein kooperatives, noch ein rein mitgliedstaatliches Verwaltungsverfahren ist vergleichbar geeignet, Produktzertifizierungen in solcher Masse zu erledigen. Insbesondere

---

909 Kap. 3, B, II.

910 Kap. 3, C, I, 1.

911 Kap. 3, C, I, 2.

912 Dazu unter anderem *Weiß*, Produktsicherheit, 359; *Scholl*, Private Sachverständige, 108 ff, 116 ff. *Voßkuhle*, VVDStRL 63 (2003), 266, 321; *Scherzberg*, NVwZ 2006, 373, 383; *Windmann*, DÖV 2008, 948, 949; *Eifert*, DV 39 (2006), 309, 316; *Röhl* in: Hoffmann-Riem/Schmidt-Aßmann/Voßkuhle (Hrsg), GVwR II, § 30 Rn 66.

913 *Windmann*, DÖV 2008, 948, 949: Die Personalkosten im Privatsektor seien (beispielsweise aufgrund der Mehrwertsteuerpflicht) zum Teil erheblich höher.

aus unionsrechtlicher Sicht hat der private Vollzug außerdem zahlreiche Vorteile: Die Privaten sind von mitgliedstaatlichen Sonderinteressen weitgehend unabhängig. Aufgrund detaillierter Vorgaben sind sie auf den Vollzug des Binnenmarktes ausgerichtet. Es kommt zu einer Entkopplung von nationalen Interessen, zur Entpolitisierung. Auch durch die Einbindung der Privaten in Aufsichtsstrukturen und durch die Möglichkeit der gegenseitigen Kontrolle (Aufsicht im Rahmen des europäischen sog. peer assessment; Einspruch gegen die Akkreditierung) wird europaweit die Akzeptanz für die jeweilige nationale Entscheidung gesteigert. Im Hinblick auf die ständige Weiterentwicklung und Veränderung der europäischen Normen erweist sich die Nutzung dieser Verwaltungsstruktur zudem als besonders anpassungsfähig, da die mitgliedstaatliche Organisation nicht unmittelbar beeinflusst wird. Modifikationen können leichter durchgesetzt werden. Der europäisch angeordnete private Vollzug führt schließlich zu mehr Effektivität und Einheitlichkeit beim Unionsrechtsvollzug.

In der Gesamtschau überwiegen die Vorteile eines privaten Vollzugs seine Nachteile. Die Vollzugsstruktur kann als Vorbild auch für andere Regelungsbereiche dienen.[914] Der in dieser Arbeit behandelte private Vollzug erscheint als zukunftsträchtige Vollzugsvariante.

---

914 Dies verdeutlicht schon der Wortlaut der europäischen Normen: „Infrastruktur für die europäische Akkreditierung“ als Überschrift von Art. 14 der VO (EG) Nr. 765/2008; „Gemeinschaftlicher Rechtsrahmen für die Marktüberwachung“ als Überschrift für den Abschnitt 2 in Kapitel III der VO (EG) Nr. 765/2008; Akkreditierung, Konformitätsbewertung und Marktüberwachung als Teil eines „Gesamtsystems“ laut Erwägungsgrund 8 der VO (EG) Nr. 765/2008. Ebenso KOM (1999) 299 endg, CE-Marking, MEMO/10/257 v. 15.6.2010 spricht von dem System als „role model“. Allgemeine Leitlinien für die Zusammenarbeit zwischen der Europäischen Kooperation für Akkreditierung und der Europäischen Kommission, der Europäischen Freihandelsassoziation und den zuständigen nationalen Behörden, ABl. EU v. 21.5.2009, Nr. C 116, S. 6, 8: Die Akkreditierung dient als „letzte und verbindliche Kontrollebene in der Konformitätsbewertungskette“. Zur weiter wachsenden Bedeutung des Systems auch *Stober*, Allgemeines Wirtschaftsverwaltungsrecht, 208.

Literaturverzeichnis

Albin, Silke: Das Subsidiaritätsprinzip in der EU – Anspruch und Rechtswirklichkeit. In: NVwZ 2006, 629-635

Anzinger, Rudolf/Wank, Rolf (Hrsg): Entwicklungen im Arbeitsrecht und Arbeitsschutzrecht. Festschrift für Otfried Wlotzke zum 70. Geburtstag. München 1996

Arnold, Rainer: Vereinheitlichung des Verwaltungsverfahrensrechts in der EG. In: EuR-Beiheft 1995, 7-33

Auby, Jean-Bernhard/Dutheil de la Rochère, Jacqueline (Hrsg): Droit Administratif Européen. Brüssel 2007

Bader, Johann/Ronellenfitsch, Michael (Hrsg): Beck'scher Online-Kommentar VwVfG. 17. Aufl., München 2012

Bamberger, Heinz Georg/Roth, Herbert (Hrsg): Beck'scher Online-Kommentar BGB. 25. Aufl., München 2012

Barnard, Catherine: The Substantive Law of the EU – The Four Freedoms. Oxford 2007

Barron, Mark R.: Creating Consumer Confidence or Confusion? The role of Product Certification in the Market Today. In: Marquette Intellectual Property Law Review 413 (2007), Vol. 11 Issue 2 Art 5

Bast, Jürgen: Transnationale Verwaltung des europäischen Migrationsraums. In: Der Staat 46 (2007), 1-32

Bauer, Hartmut: Privatisierung von Verwaltungsaufgaben. In: VVDStRL 54 (1995), 243-286

Baur, Jürgen (Hrsg): Festschrift für Ernst Steindorff zum 70. Geburtstag. Berlin 1990

Bayerlein, Walter: Praxishandbuch Sachverständigenrecht 4. Aufl., München 2008

Becht, Florian/Groß, Thomas: Die Privatisierung der Überwachung im Kreislaufwirtschafts- und Abfallrecht. In: UPR 2010, 336-342

Becker, Florian: Application of community law by member states' public authorities: between autonomy and effectiveness. In: CMLR 44 (2007), 1035-1056

Becker, Joachim: Der transnationale Verwaltungsakt. In: DVBl. 2001, 855-866

Bieback, Karin: Zertifizierung und Akkreditierung. Baden-Baden 2008, zugl. Diss. Hamburg 2008

Bieber, Roland/Epiney, Astrid/Haag, Marcel: Die Europäische Union. 9. Aufl., Baden-Baden 2011

Birkemeyer, Claas: Die unmittelbare Drittwirkung der Grundfreiheiten. In: EuR 2010, 662-677

Blattner, Oliver: Europäisches Produktzulassungsverfahren. Baden-Baden 2003, zugl. Diss. Mainz 2002

Bleutge, Peter: Sachverständigenberuf und Sachverständigenrecht. In: GewArch 2007, 184-192

Bogdandy, Armin v. (Hrsg): Europäisches Verfassungsrecht. Berlin 2003

–/Bast, Jürgen (Hrsg): Europäisches Verfassungsrecht. 2. Aufl., Berlin 2009. (zit.: *Bearbeiter* in: v. Bogdandy/Bast, Europäisches Verfassungsrecht)

–/Cassese, Sabino/Huber, Peter (Hrsg): Hdb. Ius Publicum Europaeum. Bd. III Verwaltungsrecht in Europa. Heidelberg 2010

Böhm-Amtmann, Edeltraud: EMAS – ISO – Substitution von Ordnungsrecht. In: GewArch 1997, 353-358

Borries, Reimer v./Petschke, Matthias: Gleichwertigkeitsklauseln als Instrument zur Gewährleistung des freien Warenverkehrs in der Europäischen Gemeinschaft. In: DVBl. 1996, 1343-1350

Brenner, Michael: Der Gestaltungsauftrag der Verwaltung in der Europäischen Union. Tübingen 1996, zugl. Habil. München 1994. (zit.: *Brenner*, Gestaltungsauftrag)

Breulmann, Günter: Normung und Rechtsangleichung in der Europäischen Wirtschaftsgemeinschaft. Berlin 1993, zugl. Diss. Münster 1992

Brohm, Winfried: Die Dogmatik des Verwaltungsrechts vor den Gegenwartsaufgaben der Verwaltung. In: VVDStRL 30 (1972), 245-306

Bünten, Wilfried: Staatsgewalt und Gemeinschaftshoheit bei der innerstaatlichen Durchführung des Rechts der Europäischen Gemeinschaften durch die Mitgliedstaaten. Berlin 1977, zugl. Diss. Bochum 1977

Burgi, Martin: Privatisierung öffentlicher Aufgaben – Gestaltungsmöglichkeiten, Grenzen, Regelungsbedarf. Gutachten D zum 67. Deutschen Juristentag. München 2008. (zit.: Gutachten D zum 67. Deutschen Juristentag)

–: Funktionale Privatisierung und Verwaltungshilfe. Tübingen 1999, zugl. Habil. Konstanz 1998. (zit.: *Burgi*, Funktionale Privatisierung)

–: Mitgliedstaatliche Garantenpflicht statt unmittelbare Drittwirkung der Grundfreiheiten. In: EWS 1999, 327-332

–/*Schönenbroicher, Klaus (Hrsg)*: Die Zukunft des Verwaltungsverfahrensrechts. Baden-Baden 2010

Calliess, Christian: Gewährleistung von Freiheit und Sicherheit im Lichte unterschiedlicher Staats- und Verfassungsverhältnisse. In: DVBl. 2003, 1096-1105

–/*Ruffert, Matthias (Hrsg)*: EUV/AEUV – Das Verfassungsrecht der EU. 4. Aufl., München 2011

Cassese, Sabino: European Administrative Proceedings. In: Law and Contemporary Problems 68 (2004), 21. (zit.: LCP 68 (2004))

–: Der Einfluss des gemeinschaftsrechtlichen Verwaltungsrechts auf die nationalen Verwaltungsrechtssysteme. In: Der Staat 33 (1994), 25-38

Chalmers, Damian/Davies, Gareth/Monti, Giorgio: European Union Law. 2. Aufl., Cambridge 2011

Classen, Claus Dieter: Das nationale Verwaltungsverfahren im Kraftfeld des europäischen Gemeinschaftsrechts. In: DV 31 (1998), 307-334

Coen, Martin/Hölscheidt, Sven/Pieper, Stefan Ulrich (Hrsg): Europa '93, Auf dem Weg zur Europäischen Union. Festschrift zum 60. Geburtstag Albert Bleckmann. Berlin 1993

Craig, Paul/De Búrca, Gráinne: EU Law – Text, cases and materials. 5. Aufl., Oxford 2011

Czettritz, Peter v.: Rechtsschutz im Fall des Widerrufs der Akkreditierung der Benannten Stelle gem. § 21 MPG und im Fall des Widerrufs des erteilten CE-Zeichens durch die Benannte Stelle. In: PharmR 2000, 321-323

Dagtoglou, Prodromos: Die Beteiligung Privater an Verwaltungsaufgaben. In: DÖV 1970, 532-537

Danwitz, Thomas v.: Europäisches Verwaltungsrecht. Berlin 2008

–: Verwaltungsrechtliches System und Europäische Integration. Tübingen 1996, zugl. Habil. Bonn 1995

Dauses, Manfred A. (Hrsg): Handbuch des EU-Wirtschaftsrechts, Bd. 1. 27. EL, München 2010. (zit.: *Bearbeiter* in: Dauses, Hdb. EU-Wirtschaftsrecht)

Della Cananea, Giacinto: The European Union's Mixed Administrative Proceedings. In: Law and Contemporary Problems 68 (2004), 197-217. (zit.: LCP 68 (2004))

Di Fabio, Udo: Verwaltung und Verwaltungsrecht zwischen gesellschaftlicher Selbstregulierung und staatlicher Steuerung. In: VVDStRL 56 (1997), 235-277

–: Produktharmonisierung durch Normung und Selbstüberwachung. Köln 1996. (zit.: *Di Fabio*, Produktharmonisierung)

Dimitropoulos, Georgios: Zertifizierung und Akkreditierung im internationalen Verwaltungsverbund. Tübingen 2012, zugl. Diss. Heidelberg 2011

Edelbluth, Markus: Gewährleistungsaufsicht. Baden-Baden 2008, zugl. Diss. Freiburg 2007

Eekhoff, Meike: Die Verbundaufsicht. Tübingen 2006, zugl. Diss. Heidelberg 2005

Ehlers, Dirk (Hrsg): Europäische Grundrechte und Grundfreiheiten. 3. Aufl., Berlin 2009. (zit.: *Bearbeiter* in: Ehlers (Hrsg), Europäische Grundrechte)

–: Die Europäisierung des Verwaltungsprozessrechts. Köln 1999

–: Die Erledigung von Gemeindeaufgaben durch Verwaltungshelfer. Köln 1997

–: Rechtsstaatliche und prozessuale Probleme des Verwaltungsprivatrechts. In: DVBl. 1993, 422-430

–: Verwaltung in Privatrechtsform. Berlin 1984, zugl. Habil. Erlangen-Nürnberg 1981

–/Fehling, Michael/Pünder, Hermann (Hrsg): Besonderes Verwaltungsrecht. Heidelberg 2012

Ehrmann, Markus/Helmes, Sebastian: Fehler des Sachverständigen im Emissionshandelsrecht. In: NVwZ 2012, 1152-1156

Eifert, Martin: Die geteilte Kontrolle – Die Beteiligung Privater an der Rechtsverwirklichung. In: DV 39 (2006), 309-334

–: „Zuverlässigkeit" als persönliche Tätigkeitsvoraussetzung im Besonderen Verwaltungsrecht. In: JuS 2004, 565-570

Engelsberger, Christian: Der Vollzug europarechtlicher Vorschriften auf dem Gebiet des Umweltschutzes. Berlin 1998, zugl. Diss. Bayreuth 1996

Epping, Volker/Hillgruber, Christian: Beck'scher Online-Kommentar GG. 16. Aufl., München 2012. (zit.: *Bearbeiter* in: Epping/Hillgruber, BeckOK GG)

Erichsen, Hans-Uwe/Ehlers, Dirk (Hrsg): Allgemeines Verwaltungsrecht. 14. Aufl., Berlin 2010

Everling, Ulrich: Elemente eines europäischen Verwaltungsrechts. In: DVBl. 1983, 649-658

Falk, Heiko: Vergleich des Umweltauditgesetzes mit Zulassungssystemen anderer Mitgliedstaaten. In: NVwZ 1997, 144-146

Fastenrath, Ulrich: Die veränderte Stellung der Verwaltung und ihr Verhältnis zum Bürger unter dem Einfluss des europäischen Gemeinschaftsrechts. In: DV 31 (1998), 277-306

Fischer-Lescano, Andreas: Transnationales Verwaltungsrecht. In: JZ 2008, 373-383

Floter, Bernhard: Das Sachverständigenwesen in Europa – Aktuelle Fragen, Antworten und Perspektiven. In: DS 2007, 8-12

Forsthoff, Ernst: Lehrbuch des Verwaltungsrechts, Bd. I. 10. Aufl., München 1973

Franzius, Claudio: Gewährleistung im Recht. Tübingen 2009, zugl. Habil. Berlin 2007

–: Der Gewährleistungsstaat. In: VerwArch 2008, 351-379

Frenz, Walter: Handbuch Europarecht. Bd 5: Wirkungen und Rechtsschutz. Heidelberg 2010

–: Verwaltungskooperation mit der Union im Lichte von Art. 197 AEUV und des Lissabon-Urteils. In: DÖV 2010, 66-73

Fuhr, Eberhard/Friauf, Karl Heinrich/Stahlhacke, Eugen (Hrsg): Kommentar zur Gewerbeordnung. München 2011

Galetta, Diana-Uania: Begriff und Grenzen der Verfahrensautonomie der Mitgliedstaaten der Europäischen Union. In: EuR-Beiheft 2012, 37-49

Gallwas, Hans-Ullrich: Die Erfüllung von Verwaltungsaufgaben durch Private. In: VVDStRL 29 (1971), 211-233

Gärditz, Klaus Ferdinand: Die Verwaltungsdimension des Lissabon-Vertrags. In: DÖV 2010, 453-464

–: Hochschulorganisation und verwaltungsrechtliche Systembildung. Tübingen 2009, zugl. Habil. Bayreuth 2008

Gausepohl, Ulrike: Freier Warenverkehr für fehlerhafte Produkte?. Frankfurt a.M. 2000, zugl. Diss. Mannheim 1999. (zit.: *Gausepohl*, Freier Warenverkehr)

Geiß, Joachim/Doll, Wolfgang: Geräte- und Produktsicherheitsgesetz (GPSG) Kommentar. Stuttgart 2005

Gerontas, Angelos S.: Europäisierung und Internationalisierung des Verwaltungshandelns – Am Beispiel der einwanderungsrechtlichen Rückführungspolitik. Baden-Baden 2011, zugl. Diss. Heidelberg 2009

Gesmann-Nuissl, Dagmar/Strübbe, Kai: Privatrechtliche Kontrollmechanismen im Rahmen staatlicher Gewährleistungsverantwortung. In: DÖV 2007, 1046-1054

Görisch, Christoph: Die Agenturen der Europäischen Union. In: JURA 2012, 42-52

Götz, Volkmar: Probleme des Verwaltungsrechts auf dem Gebiet des gemeinsamen Agrarmarktes. In: EuR 1986, 29-51

Grabitz, Eberhard/Hilf, Meinhard/Nettesheim, Martin: Das Recht der Europäischen Union. 45. EL, München 2011. 41. EL, München 2010. 20. EL, München 2002

Groß, Thomas: Verantwortung und Effizienz in der Mehrebenenverwaltung. In: VVStDL 66 (2006), 152-177

–: Die Kooperation zwischen europäischen Agenturen und nationalen Behörden. In: EuR 2005, 54-68

–: Die administrative Föderalisierung der EG. In: JZ 1994, 596-605

Gusy, Christoph: Verwaltung zwischen parlamentarischer Steuerung und Partizipation Privater. In: EuGRZ 2006, 353-361

–: Gewährleistung von Freiheit und Sicherheit im Lichte unterschiedlicher Staats- und Verfassungsverständnisse. In: VVDStRL 63 (2004), 151-188

Haak, Andreas/Klöck, Oliver: Warenverkehrsfreiheit gebietet Zulassung nicht prüffähiger Produkte. In: EuZW 2010, 53-57

Häfner, Christof: Verantwortungsteilung im Genehmigungsrecht. Berlin 2010, zugl. Diss. Freiburg 2006. (zit.: *Häfner*, Verantwortungsteilung)

Hailbronner, Kay/Jochum, Georg: Europarecht II. Stuttgart 2006

Haratsch, Andreas/Koenig, Christian/Pechstein, Matthias: Europarecht. 6. Aufl., Tübingen 2009

Hatje, Armin: Die gemeinschaftsrechtliche Steuerung der Wirtschaftsverwaltung. Baden-Baden 1998, zugl. Habil. Freiburg 1996. (zit.: *Hatje*, Gemeinschaftsrechtliche Steuerung)

Heimburg, Sibylle v.: Verwaltungsaufgaben und Private. Berlin 1982, zugl. Diss. Berlin 1981

Heintzen, Markus: Beteiligung Privater an öffentlichen Aufgaben und staatliche Verantwortung. In: VVDStRL 62 (2003), 220-265

Helfritz, Vark H.: Verselbstständigte Verwaltungseinheiten der Europäischen Union – Zur Notwendigkeit einer juristischen Person des europäischen öffentlichen Rechts. Berlin 2000, zugl. Diss. Berlin 2000. (zit.: *Helfritz*, Verselbstständigte Verwaltungseinheiten)

Heselhaus, Sebastian: Rechtfertigung unmittelbar diskriminierender Eingriffe in die Warenverkehrsfreiheit. In: EuZW 2001, 645-650

Hilf, Meinhard: Organisationsstruktur der Europäischen Gemeinschaften. Berlin 1982, zugl. Habil. Heidelberg 1980. (zit.: *Hilf*, Organisationsstruktur)

Hoffmann-Riem, Wolfgang: Risiko- und Innovationsrecht im Verbund. In: DV 38 (2005), 145-176

–: Verfahrensprivatisierung als Modernisierung. In: DVBl. 1996, 225-232

–/Schmidt-Aßmann, Eberhard (Hrsg): Verwaltungsverfahren und Verwaltungsverfahrensgesetz. Baden-Baden 2002

–: Effizienz als Herausforderung an das Verwaltungsrecht. Baden-Baden 1998

–: Öffentliches Recht und Privatrecht als wechselseitige Auffangordnungen. Baden-Baden 1996

–/Voßkuhle, Andreas (Hrsg): Grundlagen des Verwaltungsrechts, Bd. II. München 2008. (zit.: *Bearbeiter* in: Hoffmann-Riem/Schmidt-Aßmann/Voßkuhle, GVwR II, § Rn)

– (Hrsg): Grundlagen des Verwaltungsrechts, Bd. I. München 2006. (zit.: *Bearbeiter* in: Hoffmann-Riem/Schmidt-Aßmann/Voßkuhle, GVwR I, § Rn)

Hoffmann, Jan Martin/Rudolphi, Verena: Die Durchführung des Unionsrechts durch die Mitgliedstaaten. In: DÖV 2012, 597-602

Hofmann, Herwig C. H./Türk, Alexander: The Development of Integrated Administration in the EU and its Consequences. In: ELJ 2007, 253-271

Hofmann, Jens: Rechtsschutz und Haftung im Europäischen Verwaltungsverbund. Berlin 2004, zugl. Diss. Heidelberg 2003

Holoubek, Michael (Hrsg): Anerkennungs-/ Herkunftslandprinzip in Europa. Wien 2009

–/Potacs, Michael: Öffentliches Wirtschaftsrecht. 2. Aufl., Wien 2007

Hölscheidt, Sven: Probleme bei der Durchsetzung des Unionsrechts in den Mitgliedstaaten. In: DÖV 2009, 341-348

–: Abschied vom subjektiv-öffentlichen Recht? Zu Wandlungen der Verwaltungsrechtsdogmatik unter dem Einfluß des Gemeinschaftsrechts. In: EuR 2001, 376-396

Hoppe, Werner/Bauer, Joachim/Faber, Angela/Schink, Alexander (Hrsg): Rechts- und Anwendungsprobleme der neuen BauO NW. Köln 1996. (zit.: *Bearbeiter* in: Happe/Bauer/Faber/Schink, Rechts- und Anwendungsprobleme)

Horn, Thomas: Das organisationsrechtliche Mandat. In: NVwZ 1986, 808-812

Hufen, Peter: Diskussionsbeitrag. In: VVDStRL 53 (1994), 283-284

Ipsen, Hans Peter: Europäisches Gemeinschaftsrecht. Tübingen 1972

Ipsen, Jörn: Allgemeines Verwaltungsrecht. 3. Aufl., Köln 2003

–/Stüer, Bernhard: Europa im Wandel – Festschrift für Hans-Werner Rengeling. Köln 2008

Isensee, Josef/Kirchhof, Paul (Begr): Hdb. des Staatsrechts Bd. X. Heidelberg 2012

Jarass, Hans D.: Die Bindung der Mitgliedstaaten an die EU-Grundrechte. In: NVwZ 2012, 457-461

–: Charta der EU-Grundrechte Kommentar. München 2010

–: Probleme des Europäischen Bauprodukterechts. In: NZBau 2008, 145-149

–: Die Kompetenzverteilung zwischen der Europäischen Gemeinschaft und den Mitgliedstaaten. In: AöR 121 (1996), 173-199

–/Pieroth, Bodo: Grundgesetz. 12. Aufl., München 2012. (zit.: *Bearbeiter* in: J/P, GG, Art. Rn)

Joerges, Christian: Die Beurteilung der Sicherheit technischer Konsumgüter und der Gesundheitsrisiken von Lebensmitteln in der Praxis des europäischen Ausschusswesens („Komitologie"). ZERP Arbeitspapier 1/95, Bremen

–/Ladeur, Karl-Heinz/Vos, Ellen: Integrating Scientific Expertise into Regulatory Decision-Making. Baden-Baden 1997. (zit.: *Joerges/Ladeur/Vos*, Integrating Scientific Expertise)

John-Koch, Monika: Organisationsrechtliche Aspekte der Aufgabenwahrnehmung im modernen Staat. Berlin 2005, zugl. Diss. Speyer 2003

Jörissen, Juliane: Produktbezogener Umweltschutz und technische Normen. Köln 1997

Kadelbach, Stefan: Allgemeines Verwaltungsrecht unter europäischem Einfluss. Tübingen 1999, zugl. Habil. Frankfurt 1996

Kage, Uwe: Medizinprodukterecht. Berlin 2004

Kahl, Wolfgang: 35 Jahre Verwaltungsverfahrensgesetz – 35 Jahren Europäisierung des Verwaltungsverfahrensrechts. In: NVwZ 2011, 449-457

–: Risikosteuerung durch Verwaltungsrecht: Ermöglichung oder Begrenzung von Innovationen?. In: DVBl. 2003, 1105-1118

–: Hat die EG die Kompetenz zur Regelung des Allgemeinen Verwaltungsrechts?. In: NVwZ 1996, 865-869

–/*Ohlendorf, Lutz*: Die Europäisierung des subjektiven öffentlichen Rechts. In: JA 2011, 41-49

Kapoor, Arun/Klindt, Thomas: Das neue deutsche Produktsicherheitsgesetz (ProdSG). In: NVwZ 2012, 719-723

–: Die Reform des Akkreditierungswesens im Europäischen Produktsicherheitsrecht. In: EuZW 2009, 134-138

–: "New Legislative Framework" im EU-Produktsicherheitsrecht – Neue Marktüberwachung in Europa?. In: EuZW 2008, 649-655

Kasten, Hans-Hermann/Rapsch, Arnulf: Der öffentlichrechtliche Vertrag zwischen Privaten – Phänomen oder Phantom?. In: NVwZ 1986, 708-713

Kaster, Georg: Die Rechtsstellung der Betriebsbeauftragten für Umweltschutz. In: GewArch 1998, 129-140

Klein, Eckart: Der Einfluss des europäischen Gemeinschaftsrechts auf das Verwaltungsrecht der Mitgliedstaaten. In: Der Staat 33 (1994), 39-57

–: Grundrechtliche Schutzpflicht des Staates. In: NJW 1989, 1633-1640

Klindt, Thomas: Plädoyer für eine Zentralstelle der Länder für Marktüberwachung. In: ZRP 2009, 51-53

–: Kommentar zum GPSG. München 2007

–: Das Recht der Produktsicherheit: ein Überblick. In: VersR 2004, 296-301

–: Öffentlich-rechtliche Verträge zwischen Unternehmen und Behörden als Instrument der Marktüberwachung. In: NVwZ 2003, 307-310

–: Der "new approach" im Produktrecht des europäischen Binnenmarkts: Vermutungswirkung technischer Normung. In: EuZW 2002, 133-136

–/*Wende, Susanne*: Behördliche Risikobewertung nach den RAPEX-Leitlinien. In: NVwZ 2011, 602-604

Kment, Martin: Das Eigenverwaltungsrecht der Europäischen Union. In: JuS 2011, 211-215

–: Grenzüberschreitendes Verwaltungshandeln. Tübingen 2010, zugl. Habil. Münster 2009

Knopp, Lothar: EMAS II – Überleben durch „Deregulierung" und "Substitution"?. In: NVwZ 2001, 1098-1102

Köck, Wolfgang: Das Pflichten- und Kontrollsystem des Öko-Audit-Konzepts nach der Öko-Audit-Verordnung und dem Umweltauditgesetz. In: VerwArch 1996, 644-681

Koenig, Christian: Internalisierung des Risikomanagements durch neues Umwelt- und Technikrecht? Ein Plädoyer für die Beachtung ordnungsrechtlicher Prinzipien in der umweltökonomischen Diskussion. In: NVwZ 1994, 937-942

Kollmer, Norbert: Die Unabhängigkeit von Prüf- und Zertifizierungsstellen nach dem Gerätesicherheitsgesetz. In: GewArch 1999, 48-55

König, Klaus/Benz, Angelika: Privatisierung und staatliche Regulierung. Baden-Baden 1997

Konstantinou, Konstantinos: Die öffentliche Bestellung von Sachverständigen nach § 36 GewO. Köln 1993, zugl. Diss. Hamburg 1992. (zit.: *Konstantinou*, Die öffentliche Bestellung)

Kopp, Ferdinand/Ramsauer, Ulrich: VwVfG. 11. Aufl., München 2010

Kubicki, Philipp/Obajtek, Magdalena: Die DVGW-Entscheidung – EuGH, Rs. C-171/11 (Fra.bo SpA./.DVGW), Urteil des Gerichtshofs vom 12. Juli 2012. In: DeLuxe Europarecht 4/2012, abrufbar unter www.rewi.europa-uni.de, Stichwort: Projekte. (zit.: DeLuxe Europarecht 4/2012)

Kugelmann, Dieter: Wirkungen des EU-Rechts auf die Verwaltungsorganisation der Mitgliedstaaten. In: VerwArch 2007, 78-100

Kuhla, Wolfgang/Hüttenbrink, Jost: Der Verwaltungsprozess. 3. Aufl., München 2002

Ladeur, Karl-Heinz: Der Staat der „Gesellschaft der Netzwerke" – Zur Notwendigkeit der Fortentwicklung des Paradigmas des Gewährleistungsstaates. In: Der Staat 48 (2009), 163-192

–: „Regulierte Selbstregulierung" im Jugendmedienschutzrecht. In: ZUM 2002, 859-868

Lämmerzahl, Torsten: Die Beteiligung Privater an der Erledigung öffentlicher Aufgaben. Berlin 2007, zugl. Diss. Potsdam 2006

Landmann, Robert v./Rohmer, Gustav (Begr): GewO. 61. EL, München 2012. 58. EL, München 2011. (zit.: *Bearbeiter* in: Landmann/Rohmer, GewO, § Rn)

Langenbucher, Katja/ Engert, Andreas: Europarechtliche Bezüge des Privatrechts. 2. Aufl., Baden-Baden 2008

Lübbe-Wolff, Gertrude: Europäisches und nationales Verfassungsrecht. In: VVD-StRL (60) 2001, 246-286

–: Die EG-Verordnung zum Umwelt-Audit. In: DVBl. 1994, 361-374

Lustermann, Henning: Klimaschutz durch integrierte Produktpolitik – die neue EUP-Richtlinie. In: NVwZ 2007, 895-900

Lutter, Marcus: Die Auslegung angeglichenen Rechts. In: JZ 1992, 593-607

Mager, Ute: Entwicklungslinien des Europäischen Verwaltungsrechts. In: DV 2010 Beiheft, 11-38

Magiera, Siegfried: Die Durchsetzung des Gemeinschaftsrechts im europäischen Integrationsprozess. In: DÖV 1998, 173-183

–: Entwicklungsperspektiven der Europäischen Gemeinschaft. Berlin 1985

–/Sommermann, Karl-Peter/Ziller, Jacques (Hrsg): Verwaltungswissenschaft und Verwaltungspraxis in nationaler und transnationaler Perspektive – Festschrift für Heinrich Siedentopf zum 70. Geburtstag. Berlin 2008

Maunz, Theodor/Dürig, Günter (Begr): Grundgesetz Kommentar. 65. EL, München 2012. 23. EL, München 1984. (zit.: *Bearbeiter* in: Maunz/Dürig (Begr), GG, Art. Rn)

Maurer, Hartmut: Allgemeines Verwaltungsrecht. 17. Aufl., München 2009

Mayen, Thomas: Verwaltung durch unabhängige Einrichtungen. In: DÖV 2004, 45-55

–: Der Umweltgutachterausschuss – ein strukturelles Novum ohne hinreichende demokratische Legitimation?. In: NVwZ 1997, 215-219

Merten, Jan Oliver: Private Entscheidungsträger und Europäisierung der Verwaltungsrechtsdogmatik. Berlin 2005, zugl. Diss. Köln 2005

–: Benannte Stellen: Private Vollzugsinstanzen eines Europäischen Verwaltungsrechts. In: DVBl. 2004, 1211-1216

Meyer, Jürgen (Hrsg): Charta der Grundrechte der Europäischen Union Kommentar. 3. Aufl., Baden-Baden 2011

Möllers, Christoph: Transnationale Behördenkooperation. In: ZaöRV 65 (2005), 351-389

–: Durchführung des Gemeinschaftsrechts – Vertragliche Dogmatik und theoretische Implikationen. In: EuR 2002, 483-516

–/*Voßkuhle, Andreas/Walter, Christian (Hrsg)*: Internationales Verwaltungsrecht. Tübingen 2007

Möstl, Markus: Grenzen der Rechtsangleichung im europäischen Binnenmarkt. In: EuR 2002, 318-350

Müggenborg, Hans-Jürgen: Die Akkreditierung zugelassener Überwachungsstellen zur Prüfung überwachungsbedürftiger Anlagen nach Betriebssicherheitsverordnung im Industriepark. In: GewArch 2006, 60-65

Müller-Graff, Peter-Christian (Hrsg): Technische Regeln im Binnenmarkt. Baden-Baden 1991

Musielak, Hans-Joachim: ZPO. 8. Aufl., München 2011. (zit.: *Bearbeiter* in: Musielak, ZPO, § Rn)

Nell, Martin W.: Beurteilungsspielraum zugunsten Privater. Berlin 2010, zugl. Diss. München 2009

Neßler, Volker: Der transnationale Verwaltungsakt – Zur Dogmatik eines neuen Rechtsinstituts. In: NVwZ 1995, 863-866

–: Europäisches Richtlinienrecht wandelt deutsches Verwaltungsrecht. Berlin 1994, zugl. Diss. Heidelberg 1994

Niebling, Jürgen: Rechtsfragen der Zertifizierung und Akkreditierung. In: WiB 1995, 737-742

Nowak, Carsten: Neues zur unmittelbaren horizontalen Drittwirkung und zur Konvergenz der Grundfreiheiten. In: Frankfurter Newsletter zum Recht der Europäischen Union Nr. 10 (August 2012). Frankfurter Institut für das Recht der Europäischen Union, abrufbar unter www.europa-uni.de – Institut Fireu. (zit.: Frankfurter Newsletter zum Recht der EU 10/2012)

Ohler, Christoph: Die Entwicklung eines Internationalen Verwaltungsrechts als Aufgabe der Rechtswissenschaft. In: DVBl. 2007, 1083-1093

–: Anmerkung zu EuGH, Urteil v. 2.5.2006 – C-217/04. In: EuZW 2006, 372-374

–: Der Binnenmarkt als Herausforderung an die Verwaltungsorganisation in den Mitgliedstaaten. In: BayVBl. 2006, 261-267

Ossenbühl, Fritz: Umweltpflege durch hoheitliche Produktkennzeichnung. Köln 1995

–: Die Erfüllung von Verwaltungsaufgaben durch Private. In: VVDStRL 29 (1971), 137-202

Osterheld, Bernhard: Abkommen der Europäischen Gemeinschaft über die gegenseitige Anerkennung von Konformitätsbewertungen. Hamburg 2002, zugl. Diss. Regensburg 2002. (zit.: *Osterheld*, Abkommen der Europäischen Gemeinschaft)

Pache, Eckhard: Verantwortung und Effizienz in der Mehrebenenverwaltung. In: VVDStRL 66 (2006), 106-144

Pechstein, Matthias: Entscheidungen des EuGH. 6. Aufl., Tübingen 2011

Peine, Franz-Joseph: Zur Reichweite einer Untersagungsverfügung nach § 5 Abs. 1 S. 1 GSG. In: GewArch 2004, 46-53

–: Gesetz über technische Arbeitsmittel. 3. Aufl., Köln 2002. (zit.: *Peine*, GSG)

Pestalozza, Christian: Privatverwaltungsrecht: Verwaltungsrecht unter Privaten. In: JZ 1975, 50-56

Peuker, Enrico: Bürokratie und Demokratie in Europa – Legitimität im Europäischen Verwaltungsverbund. Tübingen 2011, zugl. Diss. Jena 2011. (zit.: *Peuker*, Bürokratie und Demokratie in Europa)

Pielow, Johann-Christian (Hrsg): Beck'scher Online-Kommentar GewO. 20. EL, München 2011. (zit.: *Bearbeiter* in: Pielow, BeckOK GewO, § Rn)

Pieroth, Bodo/Schlink, Bernhard: Grundrechte. 20. Aufl., München 2004

Pöcker, Markus: Unabhängige Regulierungsbehörden und die Fortentwicklung des Demokratieprinzips. In: VerwArch 2008, 380-400

Polly, Sebastian/Lach, Sebastian: Das neue Produktsicherheitsgesetz – was Wirtschaftsakteure beachten sollten. In: BB 2012, 71-74

Potacs, Michael: Effet utile als Auslegungsgrundsatz. In: EuR 2009, 465-488

Pühs, Wolfgang: Der Vollzug von Gemeinschaftsrecht. Berlin 1997, zugl. Diss. Bayreuth 1996

Pünder, Hermann: Zertifizierung und Akkreditierung – private Qualitätskontrolle unter staatlicher Gewährleistungsverantwortung. In: ZHR 170 (2006), 567-598

Ramsauer, Ulrich: Die Dogmatik der subjektiven öffentlichen Rechte – Entwicklung und Bedeutung der Schutznormlehre. In: JuS 2012, 769-777

Rauscher, Thomas: Internationales Privatrecht – mit internationalem und europäischem Verfahrensrecht. 3. Aufl., Heidelberg 2009. (zit.: *Rauscher*, IPR, Rn)

–/Wax, Peter/Wenzel, Joachim (Hrsg): Münchener Kommentar zur ZPO. 3. Aufl., München 2008. (zit.: *Bearbeiter* in: MüKo, ZPO, § Rn)

Rehmann, Wolfgang/Wagner, Susanne (Hrsg): Medizinproduktegesetz. 2. Aufl., München 2010. (zit.: *Bearbeiter* in: Rehmann/Wagner, MPG, § Rn)

Reich, Norbert: Der Schutz subjektiver Gemeinschaftsrechte durch Staatshaftung. In: EuZW 1996, 709-716

-/Micklitz, Hans-W.: Europäisches Verbraucherrecht. 4. Aufl., Baden-Baden 2003

Rengeling, Hans-Werner: Deutsches und europäisches Verwaltungsrecht – wechselseitige Einwirkungen. In: VVDStRL 53 (1994), 202-239

-: Rechtsgrundsätze beim Verwaltungsvollzug des Europäischen Gemeinschaftsrechts. Köln 1977. (zit.: *Rengeling*, Rechtsgrundsätze)

Rittner, Fritz/Dreher, Meinrad: Europäisches und deutsches Wirtschaftsrecht. 3. Aufl., Heidelberg 2008

Röhl, Hans Christian: Verantwortung und Effizienz in der Mehrebenenverwaltung. In: DVBl. 2006, 1070-1079

-: Akkreditierung und Zertifizierung im Produktsicherheitsrecht. Berlin 2000. (zit.: *Röhl*, Akkreditierung und Zertifizierung)

Roßnagel, Alexander: Europäische Techniknormen im Lichte des Gemeinschaftsvertragsrechts. In: DVBl. 1996, 1181-1189

Roth, Wulf-Henning: Rechtsetzungskompetenzen für das Privatrecht in der Europäischen Union. In: EWS 2008, 401-415

Röthel, Anne: Lex mercatoria, lex sportiva, lex technica – Private Rechtsetzung jenseits des Nationalstaates?. In: JZ 2007, 755-763

Ruffert, Matthias (Hrsg): The Public-Private Law Divide: Potential for Transformation?. London 2009. (zit.: *Bearbeiter* in: Ruffert, Public-Private Law Divide)

-: Europäisiertes allgemeines Verwaltungsrecht im Verwaltungsverbund. In: DV 41 (2008), 543-570

-: Von der Europäisierung des Verwaltungsrechts zum Europäischen Verwaltungsverbund. In: DÖV 2007, 761-770

-: Der transnationale Verwaltungsakt. In: DV 34 (2001), 453-485

Ruhland, Bettina: Die Dienstleistungskonzession. Baden-Baden 2006, zugl. Diss. Bochum 2006

Ruthig, Josef/Storr, Stefan: Öffentliches Wirtschaftsrecht. 2. Aufl., Heidelberg 2008

Sattler, Hugo Benten: Die Novelle zum Gerätesicherheitsgesetz. In: EuZW 1992, 764-769

Scheel, Kurt-Christian: Privater Sachverstand im Verwaltungsvollzug des europäischen Rechts. Berlin 1999, zugl. Diss. Freiburg 1998. (zit.: *Scheel*, Privater Sachverstand)

–: „Benannte Stellen": Beliehene als Instrument für die Verwirklichung des Binnenmarktes. In: DVBl. 1999, 442-448

Schepel, Harm: Constitutionalising the Market, Marketising the Constitution, and to Tell the Difference: On the Horizontal Application of the Free Movement Provisions in EU law. In: European Law Journal 2012, Vol. 18, 177-200

Scherzberg, Arno: Der private Gutachter im Umweltschutz. In: NVwZ 2006, 377-385

Scheuing, Dieter H.: Europäisches öffentliches Recht. Baden-Baden 2006

Schieble, Christoph: Öffentliche Warnungen vor unsicheren Verbraucherprodukten: Behördliche Befugnisse und Haftungsrecht. In: VuR 2007, 401-410

–: Produktsicherheitsgesetz und Europäisches Gemeinschaftsrecht. Baden-Baden 2003, zugl. Diss. Erlangen-Nürnberg 2002

Schlag, Martin: Grenzüberschreitende Verwaltungsbefugnisse im EU-Binnenmarkt. Baden-Baden 1998

Schliesky, Utz: Öffentliches Wirtschaftsrecht. 3. Aufl., Heidelberg 2008

Schmidt am Busch, Birgit: Die Beleihung: Ein Rechtsinstitut im Wandel. In: DÖV 2007, 533-542

Schmidt-Aßmann, Eberhard: Perspektiven der Europäisierung des Verwaltungsrechts. In: DV 2010 Beiheft, 263-283

–: Das allgemeine Verwaltungsrecht als Ordnungsidee. 2. Aufl., Berlin 2006

–: Verwaltungskooperation und Verwaltungskooperationsrecht in der Europäischen Gemeinschaft. In: EuR 1996, 270-301

–: Deutsches und Europäisches Verwaltungsrecht – Wechselseitige Einwirkungen. In: DVBl. 1993, 924-936

–/*Hoffmann-Riem, Wolfgang*: Strukturen des Europäischen Verwaltungsrechts. Baden-Baden 1999

–/*Schöndorf-Haubold, Bettina (Hrsg)*: Der Europäische Verwaltungsverbund. Tübingen 2005

Schmidt-Preuß, Matthias: Steuerung durch Organisation. In: DÖV 2001, 45-55

–: Verwaltung und Verwaltungsrecht zwischen gesellschaftlicher Selbstregulierung und staatlicher Steuerung. In: VVDStRL 56 (1997), 160-227

Schmitz, Thomas: Die EU-Grundrechtecharta aus grundrechtsdogmatischer und grundrechtstheoretischer Sicht. In: JZ 2001, 833-843

Schnapp, Friedrich E./Kaltenborn, Markus: Grundrechtsbindung nichtstaatlicher Institutionen. In: JuS 2000, 937-943

Schneider, André: Zertifizierung im Rahmen der CE-Kennzeichnung. 2. Aufl., Heidelberg 2002

Schneider, Hans: Gesetzgebung. 3. Aufl., Heidelberg 2002

Schneider, Jens-Peter: Informationssysteme als Bausteine des Europäischen Verwaltungsverbunds. In: NVwZ 2012, 65-70

–: Strukturen des Europäischen Verwaltungsverbunds. In: DV 2009 Beiheft, 9-28

Schoch, Friedrich: Gewährleistungsverwaltung: Stärkung der Privatrechtsgesellschaft?. In: NVwZ 2008, 241-247

–: Privatisierung von Verwaltungsaufgaben. In: DVBl. 1994, 962-977

–/Schmidt-Aßmann, Eberhard/Pietzner, Rainer (Hrsg): VwGO. 21. EL, München 2011. 20. EL, München 2010

Scholl, Patrick: Der private Sachverständige im Verwaltungsrecht. Baden-Baden 2005, zugl. Diss. Freiburg 2004. (zit.: *Scholl*, Der private Sachverständige)

Scholz, Rupert: Privatisierung im Baurecht. Berlin 1997. (zit.: *Scholz*, Privatisierung)

Schorkopf, Frank: Beweislast im Recht des freien Warenverkehrs. In: EuR 2009, 645-659

Schreiber, Stefanie: Verwaltungskompetenzen der Europäischen Gemeinschaft. Baden-Baden 1997, zugl. Diss. Freiburg 1997. (zit.: *Schreiber*, Verwaltungskompetenzen)

Schröder, Rainer: Verwaltungsrechtsdogmatik im Wandel. Tübingen 2007, zugl. Habil. Dresden 2006

Schulte, Martin/Schröder, Rainer (Hrsg): Handbuch des Technikrechts. 2. Aufl., Berlin 2011

Schulze, Reiner/Zuleeg, Manfred/Kadelbach, Stefan (Hrsg): Europarecht. 2. Aufl., Baden-Baden 2010

Schumann, Florian: Bauelemente des europäischen Produktsicherheitsrechts – Gefahrenabwehr durch Zusammenwirken von Europäischer Gemeinschaft, Mitgliedstaaten und Privaten. Baden-Baden 2007, zugl. Diss. Freiburg i.B. 2006. (zit.: *Schumann*, Bauelemente)

Schuppert, Gunnar Folke: Die öffentliche Verwaltung im Kooperationsspektrum staatlicher und privater Aufgabenerfüllung: Zum Denken in Verantwortungsstufen. In: DV 31 (1998), 415-447

–: Rückzug des Staates?. In: DÖV 1995, 761-770

Schwarze, Jürgen (Hrsg): EU-Kommentar. 3. Aufl., Baden-Baden 2012

–: Europäisches Verwaltungsrecht. 2. Aufl., Baden-Baden 2005

Schweitzer, Heike: Standardisierung als Mittel zur Förderung des Handels und des Wettbewerbs. Zugleich eine Anmerkung zum Urteil des EuGH vom 12.7.2012 im Fall Fra.bo SpA/DVGW e.V.. In: EuZW 2012, 765-770

Schweitzer, Michael (Hrsg): Europäisches Verwaltungsrecht. Wien 1991

–/Hummer, Waldemar/Obwexer, Walter: Europarecht – Das Recht der Europäischen Union. Wien 2007

Seidel, Achim: Privater Sachverstand und staatliche Garantenstellung im Verwaltungsrecht. München 2000, zugl. Diss. München 2000. (zit.: *Seidel*, Privater Sachverstand)

Sellner, Dieter/Schnutenhaus, Jörn: Umweltmanagement und Umweltbetriebsprüfung („Umwelt-Audit“) – ein wirksames, nicht ordnungsrechtliches System des betrieblichen Umweltschutzes?. In: NVwZ 1993, 928-934

Shirvani, Foroud: New Public Management und europäische Agenturen: Transparenzfragen bei der Modernisierung der Verwaltungsorganisation. In: DÖV 2008, 1-10

Simson, Werner v./Schwarze, Jürgen: Europäische Integration und Grundgesetz. Berlin 1992

Skouris, Wassilios: Der Einfluss des Europäischen Gemeinschaftsrechts auf die Unterscheidung zwischen Privatrecht und Öffentlichem Recht. In: EuR 1998, 111-129

Sodan, Helge: Grundgesetz Kommentar. 2. Aufl., München 2011

Stein, Friedrich/Jonas, Martin: Kommentar zur Zivilprozessordnung. 22. Aufl., Tübingen 2008

Steiner, Udo: Technische Kontrolle im privaten Bereich – insbesondere Eigenüberwachung und Betriebsbeauftragte. In: DVBl. 1987, 1133-1142

–: Rechtsstaatliche Bedingungen der Rechtswirkung privater Bewertungsakte im öffentlich-rechtlichen Bereich. In: NJW 1981, 2452-2453

–: Öffentliche Verwaltung durch Private. In: DÖV 1970, 526-532

Stelkens, Paul/Bonk, Heinz Joachim/Sachs, Michael: VwVfG. 7. Aufl., München 2008

Stelkens, Ulrich: Art. 291 AEUV, das Unionsverwaltungsrecht und die Verwaltungsautonomie der Mitgliedstaaten. FÖV Discussion Papers Nr. 68, 2011

–: Verwaltungsprivatrecht. Berlin 2005, zugl. Habil. Saarbrücken 2003

Stober, Rolf: Allgemeines Wirtschaftsverwaltungsrecht. 17. Aufl., Stuttgart 2011

–: Customer Relationship Management, Risikomanagement und Wirtschaftsverwaltungsmanagement. In: DÖV 2005, 333-338

–/*Eisenmenger, Sven*: Besonderes Wirtschaftsverwaltungsrecht. 15. Aufl., Stuttgart 2011

Streinz, Rudolf: Europarecht: Freier Warenverkehr und private Prüfstellen – Beschränkung des freien Warenverkehrs durch Normen einer privaten Einrichtung. In: JuS 2013, 182-184

–: Europarecht. 8. Aufl., Heidelberg 2008

–: EUV/EGV Kommentar. 2. Aufl., München 2012. 1. Aufl., München 2003

–/*Leible, Stefan*: Die unmittelbare Drittwirkung der Grundfreiheiten. In: EuZW 2000, 459-467

Stüber, Jessica: Akkreditierung von Studiengängen. Frankfurt a.M. 2009, zugl. Diss. Münster 2009

Suerbaum, Joachim: Die Schutzpflichtdimension der Gemeinschaftsgrundrechte. In: EuR 2003, 390-416

Sydow, Gernot: Vollzug des europäischen Unionsrechts im Wege der Kooperation nationaler und europäischer Behörden. In: DÖV 2006, 66-71

–: Externalisierung und institutionelle Ausdifferenzierung. In: VerwArch 2006, 1-22

–: Europäisierte Verwaltungsverfahren (Teil 2). In: JuS 2005, 202-208

–: Europäisierte Verwaltungsverfahren (Teil 1). In: JuS 2005, 97-102

–: Verwaltungskooperation in der Europäischen Union. Tübingen 2004, zugl. Habil. Freiburg 2004. (zit.: *Sydow*, Verwaltungskooperation)

–: Die Vereinheitlichung des mitgliedstaatlichen Vollzugs des Europarechts in mehrstufigen Verwaltungsverfahren. In: DV 34 (2001), 517-542

Terhechte, Jörg Philipp (Hrsg): Verwaltungsrecht der Europäischen Union. Baden-Baden 2011. (zit.: *Bearbeiter* in: Terhechte (Hrsg), Verwaltungsrecht der EU, § Rn)

Tettinger, Peter: Der Immisionsschutzbeauftragte – ein Beliehener?. In: DVBl. 1976, 752-759

–/Wank, Rolf/Ennuschat, Jörg (Hrsg): GewO. 8. Aufl., München 2011

Thoma, Anselm Christian: Regulierte Selbstregulierung im Ordnungsverwaltungsrecht. Berlin 2008, zugl. Diss. Freiburg 2007. (zit.: Regulierte Selbstregulierung)

Tiede, Wolfgang/Ryczewski, Christoph/Yang, Maximilian: Einführung in das Akkreditierungsrecht Deutschlands. In: NVwZ 2012, 1212-1217

Trute, Hans-Heinrich/Groß, Thomas/Röhl, Hans Christian/Möllers, Christoph (Hrsg): Allgemeines Verwaltungsrecht – zur Tragfähigkeit eines Konzepts. Tübingen 2008

Tünnesen-Harmes, Christian: Die CE-Kennzeichnung zum Abbau technischer Handelshemmnisse in der Europäischen Union. In: DVBl. 1994, 1334-1342

Vetter, Rainer: Die Kompetenzen der Gemeinschaft zur Gründung von unabhängigen europäischen Agenturen. In: DÖV 2005, 721-731

Vitzthum, Wolfgang: Völkerrecht. 4. Aufl., Berlin 2007

Vorwerk, Volker/Wolf, Christian: Beck'scher Online-Kommentar ZPO. 2. EL, München 2011. (zit.: *Bearbeiter* in: Vorwerk/Wolf, BeckOK ZPO, § Rn)

Voßkuhle, Andreas/Kaiser, Anna-Bettina: Grundwissen – Öffentliches Recht: Das subjektiv-öffentliche Recht. In: JuS 2009, 16-18

Wahl, Rainer: Das Verhältnis von Verwaltungsverfahren und Verwaltungsprozessrecht in europäischer Sicht. In: DVBl. 2003, 1285-1293

–/Groß, Detlef: Die Europäisierung des Genehmigungsrechts am Beispiel der Novel Food-Verordnung. In: DVBl. 1998, 2-13

– /Masing, Johannes: Schutz durch Eingriff. JZ 1990, 553-563

Walter, Christian: Internationalisierung des deutschen und europäischen Verwaltungsverfahrens- und Verwaltungsprozessrechts – am Beispiel der Arhus-Konvention. In: EuR 2005, 302-338

Weber, Katharina: Europäische Einwirkungen auf die Aufgabenerfüllung von Ordnungsbehörden. Würzburg 2003, zugl. Diss. Würzburg 2002. (zit.: *Weber*, Europäische Einwirkungen auf die Aufgabenerfüllung)

Weiß, Holger Tobias: Die rechtliche Gewährleistung der Produktsicherheit. Baden-Baden 2008, zugl. Diss. Freiburg 2007. (zit.: *Weiß*, Produktsicherheit)

Weiß, Wolfgang: Der Europäische Verwaltungsverbund. Berlin 2010

–: Schnittstellenprobleme des europäischen Mehrebenenverwaltungsrechts. In: DV 38 (2005), 517-545

–: Europarecht und Privatisierung. In: AöR 128 (2003), 91-133

Weller, Winfried: Reichweite einer Untersagungsverfügung nach § 8 Abs. 4 GPSG. In: GewArch 2005, 107-110

Wentzel, Joachim: Agenturen im deutschen Verwaltungskontext: Nachzügler oder Vorreiter?. In: DÖV 2010, 763-772

Wernicke, Stephan: Die Privatwirkung im Europäischen Gemeinschaftsrecht. Baden-Baden 2000, zugl. Diss. Berlin 2000

Wiebauer, Bernd: Import und Produktsicherheit. In: EuZW 2012, 14-19

–: Berufliche Integrität und gewerberechtliche Zuverlässigkeit. In: GewArch 2010, 377-383

Windmann, Jörg: Der Verifikateur und der Aufsichtsbeamte als zentrale Elemente des Sachverständigen-Vollzugsmodells im Technikrecht. In: DÖV 2010, 396-404

–: Privatrechtliche Kontrollmechanismen im Rahmen staatlicher Gewährleistungsverantwortung. In: DÖV 2008, 948-954

Winter, Gerd: Kompetenzverteilung und Legitimation in der Europäischen Mehrebenenverwaltung. In: EuR 2005, 255-276

Wittinger, Michaele: „Europäische Satelliten“: Anmerkungen zum Europäischen Agentur(un)wesen und zur Vereinbarkeit Europäischer Agenturen mit dem Gemeinschaftsrecht. In: EuR 2008, 609-626

Wolff, Hans J./Bachof, Otto: Verwaltungsrecht Bd. I. 9. Aufl., München 1974

–/*Stober, Rolf/Kluth, Winfried*: Verwaltungsrecht Bd. I. 12. Aufl., München 2007

www.ingramcontent.com/pod-product-compliance
Ingram Content Group UK Ltd.
Pitfield, Milton Keynes, MK11 3LW, UK
UKHW021903290926
8980IPUK00015B/1036

9 783631 656075